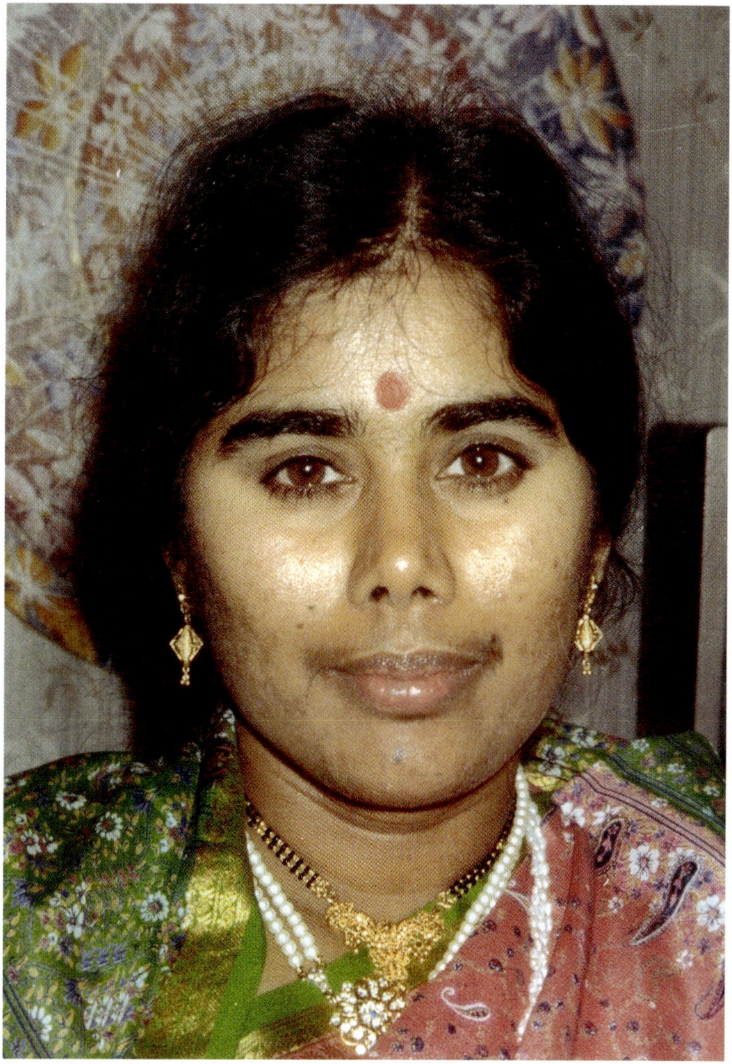

Thalheim, Deutschland 1993

Die Mutter

Adilakshmi

Printed in Germany

Titel der englischen Originalausgabe:

The Mother

ISBN 3-9805475-0-7

Mutter Meera
Oberdorf 4a
65599 Dornburg-Thalheim
Tel. +49-(0)6436-91050, 91051, 2305
Fax +49-(0)6436-2361

Inhalt

Wer ist Mutter Meera?

Sie ist die lebendige Inkarnation der Göttlichen Mutter.

Was ist eine Inkarnation?

Eine Inkarnation ist das Göttliche in menschlicher Gestalt, zur Erde gekommen, um den Menschen zu helfen, das Göttliche zu erkennen und es zu verwirklichen.

Was ist der Unterschied zwischen Mutter Meera und der Göttlichen Mutter?

Ihr Wille ist derselbe, Ihr Bewußtsein ist eins. Es gibt keinen Unterschied.

Was ist die Göttliche Mutter, und was ist ihr Werk?

Die Göttliche Mutter ist die Kraft und das Bewußtsein, welche die Schöpfung erhalten. So wie Sie heute unter vielen Namen und in vielen Kulturen verehrt wird, ist Sie zu allen Zeiten der Geschichte in vielerlei Gestalten verehrt worden. Hinter jeder äußeren Form, hinter jedem Namen aber ist Sie Eine – ewig und allmächtig. Sie ist transzendent; Sie steht über allen Ihren Schöpfungen in der Stille des Absoluten. Sie ist der Atem und die Kraft der gesamten Schöpfung, ist auf ewig in jedem Teil der Schöpfung gegenwärtig.

Das Werk der Göttlichen Mutter ist die Umwandlung des Menschen in das Göttliche, der Zeit in die Ewigkeit, der Materie in göttliche Materie. Ihr Werk ist ein Werk der Transformation. Es ist ohne Ende.

Was ist Mutter Meeras Werk?

Mutter Meeras Wille und Ihre Macht sind der Wille und die Macht der Göttlichen Mutter. Mutter Meeras Werk und das Werk der Göttlichen Mutter sind dasselbe Werk. Mutter Meera ist gekommen, um das Erdbewußtsein zu reinigen, damit es für die Umwandlung bereit wird. Sie ruft das Licht des Höchsten, das die Transformation zu einer Gewißheit werden läßt, zur Erde herab. Ihr Werk heute ist es, alle Menschen der Kraft und dem Glanz dieses Lichtes zu öffnen, so daß der göttliche Wille geschehen und das göttliche Leben auf Erden verwirklicht werden kann.

Nachruf auf Herrn Reddy

(aus dem Nachrichtenblatt der MOTHER MEERA SOCIETY in Kanada)

Mit Trauer haben wir durch Adilakshmi von Herrn Reddys Ableben gehört. Balgur Venkat Reddy hat am 20. Juni 1985 seinen Körper verlassen. Die Beisetzung fand am 24. Juni statt.

Wenn wir an Herrn Reddy denken, fallen uns sofort die Worte Liebe, Hingabe und Dienst für die Göttliche Mutter ein. Wann immer es uns gegeben war, Herrn Reddy zu sehen oder mit ihm zu sprechen, war die tiefe Ergebenheit dieser großen Seele gegenüber der Mutter zu spüren. Wenn er für uns übersetzte oder die Antworten erläuterte, die Mutter Meera uns gab, so empfingen wir zwar Worte, die unser Geist begriff, dahinter aber gab es zugleich immer eine unhörbare Sprache, die unsere Herzen berührte und uns ein viel tieferes und umfassenderes Verständnis der gegebenen Anworten vermittelte. Seine Worte öffneten unsere Herzen für die Mutter. Bei den halb-privaten Begegnungen waren die echte Liebe, die Hingabe und Ergebenheit, die Herrn Reddy mit der Göttlichen Mutter verbanden, für uns deutlich zu sehen und sie berührten uns auf den feineren Ebenen. Wir sahen in Herrn Reddy einen Freund, einen Bruder... Große Trauer hat uns befallen, als wir von seinem Fortgang hörten. Wir, die wir ja nur wenige Augenblicke mit ihm verbrachten, können uns kaum die Gefühle der deutschen Devotees vorstellen, die ihn Tag für Tag erlebten, den Gemütszustand Adilakshmis, die seit 1974 gemeinsam mit ihm im Dienst der Mutter stand, und der Mutter selbst, die ihn in Ihrer ständigen, zärtlichen Obhut hatte.

Wir sind davon überzeugt, daß Herr Reddy im Bewußtsein der Mutter dauerhaften Schutz gefunden hatte, daß er vollkommen von ihr getragen war. So hatte sich die Verheißung der Gita – hier im Kommentar von Sri Aurobindo – für ihn erfüllt:

„... Ich bin hier neben dir auf deinem Streitwagen, der Meister, der sich offenbart in dir und außerhalb von dir, und Ich wiederhole die feierliche Zusicherung, das unfehlbare Versprechen, dich zu Mir zu führen durch alle Schmerzen und alles Übel hindurch und darüber hinaus. Welche Schwierigkeiten und Verwicklungen sich auch ergeben, sei gewiß, daß Ich dich zu einem vollständigen göttlichen Leben im universalen Geist und zu einer unsterblichen Existenz im transzendenten Geist führe..."

Sri Aurobindo, *Essays zur Gita*

Ich bin alles, was jemals war,
Ich bin alles, was ist,
Ich bin alles, was jemals sein wird.
Und doch hat mich noch nie ein sterbliches Auge
wahrgenommen, wie ich bin.

Lied an die
Mutter-Göttin Neit
(ägyptisch)

Mutter Meera:
Ihr Leben und Ihre Erfahrungen

Mutter Meera wurde am 26. Dezember 1960 als Kamala Reddy in einer Landwirtsfamilie in dem Dorf Chandepalle der Provinz Andhra Pradesh, Indien, geboren. Ihre Eltern behandelten Sie als ein außergewöhnliches Kind und liebten Sie sehr. Ihre Familie war nicht ausgesprochen religiös, und so wurde Sie in keiner der traditionellen Glaubensrichtungen erzogen. Ihre wahren Eltern waren die geistigen Führer, denen Sie in ihren Visionen begegnete. Von ihnen empfing Sie die Liebe und Hilfe, die Sie brauchte.

Ihre geistige Entwicklung vollzog sich rasch und vollständig. Die Mutter hat keinen menschlichen Guru gehabt. Sie hat sich nicht mit religiösen Lehren befaßt, hat kein Sadhana ausgeführt und ist keiner speziellen Disziplin gefolgt. Ihre Berührung mit dem Absoluten war direkt und ohne Vermittlung. Bereits im Alter von zwei oder drei Jahren suchte Sie „verschiedene Lichter" auf, wenn Sie Trost brauchte. Mit sechs Jahren hatte Sie Ihre erste Erfahrung des Samadhi, bei der Sie für einen ganzen Tag das Wachbewußtsein verlor. Dieses Erlebnis, so sagt Sie, lehrte Sie völlige Loslösung von menschlichen Bindungen.

„Von da an wußte ich, daß ich nur im Göttlichen lebe, und durch den Willen und die Hilfe des Göttlichen."

Eine solche Loslösung ist normalerweise Frucht lebenslanger Gebete und Anstrengungen. Die Mutter kannte diese Loslösung bereits mit sechs Jahren.

Schon mit acht Jahren wurde die Mutter in die Familie von Herrn Reddy aufgenommen. Herr Reddy lebte damals in Aurobindos Ashram in Pondicherry. Erst 1972, nach dem Tod seines Onkels, kam er zur Verwaltung seines Besitzes in sein Heimatdorf zurück. Dort fand er nun Kamala Reddy in seinem Haus. Sie fiel ihm sofort auf. Er gewann bald die Überzeugung, daß Sie etwas ganz Besonderes war.

„Als ich Ihre Kraft zum ersten Mal erlebte, war das so: Mutter Meera war verreist, ungefähr 50 Meilen weit weg. Ich lag eines Abends auf dem Bett, und plötzlich hörte ich, wie Ihre Stimme mich rief. Ich war überrascht, stand auf und suchte überall nach Ihr. Aber ich konnte Sie nicht finden. Später fuhr ich dann in die Stadt, in der Sie wohnte. Da sagte sie zu mir: ‚Ich war doch bei dir, und du hast gar nichts gemerkt! Ich habe dich gerufen, aber du hörtest nicht.' Ich fragte Sie, wie Sie mich denn so weit weg erreicht hätte. Sie antwortete einfach, es gebe ‚noch eine andere Art des Reisens'."

1974 beschloß Herr Reddy, Meera in den Ashram nach Pondicherry zu bringen. Der erste Besuch der Mutter an der Samadhistätte von Sri Aurobindo und Sweet Mother brachte das im folgenden beschriebene Erlebnis. Sie hat es selbst Herrn Reddy berichtet, der ihre Erfahrungen immer genau aufzeichnete. Mutter Meera war damals 14 Jahre alt.

* * *

Ich ging zu der Samadhistätte. Dort verneigte ich mich. Dann sah ich deutlich, wie die Körper von Sweet Mother und Sri Aurobindo ins Grab gelegt wurden. Ich sah Sri Aurobindo als kleinen Jungen und andere Mitglieder seiner Familie um ihn herum. Danach sah ich Sweet Mother und Sri Aurobindo wie aus einer Trance erwachen. Sweet Mother ging zu einem Stuhl unter einem Baum im Ashram und setzte sich. Ich lief zu ihr hin. Sweet Mother streichelte mich, nahm mich auf ihren Schoß und segnete mich. Sie gab mir die Blume „Wohlergehen".

Als ich von Sweet Mother weg ging, kam Nagendra, die große Schlange mit dem Schild, heran. Er versperrte mir den Weg und verlangte, daß ich die Blume hergebe. Ich hatte keine Angst, doch wußte ich nicht, was ich tun sollte. Schließlich entschloß ich mich, ihm die Blume zu geben, und ging zu Sweet Mother zurück, um ihr alles zu erzählen. Inzwischen hatte sich Nagendra um Sri Aurobindos und Sweet Mothers Füße gerollt. Er verließ sie aber, kam eilig zu mir und sagte: „Du willst Sri Aurobindo und Sweet Mother also erzählen, was ich Dir getan habe! Ich gebe Dir dafür eine andere weiße Blume ‚Wohlergehen'. Hier, nimm sie." Er und ich wurden dann Freunde und unterhielten uns. Während er sprach, hatte ich plötzlich das Gefühl, daß er Hunger habe. Sogleich erschien eine Kuh mit einem prall gefüllten Euter. Ich nahm einen Topf, melkte sie und gab Nagendra die Milch. Dann zog er sich in ein Schlangenloch zum Ausruhen zurück.

Nach einer Weile kam Nagendra mit zwei seiner Schlangenfreunde zurück. Sehr liebevoll neigte er seinen Schild über meinen Kopf, während sich die beiden anderen Schlangen um meine Arme wanden. Drei Tage lang blieben die Schlangen bei mir und schliefen an meiner Seite.

Obwohl die Schlangen bei mir waren, nahmen mich Sweet Mother und Sri Aurobindo zu Ausflügen mit. Sie zeigten mir die verschiedenen Welten. Ich bat sie, daß sie bei mir bleiben möchten, anstelle der Schlangen, und sie willigten gerne ein. Von da an konnte ich viele sonderbare Orte besuchen. Sie nahmen mich in die Tiefen des Meeres mit und erzählten mir von seinen Geheimnissen. Ich durchreiste den Raum und spürte und lebte die Geheimnisse der Sonne, des Mondes und der Sterne.

* * *

Diesem Erlebnis folgten in den nächsten sechs Monaten viele andere. „In jenen Tagen", erinnerte sich Herr Reddy, „erzählte Sie mir fast alles. Jeden Tag erzählte Sie mir, was Sie auf den höheren Ebenen gesehen und getan hatte." Im folgenden einige Erlebnisse aus dieser Zeit:

* * *

Einmal bat ich Sri Aurobindo, mir das „Land der Seelen" zu zeigen. Er war einverstanden. Nachdem wir einen weiten Weg zurückgelegt hatten, war Sri Aurobindo müde. Da ruhten wir uns aus und setzten dann unsere Reise fort. Nach einer Weile kehrten wir zurück. Ich war sehr froh um alles, was ich gesehen hatte, aber sprechen konnte ich darüber nicht. Als ich zurück war, sah ich auf die Uhr und wunderte mich, daß die Zeiger an der gleichen Stelle standen wie zu dem Zeitpunkt, als wir aufgebrochen waren. Da sagte mir Sri Aurobindo, daß unsere Reise nicht der Zeit unterworfen gewesen war; sie hatte im Unendlichen stattgefunden, jenseits von Zeit und Raum.

* * *

Einmal bat ich Durga und Saraswati, mich mitzunehmen und mir andere Welten zu zeigen. Das taten sie, und wir verbrachten eine glückliche Zeit miteinander.

* * *

Ich begleitete Sri Aurobindo und Sweet Mother immer auf ihren Abend- oder Morgenspaziergängen. Das eine Mal nahmen sie mich wie gewöhnlich mit, doch dann war ich plötzlich allein. Ich lief weiter und kam zu einer gewaltigen Festung. Sie hatte ein riesiges Eingangstor. Ich war neugierig und ging hinein. Ich kam in einen Saal, da war eine Versammlung von Menschen mit gelben Körpern, die Kronen trugen und auf großen Stühlen saßen. Ich war überrascht. Sie standen auf und begannen, mir ihre Verehrung zu zeigen. Dann sah ich, daß der Thron in der Mitte leer stand. Ich wurde hingeführt und gebeten, mich darauf zu setzen. Ich willigte ein. Ich bat sie, sich auch alle zu setzen. Und dann wurde mir klar, daß sie Götter und Göttinnen waren und daß dies der

Göttersaal war. Nach einer Weile kam ich mit Sweet Mother und Sri Aurobindo zur Erde zurück.

* * *

Ich reiste mit Sweet Mother ständig in allen Welten umher und sah viele wundervolle Dinge und wundervolle Orte. Aber ich sah auch viel Schreckliches und Furchterregendes, Welten, in denen die bösesten Kräfte am Werk sind. Ich fragte Sweet Mother: „Warum zeigst du mir diese Dinge, wenn du doch weißt, daß ich sie verabscheue?" Sie antwortete: „Deine Arbeit ist nicht nur an schönen Orten. Du sollst Dunkelheit in Licht verwandeln, Leid in Freude und Tod in Leben."

* * *

Einmal gab mir Sweet Mother eine Rose. Ich brachte die Blume zu Sri Aurobindos Samadhistätte. Ich wußte, daß es keine gewöhnliche Blume war. Es war meine Seele. Ich hielt sie voller Eifer fest. Doch als ich lief, nahm Sri Aurobindo sie mir weg, ohne daß ich es merkte.

Ich war sehr traurig, weil ich meine Seele verloren hatte. Da rief mich Sri Aurobindo und fragte mich, warum ich so traurig sei. Ich erzählte ihm, daß ich meine Seele verloren hätte. Da antwortete er: „Deine Seele ist nicht verloren und kann es auch nie sein" – und er zeigte mir die Blume, die er mir entwendet hatte. Dann tauschte er Sweet Mothers Rose gegen eine goldene Rose ein und erklärte mir, daß diese goldene Rose seine Seele sei und daß sie immer bei mir bleiben werde. Dann segnete er mich. Ich verschmolz mit Sweet Mother, und Sweet Mother verschmolz mit mir. Sweet Mother sagte mir, daß ich für die Belange der ganzen Welt zu sorgen hätte, daß ich sehr schwere Verantwortung tragen und unablässig für das Göttliche wirken müsse.

* * *

Immer noch ist die Mutter erst 14 Jahre alt, und trotzdem ist Ihr – wie diese Erfahrungen zeigen – das von Sri Aurobindo und Sweet Mother begonnene Werk der Transformation der Welt anvertraut worden. Doch wird Sie dabei nicht nur von Sweet Mother und Sri Aurobindo unterstützt. Alle göttlichen Wesen kommen, um Ihr zu huldigen und sich Ihr hilfreich zur Seite zu stellen.

Ich habe für die Belange der ganzen Welt zu sorgen... Ich muß sehr schwere Verantwortung tragen und unablässig für das Göttliche wirken.

* * *

wissend?“ Da gestanden sie, daß sie von den supramentalen Wesen und deren Welt nichts wissen.

* * *

Einmal brachte mich Durga zur supramentalen Welt, jedoch trat sie nicht in sie ein, sondern kehrte ohne irgendeine Erklärung wieder um.

Ein anderes Wesen begleitete mich weiter und zeigte mir viel Erstaunliches und Wunderbares. Dieses Wesen kannte meine Sprache nicht, doch verständigten wir uns durch Zeichen. Später legte es mir etwas, das schneeweiß, sehr weich, kristallklar und kühl war, in meine eine Hand und ein orangefarbenes Tuch in die andere und sagte mir, ich solle diese Dinge immer bei mir behalten.

* * *

Auf einer anderen Reise kam mir eine Gruppe supramentaler Wesen entgegen. Dann führte mich ein „Professor“ durch die Räume eines Palastes. Ein Raum, den ich schon gesehen hatte, war abgesperrt. Es gab noch elf weitere Räume, jeder so groß wie ein Saal. Als ich mit dem „Professor“ aus dem Palast herauskam, wurde ich mit den anderen elf „Professoren“ bekannt gemacht. Sie erklärten mir alle Wunder, die ich gesehen hatte, in meiner Sprache. Als sie mit ihren Erklärungen zu Ende waren, bemerkte ich, daß ich ihre eigene Sprache verstehen konnte und stellte eine enge innere Verbindung zu ihnen her. Ich glaube nicht, daß der menschliche Geist ausreichend entwickelt ist, um in jene Welt eintreten zu können.

* * *

Dies waren einige der wesentlichen Erfahrungen der Mutter in Ihrem fünfzehnten und sechzehnten Lebensjahr. Sie war bis zu dieser Zeit mit mehreren göttlichen Mächten eins geworden. Sie hatte Nirguna Parabrahman und Paramatman erfahren. Sie hatte von Göttern und Rishis eine Vielfalt von Gaben empfangen. Sie hatte die Welt der supramentalen Wesen besucht und ihre Sprache erlernt.

1978 gab es weiterhin ganz bedeutende Erfahrungen. Am 28. Februar dieses Jahres kehrten Herr Reddy und die Mutter nach Pondicherry zurück.

* * *

In dieser Zeit (1978) ging ich auf die supramentale Ebene. Die supramentale Ebene ist schwerer zu erreichen als der Overmind.

Ungeheure Energien und Licht von den supramentalen Ebenen strömten vom 17. März bis zum 15. April fortwährend auf mich herab und in mich ein. Vor dieser Einstrahlung war meine feinstoffliche Persönlichkeit die der Göttin Lakshmi, mein Wesen das der Durga. Danach aber war an die Stelle meiner feinstofflichen Persönlichkeit weißes Licht getreten. Die Energien selbst waren wie weiße Wolken, die in Blau und Gold hinüberspielten. Sie kamen Tag und Nacht. Ich empfing durch sie – wie in einer Flut – Wissen, Licht, Glückseligkeit und Frieden.

* * *

Einmal sah ich, daß Sweet Mother in einem riesigen Feld von Erdbewußtsein arbeitete und es säuberte. Sie hatte ein Viertel des Feldes gesäubert, drei Viertel aber waren noch übrig. Sweet Mother übergab mir die Arbeit und bat mich, sie zu Ende zu führen. Dies tue ich nun. Diesem unvollendeten Teil muß das Licht untergemengt werden. Durch dieses Licht wird die ganze Erde in etwas umgewandelt, das so weich ist wie Butter. Wenn das getan ist, werden die supramentalen Wesen herabkommen, und eine neue Schöpfung wird beginnen.

* * *

Am 9. Juli 1978 trat Licht wie eine Ameisenkolonne durch meine Fingernägel in meinen Körper ein. Es war ein unbeschreibliches, weißes, blaues, rotes und goldenes Licht, eine Mischung aus diesen Farben. Ich sah, wie sich das Licht physisch durch meine Finger bewegte. In meinen Augen bemerkte ich ein Licht wie die Strahlen der Sonne, das in ihnen eine sonderbare Bewegung erzeugte. Als das Licht in meinen Körper eindrang, wurde er wie von einem Erdbeben geschüttelt. Meine Sinnesorgane waren ausgeschaltet; ich konnte weder sehen noch hören. Das Licht drang in jede Zelle ein. Überall wurden die Zellen durch das Licht herumgewirbelt, bewegten und veränderten sich in ihm. Ich empfand den ganzen Vorgang als einen vollkommenen Reinigungsprozeß.

Es war mir unmöglich, meinen Körper zu beherrschen. Auch mein Geist und Herz wurden hilflos. Ich hatte das Gefühl, keine Knochen oder Nerven mehr zu haben, und spürte, wie mein Herz schwächer arbeitete. Ich konnte nichts mehr hochheben; Gegenstände fielen mir einfach aus den Händen. Auch laufen konnte ich nicht. Es war mir, als

Indien 1974

ob ich mit den Knien und nicht mit den Füßen auf dem Boden stünde. Mein Körper war schwach und so biegsam wie eine Schlange und konnte nicht aufrecht stehen.

Dieses Erlebnis dauerte zwei Stunden, von acht bis zehn Uhr vormittags. Es bewirkte eine Veränderung in meinem Körper. Es kam mir so vor, als ob er sehr leicht geworden und gar nicht mehr auf dieser Erde war. Alles, was ich in meinem grob-materiellen Körper tat, geschah mit Sweet Mothers Hilfe. Als die Erfahrung vorbei war, schmerzte mein ganzer Körper noch zwei Tage lang, obwohl Geist und Herz gleich wieder in ihrem normalen Zustand waren.

* * *

Es ist ganz offensichtlich so, daß der physische Körper des einzelnen wie auch das Erdbewußtsein sich jeden Augenblick in nicht auszudrückender Weise verändern. Die jetzige Zeit ist ganz entscheidend wichtig für die Erde. Viele Veränderungen werden stattfinden. Es ist eine äußerst günstige Zeit, um Licht aufzunehmen. Deshalb soll jeder danach streben und sich dem Göttlichen übergeben. Nichts ist jetzt unmöglich.

* * *

Um zwei Uhr früh, am 19. Juli 1978, begann eine andere Erfahrung. Ich sah einen Satz mit dem Wort AUM. Jedes Wort des Satzes bestand aus acht Buchstaben in blendend weißem Licht. Der Satz erschien in einer Sprache nach der anderen. Er kam von links, wanderte nach rechts und verschwand. Dabei hörte ich Musik. Ich nahm eine heftige Bewegung in meinem Geist wahr, seine Zellen wirbelten umher wie Wolken am Himmel. Ich versuchte, einige der Buchstaben in meiner Sprache zu notieren. Aber als ich damit anfing, verschwand die Schrift. Da wurde mir klar, daß der Verstand das nicht erfassen kann, und so wurde mein Geist still. Darauf wiederholte sich die Erfahrung. Ich hatte das Gefühl, daß mein inneres Sein diese Schriften in den verschiedenen Sprachen verstand und sich daran freute, während mein Verstand sie jedoch nicht wahrnehmen konnte. Ich spürte, daß eine große Verwandlung in mir stattfand und sah ungeheure Macht in mich eingehen. Ich war berauscht von Glückseligkeit.

Die Erfahrung dauerte 36 Stunden. Danach spürte ich einen Schmerz im Kopf, der von einem Punkt zum anderen wanderte. Er hielt sieben Tage an.

* * *

Als Herr Reddy und die Mutter nach Pondicherry zurückkehrten, entstand sogleich ein lebhaftes Interesse am Werk der Mutter und an Ihrer Person. Einige baten um den Darshan der Mutter und stellten Ihr Fragen. Im Mai und Juni gab es zwei Besuche führender Ashrambewohner. Bei jedem dieser Besuche wurde die Mutter sehr eingehend befragt. Die Mutter überzeugte alle, die Sie aufsuchten.

Die Nachricht vom Kommen der Mutter sollte jedoch nicht nur auf den Ashram beschränkt bleiben. Die U.N.I., eine indische staatliche Zeitung, verbreitete sie 1978 über ganz Indien.

Viele Briefe aus allen Teilen Indiens gingen in dem kleinen Haus in Pondicherry ein, in dem die Mutter, Herr Reddy und ich damals lebten. Für alle erdenklichen Probleme und Schwierigkeiten wurde die Hilfe der Mutter erbeten, viele Fragen zu Ihrer Identität und der Natur Ihres Werkes wurden gestellt. In dieser Zeit begann die Mutter auch, ausländische Devotees um sich zu scharen. Jean-Marc Frechette aus Quebec wurde im November ihr Devotee; zuvor war die Mutter schon von Robert, einem Engländer, sowie von einem Italiener, von Deutschen, Amerikanern, Franzosen, Russen und einem Japaner regelmäßig besucht worden. Der zweite Teil des Jahres 1978 war auch eine Zeit tiefer innerer Transformation und Entwicklung für die Mutter.

* * *

Im August 1978 bat mich jemand, eine Botschaft zu geben, so wie Sweet Mother das bei ihrem Darshan immer zu tun pflegte. Ich wollte nicht und lehnte ab. Neun Wochen später schrieb ich auf ein inneres Drängen hin die folgende Botschaft:

Liebt Paramatman.
Bittet den Herrn um Seine Kraft.
Betet zu Gott,
um eure Schwierigkeiten zu überwinden.
Trachtet danach, Seine Kinder zu sein.

Wenn ihr aus ganzem Herzen bittet, wird Er euer Gebet erhören. Euer Ego nützt euch nichts vor dem Höchsten, obgleich es für den Menschen manchmal einen Nutzen haben kann, aber nicht immer. Vor Ihm seid ihr kleine Kinder. Der Herr ist über allen Göttern, allen Göttinnen, allen Rishis und Avadhutas. Er ist erhaben. Betet daher nur zum Herrn. Wenn ihr nicht die Kraft oder die Shakti habt, direkt den

Höchsten anzurufen, so bittet jene, die sie haben. Wenn ihr wißt, daß jemand die Paramatman-Shakti besitzt, dann bittet diese Person.

Wenn euer Geist zögert, jemanden mit dieser Shakti zu bitten, so überwindet eure Hemmungen, kommt einfach und bittet.

Rasch, rasch, erwacht! Seid bewußt!
Kommt und helft der Welt!
Die Erde wartet auf das Licht.

* * *

Die Mutter sagt:

Unser Körper ist Instrument und Diener unseres Bewußtseins. Unser Bewußtsein ist völlig frei vom Körper, es funktioniert seinem eigenen Zustand entsprechend. Es ist in der Zeit, wie auch jenseits der Zeit tätig, im Raum und jenseits des Raums, in der Dunkelheit ebenso wie im Licht, in der Form, wie im Formlosen. Die Seele ist frei von Begrenzungen. Das Feld unseres Bewußtseins ist voller Aktivität, ohne Worte. Es birgt in sich einen Ozean von Wissen. Es kennt keine Rast.

Unser Körper ist hier als eine Maschine in Bewegung. Unser Bewußtsein hingegen bewegt sich ohne Hindernisse überallhin. Was mit dem Körper allein – ohne höheres Bewußtsein – verrichtet wird, ist nur ein Geringes und hat keinen Wert. Aber mit Hilfe des höheren Bewußtseins ist seine Arbeit bedeutungsvoll für das göttliche Spiel. Nichts kann unser Bewußtsein, welches ohne den Körper in Bewegung und Aktion ist, beeinflussen. Daher gibt es auch nach dem Tod keine Veränderung in seiner Tätigkeit. Denn wenn auch der Körper verschwindet, verschwindet dennoch nicht unser Bewußtsein. Ob im Körper oder außerhalb – immer sind wir im Bewußtsein.

Dieses Erlebnis hatte die Mutter am 7. Dezember 1978 um 19 Uhr 40:

Ich kannte den Weg zu Paramatman, aber ich wollte ihn auf die neue Art gehen. Ich erblickte Sri Aurobindo in unendlich blendendem Licht und ging zu ihm. Nach kurzem Schweigen sprach er: „Warum bist du hergekommen?“ – „Zu einem bestimmten Zweck“, antwortete ich, und ich war schon wieder am gehen, als mir plötzlich bewußt wurde, daß ich schon sehr oft hierher gekommen war, ohne Paramatman zu sehen. Ich sagte zu Sri Aurobindo: „Ich möchte Paramatman sehen.“ Er antwortete: „Und was wirst du tun, wenn du Ihn gesehen hast? Bleibst du bei Ihm oder gehst du zurück?“ – „Ich werde tun, was mir mein Gefühl sagt“, antwortete ich. Sri Aurobindo sprach: „Fraglich, was das sein wird...“ Ich erwiderte: „Ich werde Paramatman in allem gehorchen.“ Sri Aurobindo verschwand. Ich blieb eine Zeitlang bei Paramatman. Dann dachte ich: „Auch wenn ich lange bleibe, werde ich wieder zurück müssen – was nützt es dann, hier zu bleiben?“ So ging ich.

Ich sah Sri Aurobindo auf der Erde sitzen. Er hatte seine Hände ausgestreckt. Seine rechte Hand ruhte auf einer rauhen Oberfläche von Steinen und Dornen, seine linke auf einer glatten. Ich sagte, daß die rechte Hand Sri Aurobindo gehöre, die linke aber Sweet Mother. „Oh, dann hast du sie also erkannt“, sagte Sri Aurobindo. „Diese rauhe Oberfläche muß auch verwandelt werden, daß sie glatt und weich wird. Das ist unsere Arbeit, die wir tun müssen.“

* * *

Ich hatte mich seit dem 19. Oktober 1978 nicht gut gefühlt, und es war jetzt der 24. Zuerst hatte ich das Gefühl, daß Adishakti, die Höchste Mutter, zur Erde herabgekommen war. Dann hörte ich, das werde erst noch geschehen. Schließlich erschien Adishakti vor mir. Sie kam nahe zu mir und nannte mich „Mutter“ und danach „Kind“. Auch ich trat zu ihr hin und nannte sie „Mutter“. Eine Stunde lang sah sie mich mit absoluter Konzentration an. Dabei hielt sie meine Hände. Ich verneigte mich zu ihren Lotusfüßen. Als ich danach ihre Gestalt verschwinden sah, konnte ich überall, wo ich hinschaute, goldenes Licht sehen. Das nahm ich mit meinem inneren Sein wahr, nicht mit dem äußeren Geist.

Es schien, als dauerte diese Erfahrung, die sich über sechs Tage hinzog, nur einen einzigen Tag. Als Adishakti verschwunden war, sah ich das goldene Licht mit meinem physischen wie auch meinem inneren Auge. Nur die Intensität des Lichts war unterschiedlich. Ich war überglücklich.

Als Adishakti mit mir verschmolz, sah ich Mutter Durga und Sri Aurobindo und viele andere Götter und Göttinnen.

* * *

Das folgende Erlebnis hatte die Mutter bei der Kali Puja, am 31. Oktober 1978:

Ich befand mich nahe bei Sweet Mother, als diese zu mir sagte: „Bitte an den heiligen Tagen die Götter und Göttinnen, sie möchten der Erde ihre Kraft und ihr Licht in reicherem Maße schenken als sonst und sich nicht auf supramentale Kräfte beschränken. Sie kommen den Bitten gewöhnlicher Menschen nicht nach, doch schenken sie den Gebeten göttlicher Personen Aufmerksamkeit. Bitte sie daher alle an ihren heiligen Tagen." Ich willigte ein.

Sri Aurobindo fragte mich: „Meera, bittest du die Götter um mehr Macht für die Erde?" Ich antwortete: „Ich bitte um Licht, nichts anderes." Da fuhr er fort: „Bitte alle Götter darum. Es ist genügend Licht da, um die Umwandlung der Erde zu bewerkstelligen. Mit der Gnade der Götter könnte das Werk beschleunigt werden."

Ich ging fort und erblickte jemanden, der wie Mahakali aussah. Sehr schön war sie. Als ich ihr Gesicht sah, erkannte ich die Seligkeit der Mahakali, ihre gewaltige Macht und Leidenschaft. Ich näherte mich ihr und brachte meinen Wunsch vor. Mahakali rief aus: „Ich weiß, wer dich hergeschickt hat!" Ich bat um mehr Macht, mehr Licht, mehr Frieden, um sie der Welt zu geben. „Brauchst du das alles für dich selbst oder für die Welt?" Ich antwortete: „Ich selbst habe genug davon; ich bekomme, was ich brauche. Für die Welt möchte ich mehr haben." Mahakali lächelte und ließ mich ohne eine Antwort. Sie hatte die Erdenebene in einer Art Verzauberung, sehr rasch, gleichsam achtlos durchquert. Ich war verwirrt, und ihr merkwürdiges Verhalten war mir unbehaglich, da ich nicht wußte, ob sie die Welt beschützen oder zerstören wollte. Doch sagte ich: „Mutter, ich muß dir etwas sagen." – „Was denn?" fragte sie. „Ich möchte mehr von deiner Macht."

Ich zog ein Stück weiter, als ich etwas bemerkte, das wie ein harter, weißer Stein aussah. Allerdings wußte ich nicht den Namen, den ihm die Götter gaben. Ich nahm den Stein zwischen meine Hände. Ein weißes Licht ging von ihm aus und strahlte zum Himmel empor. Da dachte ich: „Wenn es oben ohnehin schon genug Licht gibt, warum soll ich dann dieses auch noch hinauf lassen?" Und ich deckte meine Hände über den Stein, so daß das Licht nicht durch konnte. Das ganze Licht fiel dann zur Erde nieder, die sich wie eine weiße Lotusblume öffnete. Als die Blüte sich nach allen Seiten hin weit auftat, zog ich weiter. Ich dachte mir: „Ich habe mit dem Werk begonnen, und es wird seine Ergebnisse zeitigen. Es ist nicht nötig, daß ich hier bleibe. Falls der Vorgang ins Stocken gerät, komme ich zurück und setze ihn wieder in Gang."

Ein Stück weiter traf ich Ishwara. Der Dreizack war zwischen meinem Hals und meinem Nabel. Ich sah auch einen Säugling, der zugleich litt und lächelte. In seinem Gesicht waren Leid, Schmerz, Entzücken und Macht zu lesen. Als ich ihn berührte, sah ich ein so helles Licht erstrahlen, daß ich die Augen schloß. Und plötzlich befand ich mich in der supramentalen Welt.

Als ich die supramentale Welt verließ, durchquerte ich drei Welten, die noch jenseits der supramentalen Ebene liegen (jenseits dieser drei Welten: Sat, Chit und Ananda, ist Paramatman). Ich hatte das deutliche Gefühl, daß etwas aus dieser Region heruntergebracht werden konnte, sah aber nichts Konkretes. „Nun gut", dachte ich, „sei es, wie es ist." Und ich stieg wieder von den drei Ebenen herab.

Dann veränderte sich mein Körper. Ich hatte das Empfinden, keine Seele und keinen Geist mehr zu haben, und war so leicht geworden, daß ich flog. Schließlich erreichte ich Sweet Mother und Sri Aurobindo mit einer Schar supramentaler Wesen. Diese erhoben sich und verschwanden. Ich blieb allein zurück, wie im Wind schaukelnd, und dachte: Was wird hier versteckt gehalten? Sie haben alle etwas gebracht und es hier versteckt. Niemand gibt es der Welt. Warum? Inzwischen erschien Sweet Mother: „Meera, wonach suchst du?" Ich antwortete: „Die Welt braucht mehr Licht." Die Mutter widersprach und meinte, die Welt verlange nach Reichtümern, nicht nach Licht. Doch ich beharrte: „Um Reichtum kümmere ich mich nicht. Aber die Welt braucht mehr Licht."

Sri Aurobindos Gestalt – nicht sein Körper – war zu sehen, wie sie herabkam. Ich zog an dieser Gestalt, um sie auf die Erde zu bringen, doch drang sie nicht in die Erde ein. Die Gestalt drehte sich und stieg wieder auf. „Warum durchdringt die Gestalt nicht die Erde?" dachte ich. „O wie haben wir gesündigt!" Ich war tieftraurig. „Aber", dachte ich mir, „Sri Aurobindo und Sweet Mother sind auf die Erde gekommen, um sie zu transformieren, und sie werden ihr Werk bestimmt vollenden. Die Mutter hat mir den Auftrag gegeben, die Götter an ihren heiligen Tagen um mehr Macht und Licht zu bitten. Ich werde weitermachen."

Als ich mich Mahakali näherte, dachte ich mir: „Warum soll ich das Werk der Götter stören – die Erde wird schon jetzt schmiegsamer, plastischer." Mahakali fragte mich: „Was möchtest du, Meera?" – „Macht, Energie, Licht und die Kraft, alles zu lieben", antwortete ich. „Ich kann dir die Kraft geben, alles zu lieben", erwiderte Mahakali,

„aber nicht die anderen Kräfte." Ich beharrte darauf: „Gib mir alles, was du hast – Licht, Energie, Macht. Wenn du mir nur Liebe gibst, werde ich annehmen, daß du gar keine Kräfte hast." Und Mahakali antwortete: „Nun gut. Ich will sehen, was möglich ist." Wir blickten einander eine Zeitlang an.

Mahakali streckte einen Finger aus und ich ergriff ihn. Ein Klang ging von ihrem Finger aus, wie „AUM", dieser erzeugte ein Licht, aus welchem eine Energie, eine Kraft und Seligkeit ausgingen. Ich kehrte zu Sweet Mother zurück, um ihr von meinem Erlebnis zu berichten. Sie freute sich, und ich kam zur Erde herunter.

Dort sah ich jemanden mit einem riesenhaften Körper. Ich zögerte und dachte: „Wie soll ich so einen Körper zu den höheren Ebenen tragen? Ich bin so klein." Ich empfand es als etwas Grobes, diesen Menschen anzufassen, und so betrachtete ich ihn nur. Da wurde er ein kleines Kind. Eine innere Kraft drängte mich, es anzufassen und in die Arme zu nehmen. Sein Gesicht nahm eine gelb-goldene Farbe an. Mit dem Kind zog ich weiter. Ich traf Sri Aurobindo, Krishna, Rama, Durga, Jesus, Maria, Ramakrishna Paramahansa, Vivekananda und andere. Sie grüßten mich bei meinem Aufstieg und drängten mich weiter. Ich schwebte in die Höhe, als wenn mich ein Wirbelwind erfaßt hätte, immer noch höher und höher. Dann landete ich langsam und traf Sweet Mother. Ich gab Sweet Mother den Körper und sprach mit Sri Aurobindo, der in der Nähe saß. Ich erklärte ihm, daß ich es unangenehm fände, so große, ausgewachsene Körper zu berühren, da ich selbst so klein sei. „Wie kann ich diesen riesigen Körper lieben?" fragte ich. „Wir brauchen uns nicht um ihre Körper zu kümmern", antwortete Sri Aurobindo, „und auch nicht um ihren Intellekt. Wir befassen uns nur mit ihren Seelen und ihren Kräften." Sri Aurobindo bestand darauf, daß ich vor allem die älteren Menschen lieben solle und nicht so sehr die Kinder, da die Kinder seelisch schon geöffnet seien. Ich war einverstanden.

Als ich meinen Abstieg fortsetzte, traf ich einen Dichter, der unter einem Baum saß. Dieser Dichter war allwissend, er besaß die Weisheit der physischen, vitalen, mentalen, übermentalen und supramentalen Welt und kannte die guten wie auch die bösen Kräfte. Er konnte über jedes Thema schreiben und schrieb jetzt gerade unter dem Baum. Es drängte mich, zu ihm zu gehen, jedoch zögerte ich angesichts seines riesigen Körpers. Wie konnte ich ihm von meiner Absicht erzählen, ihn in die höheren Welten zu bringen? Als ich vor ihm stand, grüßte er ehrerbietig und verneigte sich. „Mutter, würdest du uns gerne alle in die höheren Welten bringen?" fragte er. Ich nickte. Er willigte ein, mich zu begleiten, doch ich unterbrach ihn: „Ich werde euch alle zugleich in die höheren Welten bringen, nicht jeden einzeln." Darauf fragte er: „Und wer wird auf uns achtgeben, wenn du uns dorthin gebracht hast? Reicht deine Macht aus, uns zu reinigen?" Ich antwortete ihm: „Ich habe die Macht, doch muß ich meinem inneren Willen folgen. Wenn es dessen Wunsch ist, die ganze Menschheit zu erheben – mit meiner Macht kann ich es tun."

In Begleitung von Sweet Mother und Sri Aurobindo setzte ich meine Herabkunft fort. Ich dachte: „Wenn ich noch länger bleibe, erhält die Menschenwelt nicht genügend Licht für ihre Verwandlung. Ich habe die drei Ebenen jenseits der supramentalen gesehen, aber nicht gefunden, was ich suchte. Es gibt da immer noch etwas Unsichtbares, jenseits dieser Ebene, das ich haben muß." Trotzdem fragte ich mich, warum ich eigentlich die ganze Menschheit lieben und erheben müsse. Aber ich hatte diese schwere Aufgabe angenommen und beschloß, nach dem jenseitigen Unsichtbaren zu greifen. Auf einer höheren Ebene fragte mich Sri Aurobindo: „Meera, hast du deine Pflicht erfüllt?" Ich antwortete ihm: „Ich mag die Arbeit nicht zu Ende führen. Ich interessiere mich für etwas anderes, das ich erfüllen könnte. Über der supramentalen Ebene sind drei Welten. Jenseits von ihnen, auf einer vierten Ebene, ist etwas, das man herunterbringen sollte. Aber alles dort ist unsichtbar. Ich kann nichts sehen. Ich weiß nicht, wie ich das herunterbringen soll. Vielleicht weißt du es?" Sri Aurobindo meinte, er sei bereit zu helfen, und bot mir an, mich zu begleiten. „Ich überlasse alles deinem Wunsch und Willen", sagte ich. Dann fügte Sri Aurobindo hinzu, daß Sweet Mother vielleicht dort hinginge. Ich lächelte ihn an. Er fuhr fort: „Warum gehst du nicht mit ein paar supramentalen Wesen, anstatt mit uns?" Ich hatte dagegen nichts einzuwenden, doch gelang es mir nicht, die supramentalen Wesen, die mit Sri Aurobindo und Sweet Mother zusammen waren, zu fragen. Die Wesen selbst riefen eine bezaubernde Dame herbei. Sri Aurobindo bat sie, mich zu begleiten. Wir brachen zusammen auf.

Der Aufstieg war schwer. Bei meiner ersten Reise hatte ich auf der vierten Ebene alles lichterfüllt vorgefunden. Jetzt aber war es tödlich finster, und der Gegenstand, nach dem ich suchte, war nicht zu finden. Ich fühlte mich schrecklich und hatte große Angst. Ich dachte: „Was soll ich mit dieser Finsternis anfangen, selbst wenn ich durch sie hindurch gelange?" Ich sah ein Licht und beschloß, entweder das Licht oder die

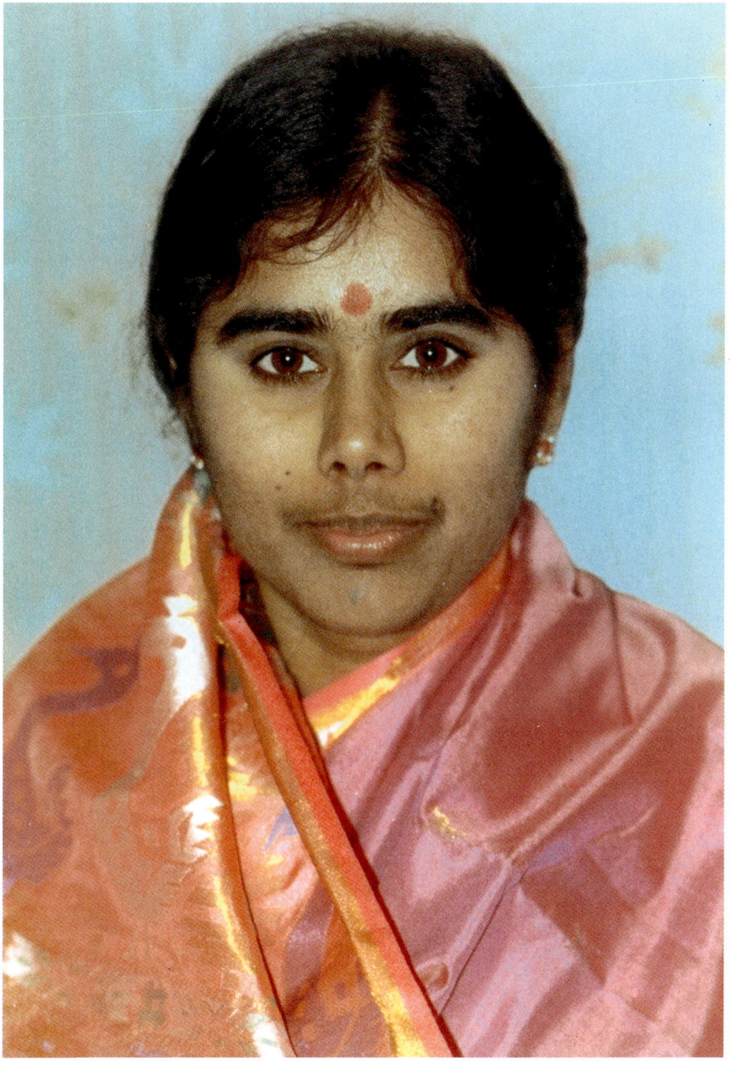

Thalheim, Deutschland 1994

Finsternis mitzubringen. Inzwischen war die supramentale Dame verschwunden, und ich war allein. Ich erblickte Hexen, Asuras, Teufel und böse Geister, die sich in einer chaotischen Weise betätigten und miteinander stritten. Sie wollten mich zu irgendeiner Reaktion provozieren, um sich dann an mir zu rächen. Ich blieb für mich, ruhig. Alle verschwanden.

Danach schritt ich – die Hände auf dem Rücken gefaltet – majestätisch, machterfüllt und fröhlich weiter. Ich wußte jetzt intuitiv, daß der Sieg mein war, mein ganz allein. Mit glühendem Eifer verstärkte ich meinen Willen noch und konzentrierte mich mit voller Kraft darauf, diese Macht zur Erde zurückzubringen, um sie damit zu verwandeln. Während ich herabkam, hörte ich zehn Mal: „Du wirst sie bekommen!" Später hörte ich dieselbe Stimme noch zweimal.

Ich gelangte bei Sweet Mother und Sri Aurobindo an, die auf dem Boden saßen. Ich trat zu ihnen. „Was – Meera...!" sagten sie mit einem leisen Lächeln. Ich unterhielt mich mit ihnen über ihren Entschluß, die Menschheit zu erheben, darüber, wie lange es dauern werde, wieviel Kraft den Menschen für ihre Umwandlung eingegeben werden müsse – und ebenso auch den bösen Kräften der höheren Welten –, und über die Notwendigkeit, die Göttinnen um großzügige Hilfe anzurufen. Sri Aurobindo machte die Bemerkung, daß sie nur dann der Menschheit ihr Wohlwollen zeigen könnten, wenn die Vorbedingungen erfüllt seien. Sweet Mother unterbrach und fragte, ob die Menschheit glücklich und in Frieden leben könnte, wenn alle Menschen voller Hingabe wären. Und ich sagte, daß zuviel Nachsicht geübt worden sei, die es der Menschheit erlaube, verschwenderisch zu sein: „Wenn wir sie sogleich verurteilt hätten, hätten sie keinen solchen Hochmut entwickeln können, sondern hätten vielleicht Ehrfurcht und Ergebenheit entwickelt." Sri Aurobindo entfernte sich, aufwärts, mit ausgestrecktem Finger. Ich kam zur Erde herab.

* * *

Dieser langen und zentralen Erfahrung folgte, gerade einen Monat später, am 21. November 1978, eine besondere Herabkunft des supramentalen Lichts. Sie wurde von der Mutter an diesem Tag angekündigt. Zwischen 17 Uhr 30 und 18 Uhr kam das Licht mit ungeheurer Kraft für eine Minute herab. Danach brauchte es zwei Stunden, um sich in der Erdatmosphäre zu verankern. Gewöhnlich, sagt die Mutter, wird das Licht von Sri Aurobindo zu Sweet Mother geschickt, die es an die Erde weiterleitet. An jenem Tag aber schickten – zum ersten Mal, soweit Mutter Meera wußte – die supramentalen Wesen selbst das supramentale Licht zu den Overmind-Wesen (Durga, Saraswati, Krishna) und zu Vivekananda, Jesus und Ramakrishna Paramahansa, die es ihrerseits zur Erde weiterleiteten und zu allen auf der Erde, die aufnahmefähig waren. Die Mutter sagte, sie gaben das Licht jenen, die nicht aufnahmefähig waren, auch mit Gewalt ein.

Auf die Frage, wie das Licht in den Körper eintritt, sagte die Mutter:

Es tritt von oben, oberhalb des Kopfes her, durch die Fingernägel oder durch die Fußsohlen ein. Wo es eintritt, verursacht es ein Brennen und ein taubes Gefühl in dem betreffenden Körperteil. Wenn der Körper physisch nicht stark ist, fühlt man zehn bis fünfzehn Minuten einen heftigen Schmerz, so wie einen Skorpionstich. Diejenigen, die nicht aufnahmefähig oder nicht aufnahmewillig sind, empfinden den Schmerz besonders. Wenn der Körper mit Licht aufgeladen wird, sollte er sich, auch wenn ein heftiger Schmerz auftritt, nicht gegen das Licht sperren. Im Gegenteil, trotz dieser Wirkung sollte das Verlangen danach wachsen. Der Schmerz kann zehn oder fünfzehn Minuten dauern, er wird nach zwei Stunden aber völlig vergangen sein. Danach wird sich ein Gefühl erhabenen Glücks und Friedens einstellen, und sämtliche Hindernisse für den weitreichendsten spirituellen Fortschritt werden beseitigt sein. Ihr werdet wissen, daß ihr das Licht empfangen habt, weil ihr für die ganze Menschheit Liebe fühlt und ein unendliches Besorgtsein um alles Leben. Ihr werdet für die Rettung der Welt tätig sein wollen, während ihr gleichzeitig ein vollständiges, friedvolles Losgelöstsein von der Welt empfindet.

* * *

Im Januar 1979 rief die Mutter das Licht des Paramatman auf die Erde herab und machte dadurch die Transformation der Welt zu einer Gewißheit. Die Mutter hatte erkannt, daß noch ein anderes Licht notwendig war, wenn die Welt verwandelt werden sollte. Nun brachte Sie es zur Erde herab.

Nach dem Herabkommen des supramentalen Lichts im November hatte die Mutter gesagt:

Um die Welt zu transformieren, werde ich das Licht von Paramatman herabbringen. Dies wird die Umwandlung sehr beschleunigen. Sweet Mother und Sri Aurobindo geben mir ihre Inspiration bei dieser Arbeit, und sie sehen die Herabkunft dieses höchsten Lichtes voraus.

Paramatman ist jenseits der drei Welten, die sich über der supramentalen befinden. Dort habe ich dieses besondere Licht gesehen, und mein Wille war, es zur Erde herabzubringen.

Ende November fügte sie hinzu:

Wenn zusätzlich zu den supramentalen Wesen auch Paramatman sein Licht sendet, wird das für das Werk ausgezeichnet sein. Es wurde mir aufgetragen, um sein Licht zu bitten. Seid immer bewußt! Liebt Paramatman! Seid wie Kinder in seiner Gegenwart. Betet zu Ihm und bittet Ihn, daß Er all eure Schwierigkeiten von euch nehme.

Ende Dezember sagte die Mutter ihren Schülern das folgende:

Neunzig Tage lang habe ich eine Göttliche Mutter gesehen. Mir war, als sei es Adishakti, die Höchste Mutter, gewesen, weil sie in ihrem Licht alles war, Frieden, Kraft und Macht. Diese Mutter ist herabgekommen. Sie erschien mir, und ich verneigte mich zu ihren Füßen. Als ich mich verneigte, fühlte ich, daß ich mich vollständig befreite und in höhere Welten einging. Da dachte ich, daß dies auch in der physischen Welt geschehen könne, so daß dadurch die ganze Menschheit erhoben und gerettet würde. Möge mein Wunsch schnell Erfüllung finden...

Wenn ich bei dieser Göttlichen Mutter bin , bin ich in der Gestalt der Mahalakshmi. Niemand kann es mit meiner Schönheit aufnehmen, und ich habe die Macht, alles zu lieben und zu erheben. Wenn ich mich mit ihr vergleiche, finde ich mich selbst schöner und mächtiger. Sie sieht nicht schön aus, sie hat alles inwendig. Was bei mir manifestiert ist, ist bei ihr verborgen. Wenn ich an das Geheimnis denke, das hierin liegt, erfüllt mich Freude.

Am 31. Dezember fiel ich zu den Füßen von Mutter Adishakti nieder und drückte ihre Lotusfüße voller Hingabe. Langsam entfernte sich Adishakti und kam allmählich herab. Als sie fort war, wurde ich noch mächtiger, mit noch mehr Liebe erfüllt. Die letzte Spur von Furcht in mir verschwand.

Aber ich war noch nicht zufrieden. Ich suchte immer noch nach etwas, wenngleich ich nicht wußte, was es war...

Dann erzählte uns die Mutter:

Am 30. und 31. Dezember 1978 trafen ich, Sweet Mother und Sri Aurobindo, Durga, Saraswati, Ramakrishna Paramahamsa, Vivekananda, Jesus, Maria und andere zusammen, um die bösen Kräfte, die die Welt bedrohten, in Schach zu halten. Sie wichen etwas zurück, ergaben sich aber nicht. Nach unserer Zusammenkunft wurden sie äußerst gewalttätig und griffen aufs neue an. Ich näherte mich ihnen. Ich erfuhr, daß sie mich physisch angreifen wollten. Ich schenkte dem aber keine Beachtung, sondern ging zu Paramatman. Ich betete zu Paramatman: „Du bist in allem, Herr. Du solltest den bösen Kräften Einhalt gebieten. Du allein mußt dein Licht zur Erde senden. Du bist in allem, so sollte auch dein Licht in allem sein." Dann hörte ich eine Stimme: „Du solltest nicht alleine bitten." So ging ich zu Sweet Mother und Sri Aurobindo und erzählte es ihnen. Sie waren einverstanden und wollten auch zu Paramatman beten. Und auch Durga, Lakshmi, Saraswati, Ganapati, Ishwara, Krishna, Rama und Vivekananda, zusammen mit anderen Göttern, Göttinnen und Avataren, waren einverstanden. Die Gebete begannen am 1. Januar 1979. Wir alle flehten Paramatman an, zuerst mit gefalteten, danach mit ausgestreckten Händen. Doch es erschien kein Licht; es blieb dunkel. Wir beteten weiter. Dann erschien ein Lichtfunke, und wir waren Seiner Gegenwart versichert. Wir beteten voller Ehrfurcht. Er segnete unser Gebet und sagte, daß das Licht herabkommen dürfe.

Da schickten ich und alle anderen das Licht zu den dunklen Welten, wo die bösen Kräfte stark sind, und das Licht ging auch auf die ganze Erde nieder und in alle Herzen hinein, die bereit waren, es aufzunehmen.

Trotzdem beteten wir weiter: „Paramatman, du bist überall; alles gehört dir. Beseitige unsere Schwierigkeiten. Wir sind leicht und sicher hierher gekommen, und obgleich wir litten, haben wir doch erhalten, worum wir baten. Manche aber haben mehr gelitten als wir und haben noch keinen Segen empfangen. Schenke auch ihnen Glück. Nimm ihre Schwierigkeiten von ihnen. Gib ihnen Frieden." Paramatman vernahm das Gebet und erhörte es.

* * *

Als Ergebnis dieser Ereignisse und Erfahrungen begann am 2. Januar 1979 um 15 Uhr das Licht farblos und blendend hell nach und nach von Paramatman herabzufließen. Gegen 17 Uhr hatte es seinen Fluß verstärkt. Dorthin, wo auf der Erde die asurischen Kräfte am stärksten waren, kam das Licht am raschesten hernieder, um sie zu besiegen. Die Mutter sagte:

Das Licht kommt herab – aber es ist bereits überall, in jeder Zelle. Alle müssen sich ihm öffnen. Gegen das supramentale Licht, das im Körper Schmerz verursacht, gibt es Widerstand in der Welt. Das Licht des Paramatman aber brennt den Körper nicht, es erfüllt mit Entzücken.

Die Mutter fügte noch hinzu:

Wenn das Licht des Paramatman herabkommt, schenkt es Frieden und Wohlbehagen. Es bringt eine tiefere Stille. Und es kommt ohne Vermittler herab.

Dann gab uns die Mutter diese Botschaft:

Ich dachte, die asurischen Kräfte würden völlig ausgelöscht werden. Aber es sind immer noch einige böse Kräfte da. Wir müssen mit ganzem Willen und ganzem Herzen zu Paramatman streben, so daß auch sie ausgelöscht werden können. Erinnert euch, daß wir alle die Paramatman-Shakti in uns haben. Wir müssen uns bemühen, jenes Licht zu offenbaren, das als Knospe in uns verborgen ist. Es muß zu einer Blume erblühen. In allen Dingen, überall, in allen Wesen ist das Licht verborgen, und es muß offenbart werden. Wenn wir das mit unserem ganzen Herzen versuchen, wird es uns gelingen. Dann werden wir die höheren Welten besuchen können und den Darshan der Götter bekommen. Wir werden auf ewig in Paramatmans Licht leben und Paramatman sein. Ich möchte, daß das Licht des Paramatman überall erblüht.

* * *

Mutter Meeras Wirken hat einzig das Herabrufen des Lichts zum Ziel; dafür ist Sie gekommen. Ihre Mission auf Erden wurde unternommen, um unsere Herzen diesem Licht zu öffnen. Unsere Aufgabe als Ihre Devotees, die die Welt lieben, ist es, uns mit unserem ganzen Sein dem Licht zu öffnen. Wenn wir das tun, wird es – das hat Sie versprochen – mit erstaunlicher Schnelligkeit und Kraft in uns arbeiten und das Wunder der Transformation in uns bewerkstelligen. Dies ist Ihr Versprechen und Ihr Wille.

* * *

Das Licht des Paramatman kam am 2. Januar 1979 herab. Im September 1979 reiste die Mutter zu ihrem ersten Auslandsbesuch nach Kanada. Die dazwischenliegenden Monate verbrachte man in Pondicherry. Das folgende Ereignis fand am 9. Januar 1979 statt:

Täglich gibt es von 16 Uhr 30 bis 18 Uhr 30 eine Meditation in Gegenwart der Mutter. Heute um 17 Uhr 25 fühlte sich Mutter Meera schwach und bat, Sie für einen Augenblick der Ruhe zu entschuldigen. Jemand fragte: „Da Du uns sonst nie mitten in der Meditation verläßt – dürfen wir wissen, warum Du heute um eine Ruhepause bittest?"

Darauf erklärte die Mutter, daß der im folgenden beschriebene Vorgang nur dieses eine Mal geschehe und sich in der Zukunft nicht wiederholen werde. Sie sagte:

Da ich mich in meinem inneren Wirken um viele Ebenen gleichzeitig kümmere, gibt es viele Gründe dafür. Ich will einen erklären.

Es gibt auf den höheren Ebenen einen Ort, der alle Seinsqualitäten und -aspekte, die wir zurückweisen, aufnimmt. Im allgemeinen können diese dort verfeinert werden, wenn nicht, werden sie für ihre Verfeinerung auf die nötigen Ebenen gesandt. Ich habe euch alle zu diesem Ort gebracht.

Dort leben zwei Wesen, die dies alles verwalten, insbesondere die göttlichen Kräfte, wie Licht, Frieden, Seligkeit und Erkenntnis. Alle diese Eigenschaften werden zusammengemischt, und die Mischung leuchtet mit einem mächtigen, blendenden Licht. Die Mischungen werden in kleine Einheiten von etwa acht Zentimetern Länge hineingegeben. Selbst ein einziger Strahl aus einer von ihnen hat eine bedeutende Kraft.

Eines der Wesen öffnete jedem von euch den Schädel und das andere befestigte diese leuchtende göttliche Vorrichtung in eurem Kopf. Der durch sie ausgelöste Vorgang muß die Füße erreichen. Bei der Abwärtsbewegung werden die Zellen dislokalisiert und eine starke Vibration im Körper erzeugt, die mit einem Brennen verbunden ist. Durch unser Sadhana gibt es wieder eine Aufwärtsbewegung, wobei die menschliche Natur und alle ungöttlichen Eigenschaften eine nach der anderen verbrannt werden. Die Kraft des Göttlichen, die uns damit eingepflanzt wurde, wird sich danach mit dem Fortschritt unseres Sadhana entfalten. Die Kräfte sind als unentwickelte Samen in uns hineingelegt; sie wachsen mit unserem Sadhana.

Dieses allgewaltige göttliche Licht wird einem Menschen nur einmal gegeben und ist für ihn die Grundlage für das göttliche Leben. Wenn es nötig ist, wird es viele Leben hindurch sein Werk tun – bis wir das Göttliche verwirklichen. Es wird nicht allen geschenkt, sondern nur denjenigen, die von göttlichen Personen oder Avataren dafür empfohlen werden.

Im allgemeinen trachten wir nach einer oder ein paar göttlichen Eigenschaften, wie z. B. Licht, Frieden oder Seligkeit, und für gewöhnlich erhalten wir diese auch einzeln. Aber bei dieser speziellen Methode des göttlichen Lichtes bekommen wir alle göttlichen Eigenschaften in Samenform. Durch unser aufrichtiges Streben können sich diese Samen in Bäume verwandeln.

Wir haben gesagt, daß, wenn das göttliche Licht im Kopf befestigt ist und sich im Körper verankert hat, der Körper ein gewisses Unbehagen, ein Unwohlsein, einen Schmerz erfährt – als ein Brennen. Der Schmerz sollte uns aber nicht stören. Wir sollten das göttliche Licht unter keinen Umständen zurückweisen. Wenn wir, nachdem wir das Licht bekommen haben, nicht aufrichtig sind und nichts tun, um die göttlichen Samen bewußt zu entfalten, bleiben sie in uns verborgen.

* * *

Am 12. April 1079 erzählte uns die Mutter vom Herabkommen des Paramatman-Lichtes in einer anderen, nämlich festen Form:

Bisher haben sich das Paramatman-Licht und das supramentale Licht wie Sonnenlicht oder Schnee überallhin auf die Erde herabgesenkt. Durch dieses Herabfließen ist die ganze Erde aufgeblüht. Seit heute ist das Licht in fester Form konzentriert. In großen und kleinen Brocken werden diese flammenden Formen konzentrierten Lichts je nach Notwendigkeit und Verlangen auf die Erde geworfen. Sie durchstoßen die Erdoberfläche und dringen tiefer und tiefer in die Erde ein. Als Folge davon beginnt die Erde, sich von innen heraus zu öffnen und noch vollständiger aufzublühen. Im Januar wurde das Licht herabgebracht – nun in dieser veränderten Form. Das Licht bewirkt die Umwandlung nun sogar noch schneller.

* * *

Am 23. Juni 1979 erzählte uns die Mutter:

Am Rand eines Teiches sah ich ein höheres Wesen. Das Wasser im Teich glitzerte in gelbem Licht. Dann erschienen noch andere Farben: orange, blau, rot und weiß. Das höhere Wesen verschwand und ließ eine Spur auf dem Wasser zurück, die hoch und weit, zu vielen Ebenen führte. Da waren goldfarbige Häuser, und aus einem kam eine Frau in einem roten Sari. Sie sah aus wie vierzig, ihr Leib war von orangenem Licht umflossen; sie leuchtete. Ich versuchte, mit ihr zusammenzukommen, konnte es aber nicht.

Dann hörte ich eine Stimme sagen, ich solle in eine bestimmte Richtung gehen. Ich tat das, aber es war niemand sonst dort. Ich hatte kein Gefühl, welche Ebene es war, weil dort alle Welten waren. Es war, als ob alle Leute dort verwandelt waren, und so konnte man alle Ebenen sehen: den Overmind, das Supramentale und andere Welten.

Ich wollte irgendwohin gehen, wußte aber nicht genau, wohin. Dann hörte ich plötzlich hinter mir ein Geräusch und sah auch, woher es kam: von einem sehr sauberen, ordentlichen Platz, an dem ich schon einmal gewesen war. Mit dem intensiven Wunsch, Paramatman zu sehen, fiel ich in Schweigen, und dann kam eine Mutter und stand vor mir. Ich wußte nicht, wie ich mich ihr hingeben sollte. Gewöhnlich, wenn ich solchen Wesen begegnete, habe ich ihnen spontan Körper, Geist, Seele und alle, die gerade bei mir waren, übergeben. Heute aber verspürte ich überhaupt keine Neigung, mich dieser Mutter hinzugeben, obwohl sie groß und mächtig schien, reich mit Energie ausgestattet, und zu allen Seinsebenen Zugang hatte.

Als sie vor mir stand, hatte sie zunächst zwei Hände, später jedoch hatte sie viele Hände und Köpfe. Unter ihren Füßen lag eine riesige Schlange, die sie trug, so wie die Erde unsere Füße trägt. Wasser strömte aus ihren Händen und ihrem Körper, während sie auf der Schlange herumsprang und spielte. Dann begann Gift aus dem Maul der Schlange hervorzuquellen.

Ich fühlte, daß diese Mutter, während das Wasser aus ihrem Körper strömte, Menschen von ihren Unreinheiten befreite, und ich fragte sie, wie ich würdig werden könne, ihr zu helfen. „Sei immer wach und des Göttlichen inne, das zu dir sehr gnädig ist. Bist du bereit, mir zu gehorchen?“ Voller Glück bejahte ich es, und sie befahl mir, alles Gift zu nehmen, das von der Schlange kam, und es Paramatman darzubringen. Ich dachte jedoch: „Wenn der Höchste in allen Dingen ist, so ist Er gewiß auch in diesem Gift.“ Ich sammelte das Gift und schüttete es in ein Gefäß. Als ich es berührte, sah ich Paramatmans Licht daraus hervorleuchten. Das machte mich sehr froh. Dann wurde das Gift ganz dick und füllte das ganze Gefäß.

Danach war mir deutlich, daß ich mich auf der Ebene des Overmind bewegte. Unterwegs sah ich ein paar Schwäne, die mir folgten und bis zu einem gewissen Grad auch die Richtung anzeigten, in die ich gehen sollte. Nach einiger Zeit erblickte ich ein riesiges, hell erleuchtetes Gebäude. Ein paar höhere Wesen kamen durch seinen Eingang heraus. Sie lächelten. Sie waren keine Götter, und ich zögerte, ihnen das Gift zu übergeben. Plötzlich traten einige von ihnen zur Seite und machten mir Platz, damit ich das Gebäude betreten konnte. Innen sah ich Paramatman – voller Glanz – und brachte ihm das Gift dar. Es wurde sofort in einen heiligen Stoff verwandelt, der dort aufbewahrt bleibt und Menschen gegeben wird, wenn sie göttlich geworden sind.

Ich kehrte zu der Mutter, die ich zuvor gesehen hatte, zurück und erzählte ihr alles, was geschehen war. „Was auch immer wir brauchen, es ist Paramatman, der es uns geben kann, Mutter", sagte sie zärtlich zu mir. „Er ist der höchste Schenkende. Niemand ist wie Er."

* * *

Am 26. Juni 1979 erzählte uns die Mutter dann:

Heute rief mich Paramatman, und ich ging zu ihm. Alles um ihn war von einer solchen Schönheit, daß ich bei ihm bleiben und nicht mehr zurückkommen wollte. So fragte ich Paramatman: „Das letzte Mal, als ich hierher kam, wollte ich für immer bei dir bleiben. Nun wünsche ich mir das noch intensiver... Was ist dein Wille?"

Er erwiderte: „Anderen Seelen ist es bestimmt, zu kommen und bei mir zu bleiben." So fragte ich ihn, was ich tun solle. „Weihe mir deine Seele, die den Entschluß gefaßt hat, für immer bei mir zu bleiben." Ich sagte, da ich ihm meine Seele übergeben hätte, brauchte ich nun eine andere, um auf meinen Körper acht zu geben und für ihn zu sorgen. Da sprach er zu mir: „Wenn du geneigt bist, mir deine Seele zu weihen, dann sag es mir, und ich werde dir eine mächtige Seele geben, die nicht nur für deinen Körper sorgen, sondern auch den Zweck deiner Avatarschaft erfüllen wird."

Nach diesen Worten des Höchsten war ich bereit, zur Erde zurückkehren. „Du hast meinen Sinn gewandelt, trotz meines festen Entschlusses, immer bei dir zu bleiben. Aber es ist gut, daß du meinen Willen in dieser Weise geändert hast. Auch ich verwandle Menschen mit bösem Willen und schlechtem Charakter." Paramatman erwiderte: „Du besitzt große Kraft und Geschicklichkeit. Aus diesem Grund beschloß ich, daß du auf der Erde sein sollst, um deinen Auftrag als Avatar zu erfüllen. Das ist notwendig für die Erde."

Dann fragte ich: „Die Avadhutas oder Verwirklichten, die auf alle Welten und Ebenen und alle Kräfte verzichten, kommen zu dir und bleiben bei dir. Schickst du sie irgendwann oder in irgendeinem Zeitalter wieder zur Erde? Und falls sie zur Erde zurückkehren, haben sie dann Devotees?" Da erklärte mir Paramatman: „Gewöhnlich gehen sie nicht gern wieder zur Erde zurück. Ich schicke sie, wenn sie gebraucht werden. Sie brauchen keine Jünger. Die Menschen wissen vielleicht nicht einmal, wer sie sind oder wo sie leben."

„Warum leben sie unerkannt auf der Erde?" fragte ich. „Bereitet es ihnen Schmerz, wenn man sie kennt? Wird ihre Arbeit gestört durch eine große Anhängerschaft? Sind Anhänger ein Hindernis bei der Ausführung ihres Auftrags?" Er antwortete: „Auch wenn man vielleicht von ihnen weiß, werden sie nicht richtig verstanden oder als Avadhutas erkannt. Und wenn die Menschen sie nur ein wenig verstehen, kann ihnen das noch mehr Schwierigkeiten bereiten. Je mehr Jünger sie haben, desto mehr konzentrieren sich die Avadhutas auf diese, anstatt auf ihren Auftrag, die Welt zu erheben. Sie erheben nur ihre Schüler. Deshalb ziehen sie es natürlicherweise vor, keine Anhänger zu haben."

Dann fragte ich Paramatman: „Mit fortschreitender Vergeistigung werden unser Denkorgan und unsere Vitalorgane schwächer. Warum?" Er antwortete: „Die physischen, vitalen und mentalen Fähigkeiten werden in eine größere Kraft umgewandelt. Deshalb werden diese normalen Teile des Menschen schwach, wenn sie ihre Stärke jener spirituellen Kraft übergeben. Wenn ein Mensch geistig hoch entwickelt ist und gewöhnliche Anhänger kommen zu ihm, die vom Verstand und den Vitalkräften beherrscht sind, ist er oft nicht geneigt, sie zu sehen oder mit ihnen zu sprechen, weil ihm das Leben unter solchen Menschen so seltsam vorkommt."

* * *

Am 22. August 1979 erzählte uns die Mutter:

Seit dem 12. August fühle ich, daß mein Körper viel leichter wird – als ob er in der Luft schwebte. Obwohl ich ihn nach unten drücke, will er durchaus fliegen. Außerdem gibt es seither eigenartige Bewegungen in meinem Körper, die sehr unangenehm sind, eine Art Schmerz, der von einem Körperteil zum anderen wandert, so wie Fische und

Thalheim, Deutschland 1984

Schlangen, die an einer Stelle eines Teiches oder Flusses verschwinden, nur um an einer anderen wieder aufzutauchen.

Als ich mich in der Nacht des 22. August um halb elf Uhr hinlegte, hatte ich plötzlich stechende Schmerzen im rechten Brustkorb. Später hatte ich die gleichen Schmerzen im linken Oberschenkel. Eine Zeitlang konnte ich den Körper nicht bewegen, konnte mich aber später auf die Seite drehen. Ich hatte das Gefühl, daß jemand rief und mich zu wecken versuchte; aber es war niemand da.

Das elektrische Licht brannte in meinem Zimmer, aber dessen ungeachtet sah ich ein helles, strahlendes Licht aus der Ferne auf mich gerichtet. Mit immer größerer Konzentration schaute ich in das Licht. Es war zu beiden Seiten mit wunderschönen Blumen wie Shivalingams geschmückt. Zwischen diesen Blumen heraus strahlte das Licht zu mir her. Während ich hineinschaute, war ich trunken vor Glück, Kühle und Frieden.

Dann fühlte ich, daß das Licht alsbald in mich eingehen würde. Es gab einen Widerstand in meinem rechten Fuß, aber durch den linken Fuß drang es leicht in mich ein. Eine leichte Reizung war im ganzen Körper zu verspüren, danach aber empfand ich wieder den berauschenden Zustand von Frieden und Glück.

Mein Körper wurde überaus beweglich. Beim Gehen hatte ich das Gefühl, daß meine Füße gar nicht den Boden berührten. All die Schmerzen, die mich so lange gequält hatten, waren bedeutend vermindert. Ich fühlte mich energiegeladen und vergnügt.

Paramatman sagte mir das folgende: „Bisher konntest du mich sehen und mit mir sprechen, aber mein Licht war noch nicht in deinen Körper eingegangen. Nun fülle ich deinen Körper mit meinem Licht, und ich werde ihn weiterhin mit Licht füllen.“

Seit diesem Erlebnis sehe ich das Licht Paramatmans fortwährend.

* * *

Am 2. Februar 1979 erzählte Mutter Meera dann die folgende Erfahrung. Vier Tage lang hatte sie die Inspiration, über die Entstehung der vier Aspekte Durgas zu sprechen.

Ganz zu Beginn ging Durga zu Paramatman und bat ihn, ihr noch weitere Existenzformen zu schenken. Sie bat um die erste Gestalt, und Paramatman hieß ihre Bitte gut. Diese Gestalt erhielt den Namen Mahalakshmi, und Paramatman beschrieb ihre Eigenschaften. So wurde Mahalakshmi geboren.

Danach bat Durga um die Gestalt der Mahasaraswati und der Maheshwari. Noch einmal stimmte Paramatman zu und benannte ihre Eigenschaften. Durga nahm sie an.

Schließlich bat sie um eine besondere Gestalt, und Paramatman, der dieses Mal keine Beschreibung gab, sagte nur: „Tue, wie du wünschst." Darauf wurde eine einzigartige, mächtige, siegerringende und unanfechtbare Gestalt geboren.

In diese letzte Gestalt gekleidet kam Durga zu Paramatman. Sie war mit Zierat geschmückt und mit einem herrlichen Sari besonders prachtvoll angetan. Als sie Paramatman jedoch verließ, erschien sie nackt und tanzend. Sie war bezaubernd schön und hatte die Freiheit, zu tun, was immer ihr beliebte. Diese Gestalt war Mahakali, die solch furchtbare Kräfte besitzt. Wenn sie will, kann sie diejenigen, die sie aufrichtig lieben, mühelos zu den höchsten Ebenen erheben, oder sie kann ihnen die Macht verleihen, in allen Schlachten siegreich zu sein. Einen Mangel an Aufrichtigkeit aber – den andere Götter vielleicht verzeihen würden – toleriert Mahakali nicht. Sie entschuldigt keine Falschheit und straft ohne Gnade. Dabei geht sie manchmal so weit, daß sie die Unehrlichen in einen Abgrund schleudert.

* * *

Am 30. August 1979 erzählte uns die Mutter:

Am Morgen hatte ich diese Furcht: Wer wird mich bei meinen häufigen Reisen in die höheren Welten schützen, wenn ich falle, da ich nichts zu meiner Sicherheit unternehme?

Am selben Abend spürte ich während der Meditation eine Art Fallbewegung in meinem Körper, als wenn ich von großer Höhe hinabglitte. Augenblicklich, wie in Reaktion auf einen bevorstehenden Fall, ergossen sich das Licht des Paramatman, supramentales und übermentales Licht in starkem Strom über mich, was eine Art Bewegung in meinem Körper verursachte. Das gab mir ein starkes Gefühl des Beschütztseins – wie ein Versprechen des Höchsten, daß alles Licht aus den höheren Welten mich umschließen würde, um mir zu helfen und über mich zu wachen.

* * *

Bevor 1979 zu Ende ging, war die völlige Identifizierung der Mutter mit der Höchsten Mutter abgeschlossen. Es war ihr gelungen, das Licht des Höchsten Herrn, das die Transformation zu einer Gewißheit macht, zur Erde herabzubringen. Für alles, was sie unternehmen würde, waren ihr die Hilfe, der Schutz und die Kraft des Paramatman zugesichert worden.

* * *

Am 23. Juli 1980 berichtete die Mutter die folgende Erfahrung:

Mit ungeheurem Lärm, wie Donner, und blendend wie helles Sonnenlicht bricht das Licht aus mir heraus... Dreimal am Tag sende ich auf diese Weise Licht überallhin. Das Licht bedeckt die ganze Erde. Wenn es von meinem Körper ausgeht, geschieht das mit einem so enormen Lärm, daß ich zwei Stunden lang nichts höre. Dieser Prozeß geht weiter.

Im August 1980 sagte die Mutter:

Manchmal habe ich das Gefühl, daß meine Füße brennen, als liefe ich auf Feuer, selbst wenn ich über Wasser auf dem Boden laufe. Überall, wo ich laufe, ist das so. Nun bin ich die „Mutter des Feuers", und zwar wegen des Lichts, das ich der Erde schenke. Es ist dynamisch in seiner Wirkung. Die Erde reagiert nachhaltiger darauf als die Menschen.

Die Herabkunft des Lichts (in Seinem Liebe-Aspekt) im April und Mai 1983

In den vergangenen Monaten April und Mai fand eine gewaltige Herabkunft von Licht statt, deren Ziel es war, die göttliche Liebe zu offenbaren. Für Mutter Meeras Körper war dies eine äußerst schwierige Zeit. Wir sind Ihr sehr dankbar dafür, daß Sie dieses Werk der Manifestation für uns alle auf sich genommen hat.

Eine wichtige und schöne Nachricht bezüglich der Herabkunft des Lichts, die zwei Monate dauerte und nun beendet ist: Dieses Licht kam speziell dafür, Liebe zu offenbaren. Während es herabkam, hatte die Mutter das Gefühl, daß Ihr Körper wie eine leere Flasche und das Licht wie eine Flüssigkeit war. Wenn man eine Flasche schüttelt, steigt und fällt die Flüssigkeit darin, bewegt sich in allen Richtungen. Auf dieselbe Weise drang, wenn der Körper der Mutter bewegt wurde, das Licht in ihn ein und ging in alle Richtungen. Ihr ganzer Körper war wie ausgelöscht. In diesem Augenblick empfand die Mutter keinen Schmerz. Sie war irgendwo – wir wissen nicht, wo. Wenn wir Sie riefen, antwortete Sie nicht, denn Sie war sehr weit weg. Alle Sinnesfunktionen waren eingestellt. Ihr ganzer Körper wurde geschüttelt, die Arme und Beine bewegten sich in allen Richtungen.

Anfänglich setzte das Herabkommen des Lichts um Mitternacht ein und dauerte bis sechs Uhr früh. Danach ruhte die Mutter für ein oder zwei Stunden. Während des ganzen Tages war Sie so wie immer. Aber nach ein paar Tagen kam das Licht auch während des Tages ebenso stark herab wie in der Nacht. Von da an kannte die Mutter weder Schlaf noch Ruhe und nahm kein Essen mehr zu sich. Sie fühlte in Ihrem Körper ständig einen für Menschen nicht ertragbaren Schmerz. Wenn der Schmerz zu groß wurde, wurde Sie bewußtlos.

Wir hatten Angst um Sie und wollten einen Arzt rufen. Als wir Sie fragten, ob wir einen Arzt rufen könnten, antwortete Sie „nein" und wurde wieder bewußtlos. Später erklärte uns die Mutter, daß Ihre Sinne in diesem Zustand nicht in Tätigkeit waren. Als wir Sie fragten, wie es Ihr gehe, antwortete Sie nicht, weil unsere Fragen Sie nicht erreichten. Als wir Sie jedoch fragten, ob wir einen Arzt holen könnten, rief das Wort Arzt in Ihren Ohren so etwas wie einen Glockenklang hervor, da es falsch gewesen wäre, einen solchen zu rufen. So kam Sie zu unserer Bewußtseinsebene zurück, um „nein" zu sagen, und ging dann wieder auf eine höhere Ebene. Ein Arzt wäre von keinem Nutzen gewesen, denn er hätte keinen Grund gefunden, warum sich der Körper der Mutter so erschreckend verhielt.

Zuletzt kam das Licht derart konkret und massiv herab, daß auch wir sehr stark die Atmosphäre der Liebe im ganzen Haus spürten. Das Haus war von Freude erfüllt.

In einer solchen Atmosphäre ist selbst eine einzige Stunde Schlaf auch für Menschen ausreichend.

Eine große Veränderung hat sich im Körper der Mutter vollzogen. Man hat den Eindruck, daß er samtweich geworden ist, und er leuchtet.

Jetzt geht es der Mutter sehr gut. Sie sagt, in zwei oder drei Jahren wird es noch einmal ein ähnliches Herabkommen von Licht geben.

Nachwort

Die Mutter verließ Indien zum ersten Mal im September 1979 zu einer Reise nach Kanada mit Herrn Reddy und mir. Wir blieben vier Monate dort. Die Mutter gab jeden Abend Darshan. Bisweilen gewährte Sie auch ein privates

Gespräch. Jeden Samstag gab es in einem großen Hörsaal Darshan, zu dem manchmal bis zu 300 Personen erschienen. Viele hatten wundervolle Erfahrungen. Manche sahen die Mutter als Maria, andere als Jesus, Buddha oder Krishna, oder auch als Sri Aurobindo, Sweet Mother, Kali oder Durga. Fast jeder empfand Ruhe und Frieden. Je nach ihrer Entwicklung und ihren Bedürfnissen erfuhren einige auch Licht in verschiedenen Farben: weiß, blau, golden, orange, violett. Wir waren glücklich in Kanada.

Auf dem Rückweg nach Indien besuchte die Mutter auf Bitten einiger Devotees die Schweiz. Von dort kehrten wir nach Indien zurück. In Indien hörten wir von der Gründung der Mother Meera Society in Kanada. Diese lud im Februar 1981 die Mutter, Herrn Reddy und mich nach Kanada ein. Wir fuhren hin, und wieder gab es, wie zuvor, Darshans und private Treffen. Die Resonanz auf die Mutter war sehr stark.

Später in diesem Jahr luden einige deutsche Devotees die Mutter nach Deutschland ein. Wir kamen im August dort an, und die Mutter gab einer kleinen, aber sehr liebevollen Gruppe Darshan. Viele von ihnen machten wunderbare Erfahrungen Ihrer Liebe und Ihres Lichts. Im September kehrten wir nach Kanada zurück. Zu diesem Zeitpunkt begann Herrn Reddys Gesundheit sich zu verschlechtern, und wir beschlossen, im Oktober nach Indien zurückzukehren.

Die deutschen Devotees der Mutter baten Sie, auf dem Rückweg nach Indien noch einmal in Deutschland Zwischenstation zu machen. Sie willigte ein, und so kamen wir Ende Oktober nach Deutschland, wo wir in Kleinmaischeid wohnten. Mit Herrn Reddys Gesundheit wurde es schlimmer. Er kam ins Krankenhaus, wo man eine Nierenfehlfunktion feststellte und Dialyse anriet. Wegen dieser Veränderung in Herrn Reddys Gesundheitszustand war es nicht möglich, nach Indien zurückzukehren; die Mutter blieb daher in Deutschland. Herr Reddy mußte dreimal wöchentlich zur Dialyse.

Die Mutter heiratete 1982 einen Deutschen; er lebt jetzt bei der Mutter. 1983 erwarb die Mutter auf Bitten von Herrn Reddy ein Haus. Sie wählte ein Haus in Thalheim, 15 km von Limburg entfernt. Herr Reddy hatte Ihr gesagt, er wünsche sich ein Haus in einem Tal. Thalheim liegt in einem Tal. Als man ihm die Bedeutung von „Thal-heim" erklärte, freute er sich sehr. In Kleinmaischeid gab die Mutter jeden Tag Darshan, heute gibt Sie ihn an vier Tagen der Woche.

Im April 1988 besuchte die Mutter Indien. Viele Devotees hießen Sie in ihrem Heimatland willkommen. 1989 luden das Hobart und das William Smith College in Geneva, New York, die Mutter in die Vereinigten Staaten ein. Es war der erste Besuch der Mutter in den USA. Sie besuchte auch Ithaca und New York City. 1990 flog die Mutter zu einem weiteren Besuch in die Vereinigten Staaten und nach Kanada. Da die Besuche der Mutter selten sind, warten die kanadischen Devotees immer ungeduldig darauf, Sie wiederzusehen und Ihren Darshan zu bekommen. Im November besuchte die Mutter noch einmal Indien.

Menschliche Eindrücke von der Mutter

Ich möchte von der Mutter in Ihrer menschlichen Persönlichkeit sprechen, wie ich Sie kennen und lieben gelernt habe. Das Spiel des Göttlichen in einer menschlichen Gestalt ist wundervoll in seiner Rätselhaftigkeit. Alles, was die Mutter auf der menschlichen Ebene tut, offenbart subtil und voller Wärme eine andere Seite Ihrer selbst und Ihres Werkes.

In unseren Gesprächen hat mir die Mutter manchmal einiges aus Ihrer Kindheit erzählt.

Als Sie zehn war, kam einmal ein Mann – ein Koyaraju, ein Stammeshäuptling, der in die Zukunft schauen konnte – in Ihren Heimatort, und der sagte Ihr, sie werde weit weg von ihren Eltern leben und schon in jungen Jahren berühmt und geehrt sein; Sie sei eine Göttin, mit der Gabe, alles, was Sie berühre, in Gold zu verwandeln.

Ich habe keinen Zweifel, daß die Mutter eine Inkarnation der Adiparashakti selbst ist. Schon in Ihrer frühesten Kindheit sah Sie das göttliche Licht, so wie wir den Blitz in den Wolken sehen. Immer wenn Sie irgendein Problem hatte oder krank war, wurde Sie vom göttlichen Licht gesegnet und geheilt.

Die Visionen und mystischen Kräfte der Mutter stellten sich ganz von selbst ein. Das war schon in Ihrer Kindheit so, wenn Nektartropfen (Amrita binduvulu) aus Ihrem Brahmarandhra drangen (der Punkt oder das Chakra oben auf dem Kopf, durch den wir Verwirklichung erreichen können). Die Mutter wußte schon damals, daß Sie auch ohne Nahrung zu sich zu nehmen aus diesen Nektartropfen alle Energie erhalten konnte, die Sie brauchte.

Die Mutter hat nie meditiert – über wen sollte Sie meditieren, wenn Sie selbst alles ist? Ihre göttlichen Kräfte stellten sich auf natürliche Weise ein. Man kann nicht sagen, daß Sie sich irgendwann in einem der Zustände des Wachens, Träumens, Schlafens oder im Samadhi befindet. Sie steht über diesen vier Zuständen.

Seit frühester Jugend empfindet die Mutter große Liebe zu allen Aspekten der natürlichen Welt. Die Natur ist die Manifestation der Göttlichen Mutter, Ihr Geschenk, Ihr Körper.

Als kleines Mädchen ging Sie gern in den Wald, um allein zu sein. Dort saß Sie oft in Baumhöhlen. Die meisten Kinder hätten sich vor solchen Plätzen gefürchtet, da sie ja voller Schlangen und Skorpione sein konnten. Die Mutter hatte jedoch niemals Angst. Die Einsamkeit beglückte Sie.

Sie liebt alle Blumen und Tiere gleichermaßen. Ihre Liebe ist ebenso zärtlich wie praktisch – und sie ist grenzenlos. Einige Begebenheiten, die diese Liebe illustrieren, möchte ich hier erzählen.

Einmal waren wir in Indien, in Kakinada. Draußen regnete es heftig; die Straßen waren überschwemmt. Die Mutter, Herr Reddy und ich saßen im Haus und unterhielten uns. Plötzlich stand Sie auf und ging in den Regen hinaus. Wir waren sehr überrascht, bis wir sahen, daß auf der Türschwelle ein Kätzchen hockte. Es zitterte vor Kälte und war in einem erbarmungswürdigen Zustand. Die Mutter nahm es zärtlich in Ihre Hände, wo es starb. Ich glaube, Sie hatte seinen inneren Ruf vernommen, in den Händen des Göttlichen sterben zu wollen, und war ihm nachgekommen.

Der Hausbesitzer dort in Kakinada hatte zwei Hunde, einen ganz kleinen, anhänglichen, und einen großen Schäferhund. Immer wenn der Mann sie ausschimpfte, kamen die zwei zur Mutter gelaufen und suchten bei Ihr Schutz.

Tiere nehmen das Göttliche deutlich wahr. Im allgemeinen fürchten sie die Menschen, ihre innere Roheit und Feindseligkeit. Aber bei Heiligen, wie Franz von Assisi oder Ramakrishna, oder bei Inkarnationen wie der Mutter, da fürchten sie sich nicht.

Einmal im Winter, in Deutschland, kam eine ganz junge Schwalbe ins Haus. Sie zitterte und konnte nicht fliegen. Herr Reddy war zu dieser Zeit krank und lag im oberen Stock. Die Mutter gab Herrn Reddy seine Medizin, kam herunter, nahm die Schwalbe sachte auf, ging sie dann Herrn Reddy zeigen und gab ihr etwas warme Milch. Nach ein paar Minuten erholte sie sich. Wie vorsichtig die Mutter sie fütterte und ihr das Wasser von den Flügeln trocknete! Ihr Mitleid mit hilflosen Wesen ist unendlich.

Tiere erkennen das Göttliche nicht nur, sie gehorchen ihm auch. Einmal gingen die Mutter und ich in Thalheim spazieren. Eine schwarze Katze folgte uns. Die Mutter wandte sich um und sagte: „Geh nach Haus!“ Augenblicklich drehte sich die Katze um und lief fort.

Indien 1976

Eines Abends in Kakinada jätete die Mutter im Garten. Ein Hund kam angelaufen und sah Ihr zu. Da sagte die Mutter zu dem Hund, er solle kommen und Ihr helfen, das Gras auszurupfen. Er gehorchte!! Alle, die das erlebten, waren aufs höchste erstaunt.

Zwei meiner glücklichsten Erinnerungen an die Tierliebe der Mutter haben mit Affen zu tun. Wie die Freunde des Ramayana wissen, sind Affen besonders empfänglich für das Göttliche.

1980 waren die Mutter, Herr Reddy und ich in Nizamabad. Wir gingen in den Stadtpark. Die Affen dort sind gewöhnlich scheu, doch kamen sie mit großen Sprüngen zur Mutter gerannt, um ihr Erdnüsse aus der Hand zu fressen.

Im Januar 1981 waren wir in Madanapalle. Dort gibt es viele Affen, und sie sind nicht zutraulich. Trotzdem kamen sie immer leise in den frühen Morgenstunden, um die Mutter zu sehen. Sie machten Zeichen, daß sie „prasad" wollten (die Speise, die man vom Göttlichen erhält). Die Mutter trat dann auf den Balkon hinaus, wo sie auf Ihren Darshan und die Speise von Ihr warteten, und gab ihnen Süßigkeiten, Erdnüsse, Bananen und andere Früchte, die sie immer mit Freudenbekundungen entgegennahmen. Sie kamen regelmäßig, und jeden Tag waren es mehr.

* * *

Es ist wundervoll, wie sanft die Mutter mit Menschen umgeht. Ich erinnere mich an einen zehnjährigen Jungen in Kakinada, der Obst und Gemüse verkaufte. Der Junge liebte Sie und sagte immer, daß er seine Waren ganz speziell für Sie gebracht habe. Obwohl Sie oft gar nicht brauchte, was er anbot, kaufte Sie trotzdem immer von allem und gab ihm noch Geld extra, um ihm eine Freude zu machen.

In Kakinada war auch ein alter Mann, der Schlangen fing und mit ihnen spielte. Er kam oft zur Mutter und hatte großen Spaß daran, Ihr Geschichten über seine Schlangen zu erzählen. Manchmal gab er mit ihnen auch eine Vorstellung für die Mutter. Sie gab ihm zu essen und Geld. Wann immer der alte Mann eines von beidem brauchte, wußte er, daß er zu Ihr kommen und darum bitten konnte.

Die Großzügigkeit und Gastfreundschaft der Mutter sind außerordentlich, wie es jeder bezeugen kann, der einmal in Ihrem Haus in Deutschland gewohnt hat.

* * *

Ich habe beobachtet, daß die Mutter und die Natur sich in einem engen Einklang befinden. 1985 mußte sich die Mutter einen Weisheitszahn ziehen lassen. Der Tag vor der Operation war klar, aber an dem Tag, an dem der Zahn entfernt wurde, regnete es und war es schrecklich windig. Fast immer, wenn die Mutter krank ist, gibt es Wolken, Regen oder Schnee. Die Natur fühlt in ganz inniger Weise mit der Mutter, sie lacht und trauert mit Ihr.

Auch in der Gartenarbeit beweist die Mutter diese Harmonie mit der Natur. Sie ist eine hingebungsvolle, kluge und sorgsame Gärtnerin. Sie schenkt den Pflanzen ebensoviel Fürsorge wie den Menschen und Tieren.

Ich habe beobachtet, daß die Pflanzen in ihrer Obhut glücklich sind und überreich blühen und Früchte tragen. 1984 hatte einmal eine einzige Mohrrübe mehrere große „Köpfe". Einmal brachte ein Rosenstock 65 Rosen hervor, und eine Bohnenschote wurde 50 Zentimeter lang. Ein anderes Mal lobte die Mutter den Hibiskus, weil er so reich in Blüte stand, und daraufhin blühte er gleich noch viel mehr. Die Leute bleiben oft an Mutters Garten stehen und bewundern seine Schönheit und Ordnung.

Die Mutter kennt die Pflanzen alle und weiß, was jede braucht. Jede bekommt eine individuelle Pflege. Einige werden mit Stecken gestützt, andere werden gedüngt, wieder andere bekommen Rahmen, um daran hochzuranken. Ich habe bemerkt, daß Sie beim Gießen sehr behutsam ist, so als hätte Sie es mit kleinen Babys zu tun. Wenn eine Pflanze krank ist, pflegt die Mutter sie sorgsam. Manchmal gibt Sie ihr Medizin, manchmal spricht Sie aufmunternde Worte zu ihr. Einmal nahm Sie ein paar Pflanzen neben dem Haus, die krank waren, aus der Erde und besprengte sie in der Badewanne. Es war ein rührendes Bild.

Die Mutter weiß immer genau, was im Garten zu tun ist. Es ist, als ob die Pflanzen selbst Ihr sagten, was sie brauchen. Einmal beschnitt Sie die Äste eines Obstbaumes. Ein Devotee meinte, es sei nicht die richtige Jahreszeit dafür. Die Mutter lächelte. Ein paar Wochen später war es ganz augenscheinlich, wie der Baum, der gekränkelt hatte, gedieh.

Der Mutter bei der Gartenarbeit zuzusehen ist immer eine Inspiration. Sie ist so behutsam. Einmal war ich beim Pflücken einer Frucht recht grob. Da sagte Sie: „Tut es dir nicht auch weh, wenn dich jemand kneift? Du mußt mit Pflanzen zart umgehen. Sie sind sehr empfindsam."

* * *

Beim Kochen ist die Mutter ebenso kreativ wie bei der Gartenarbeit. Sie verfährt nie mechanisch. Es macht Ihr Spaß, neue Rezepte zu entdecken und alte miteinander zu kombinieren. Sie mischt auch gerne östliche und westliche Gerichte. Die Speisen, die Sie anrichtet, sind immer wohlschmeckend. Sie kocht anderen gerne, was sie mögen. Manchmal schmeckt Sie das Zubereitete nicht einmal ab; Sie weiß instinktiv, wann es gut ist. Selbst ißt die Mutter wenig und hat auch keine besonderen Vorlieben. Aber mit großer Hingabe bereitet Sie leckere Sachen für andere. Ihre Kuchen sind besonders köstlich.

Die Mutter näht auch ausgezeichnet. Sie schneidert Blusen, Kleider, Röcke, alles nach Ihren eigenen Schnittmustern, und macht auch Ihre eigenen Entwürfe und Stickereien für Saris. Selbst Näherinnen bewundern Ihre Arbeit.

Auch noch anderweitig arbeitet die Mutter im Haus. 1986 gab es im Haus in Thalheim viele Veränderungen, an denen Sie samt und sonders beteiligt war. Sie versteht fachmännisch mit dem Bohrer umzugehen. Devotees, die Sie arbeiten gesehen haben, sagen, daß Sie zart erscheint, aber in Wirklichkeit kräftiger ist als jeder von uns. Als ich Ihr 1974 begegnete, gab es vieles, was ich wußte und Sie nicht. Heute hingegen ist Sie Expertin in zahlreichen Fertigkeiten, von denen ich nichts verstehe. Zum Beispiel kannte die Mutter damals nur Ihre eigene Sprache, Telugu. Heute spricht und versteht Sie auch Hindi, Englisch und Deutsch.

Wie schnell die Mutter technische Dinge lernt, zeigt sich immer wieder im Haus. Wenn etwas nicht richtig funktioniert, paßt Sie genau auf, wie es repariert wird. Falls notwendig, kann Sie so etwas bei späterer Gelegenheit dann selbst in Ordnung bringen. Die Mutter hat eine unabhängige, selbstsichere Natur. Sie nimmt zwar gerne Hilfe an, doch ohne Hilfe geht Sie ebenso unbeirrt voran.

Wie jeder bestätigen wird, der einmal mit der Mutter gearbeitet hat oder Sie arbeiten sah, ist die Mutter äußerst ausdauernd und konzentriert. Techniker glauben, Sie sei Technikerin, Maler halten Sie für eine Malerin, Architekten für eine Architektin. Jeder sieht Sie als seinesgleichen. Tatsächlich besitzt – und transzendiert – Sie alle

Fähigkeiten. In allem, was Sie tut, verwirklicht Sie Vollkommenheit. Dabei hat sie auch große Achtung vor den Werkzeugen: Hammer, Nadel, Pinsel – alle ehrt Sie gleichermaßen. Und das danken Ihr die Werkzeuge, indem sie sich ihrer Hand harmonisch überlassen.

Die Mutter verschwendet niemals etwas, seien es Kräfte, sei es Zeit oder Platz. Sie ist überaus praktisch und klar-denkend und verhält sich in allen Lebenssituationen so, wie es dem gesunden Menschenverstand entspricht.

Jeden Tag, den ich mit Ihr verbringe, wächst mein Erstaunen über die Größe und Vielfalt Ihrer Begabungen. Sie zeigt mir und uns allen, wie man leben soll: mit wachem Geist, Feingefühl, Tüchtigkeit in den praktischen Dingen, Freundlichkeit und Konzentration.

Wenn die Mutter spricht

Die Mutter spricht wenig, aber es ist wunderschön, wenn Sie spricht. Sie ist in allem, was Sie sagt, genau und spricht direkt zur Sache, ohne dabei barsch zu sein. Als Herr Reddy noch lebte, schuf seine Liebe zur Mutter und seine Vertrautheit mit Ihr eine feine Atmosphäre für gemeinsame Gespräche. Er schnitt die verschiedensten Themen an, von der Politik bis zum Yoga, und die Mutter äußerte Ihre Meinung dazu. Es war auch Herr Reddy, dem die Mutter die Erfahrungen anvertraute, die in diesem Buch wiedergegeben sind. Oft fragte er Sie auch zu anderen Heiligen und Avataren, und Sie erzählte ihm von ihnen.

Einmal fragte Herr Reddy Sie, was Sie über die Familie denke. Ihre Antwort war ganz charakteristisch für Sie. Sie sagte: „Die Familie ist die Wurzel der Schöpfung. Die Welt ist eine große Familie. Wenn man ein gutes Familienleben führt, wird man auch im göttlichen Leben erfolgreich sein. In der Familie voll Frieden und Liebe zu sein ist ebenso schwierig wie Sadhana, manchmal sogar noch schwieriger." Dies zeigt, wie nüchtern die Mutter denkt und welche Achtung Sie dem normalen Leben mit all seinen Verwicklungen zollt.

In Telugu, Ihrer Muttersprache, versteht die Mutter wunderbar zu scherzen. Sie hat einen feinen Humor. Ihre Scherze sind jedoch niemals verletzend, immer freundlich und einfühlsam. Oft lassen sie eine Vertrautheit mit der Sprache erkennen, die erstaunlich ist für jemanden, der kaum zur Schule gegangen ist.

Über die Schönheit von Mutters Stimme haben sich schon viele geäußert. Manchmal ist Sie leise und sanft, manchmal wie die eines Kindes. Immer ist ihre Wirkung so, daß sie Freude bringt und beruhigt. Die Mutter hat ein liebliches, feines Lachen.

Die Mutter besitzt ein breitgefächertes Wissen und macht, wenn es nötig ist, Ihren Standpunkt sehr deutlich. Zum Beispiel hat Sie einen feinen Sinn für Malerei (wobei Sie auch selbst ausgezeichnet malt). Um herauszufinden, welche Art von Kunst Sie schätzt, habe ich Ihr öfter Gemälde gezeigt, und immer gefielen Ihr die am besten, die am natürlichsten waren und Gefühl ausdrückten. Wahrhaftigkeit und tiefe Empfindung sind Ihr wichtiger als bloße technische Brillianz an der Oberfläche. Sie liebt warme, volle Farben. Ich habe festgestellt, daß Ihre Kunstkritik immer prägnant, logisch und analytisch ist. In Italien, als wir den Fürsten von Thurn und Taxis besuchten, sah ich, wie klar Sie die verschiedenen Stilrichtungen zu unterscheiden wußte und welchen Gefallen Sie an dem Geist der Hingabe fand, der aus den alten Gemälden spricht. Einmal zeigte Ihr jemand ein chinesisches Landschaftsbild aus dem 19. Jahrhundert mit einem Baum. Die Mutter stellte fest, daß es nicht der Natur entspreche. Der Baum hatte nur Blüten, keine Knospen, und alle Blüten waren nach derselben Richtung geöffnet und hatten dieselbe Farbe. In allen Dingen liebt die Mutter die spontane, lebendige Ordnung.

Ich habe bemerkt, daß die Mutter Fragen immer mit einer ruhigen Genauigkeit beantwortet, die das Herz des Fragenden zufriedenstellt. Sie sagt, was notwendig ist, ohne Aufhebens oder Rhetorik.

Die Nasenoperation der Mutter

Am 29. Januar 1986 kam die Mutter zu einer schmerzhaften Nasenoperation ins Krankenhaus. Ich möchte von dieser Zeit berichten, weil dies zeigt, mit wieviel Tapferkeit und Würde die Mutter körperlichem Schmerz begegnet. Ihr Mut und Ihre Geduld während dieser Zeit waren sehr bewegend zu erleben. Auch ich selbst fühlte mich elend; es war qualvoll, die Mutter in Schmerzen zu sehen. Und doch war Sie sogar in diesem Zustand voll Frieden. Um 11 Uhr 30 kam die Mutter in den Operationssaal. Ich hatte das Gefühl, daß Sie aus dem Körper ging, bevor Sie die Betäubung bekam. Später fragte ich Sie danach, und Sie bestätigte es.

Die Operation selbst dauerte drei Stunden. Danach bot die Mutter einen schockierenden Anblick: bewußtlos und mit einem Verband über der Nase. Ich wurde beinahe ohnmächtig. Dann hatte ich eine Vision. Darin gingen Sie und ich einen der Korridore des Krankenhauses entlang, als ob wir jemanden besuchen gingen. Die Mutter trug einen weißen Sari und lächelte. Diese Vision gab mir meine innere Ruhe zurück. Nach der Operation wurde die Mutter in einen kalten Raum gebracht, in dem Sie schrecklich zitterte. Obwohl Sie bewußtlos war, antwortete Sie auf die Fragen, die ich an Sie richtete, ganz präzise. Als Sie aufwachte, erinnerte Sie sich an nichts von dem, was Sie gesagt hatte, nur daran, daß Sie gefroren hatte.

Eine Stunde später wurde die Mutter in unser Zimmer gebracht. Ich fragte Sie, ob Sie Schmerzen habe. „Ein bißchen", antwortete Sie tapfer. Am selben Abend besuchten Sie einige Ihrer Devotees. Sie waren beeindruckt von der Atmosphäre des Friedens, die das Zimmer erfüllte. Natürlich war es sehr traurig für sie, die Mutter in diesem Zustand zu sehen.

Die Mutter und ich blieben eine Woche im Krankenhaus. Während dieser Zeit faßte das Krankenhauspersonal eine besondere Zuneigung zu Ihr. Man wußte nicht, wer Sie war, und doch reagierten alle auf Ihre außergewöhnliche Sanftheit.

In dieser Woche kamen die Devotees der Mutter häufig zu Besuch. Selbst in Ihrem geschwächten Zustand gab Sie Rat und half den Devotees auch bei gesundheitlichen Problemen. Einer von ihnen sagte, daß die Mutter selbst jetzt, im kranken Zustand, wunderschön sei. Manchmal, wenn die Ärzte ihre Nase untersuchen wollten, verweigerte es die Mutter, wie ein kleines Kind, das den Schmerz fürchtet.

Daß ihre Furcht gerechtfertigt war, zeigte sich eine gute Woche später, als die Zeit kam, wo ihr der Verband über der Nase abgenommen werden mußte. Der Arzt tat dies äußerst grob und ohne die Mutter vorher darauf hinzuweisen, daß es sehr schmerzhaft sein werde. Sie wurde ohnmächtig. Es war ein fürchterlicher Schock. Ihr Körper war schweißgebadet, die Kleider durchnäßt. Ich rief Ihr dauernd zu, aufzuwachen, doch kam keine Antwort. Erst nach einer Viertelstunde kam Sie wieder zu Bewußtsein. Der Arzt hatte zu dem ganzen nichts weiter zu sagen, als daß dieser Schmerz „üblich" sei; selbst Boxer waren nach seinen Erfahrungen nicht fähig, ihn zu ertragen. Ein Teil des Opfers, das die göttliche Inkarnation auf Erden zu bringen bereit ist, besteht darin, physisches Leid wie dieses anzunehmen. Welch immense Liebe! Der Gedanke daran kann uns nur sehr demütig machen.

Die Genesungszeit der Mutter war für mich schwer zu ertragen. Herr Reddy fehlte mir sehr. Doch die Mutter war während der ganzen Zeit klar und stark, manchmal auch, in ganz rührender Weise, wie ein Kind. Die Würde, die Sie selbst unter diesen harten Umständen bewahrte, ist eine Inspiration für uns alle.

Die Gnade und Macht der Mutter

Als wir in Indien waren, herrschte in der ganzen Welt Aufregung wegen des Raumlabors Skylab. Einige, die fürchteten, es könne auf die Erde stürzen, baten die Mutter, Sie möchte dies doch verhüten. Die Mutter vergegenwärtigte sich die Flugbahn von Skylab und bestimmte, daß es ins Meer niedergehen sollte.

Einmal kam ein amerikanischer Professor zur Mutter und bat Sie, seinen Freund Lok Nayak, einen bekannten indischen Politiker, der im Sterben lag, zu retten. Die Mutter willigte ein und sagte, daß der Mann noch ein Weilchen leben werde. Danach kam in den Nachrichten eine Ansage, daß der Premierminister im Parlament den Tod Nayaks bekanntgegeben habe. Diese Ansage beruhte auf einer Fehlinformation. Als man der Mutter von Nayaks Tod berichtete, sagte Sie, daß es nicht stimme; sie sehe, daß er am Leben sei. Danach bestätigte eine zweite Ansage, daß er tatsächlich lebte. Dann sagte die Mutter, daß er aber nicht mehr lange leben werde, da sein Körper das Leben nicht mehr lange werde aufrechterhalten können.

Wir müssen uns immer daran erinnern, daß die Hilfe der Mutter keine Beschränkung durch Raum und Zeit kennt. Einer Ihrer Devotees schrieb aus Paris, daß es für ihn und seine Familie aus finanziellen Gründen schwierig sei, Sie in Deutschland zu besuchen, bat jedoch um Ihren Segen für seine Familie. In einem späteren Brief dankte er Ihr, daß Sie das Leben seiner Tochter gerettet habe. Diese war am Ertrinken gewesen und hatte gerufen: „Mutter Meera, rette mich!“ und war in letzter Minute gerettet worden.

Ein Devotee der Mutter, der Ihr Foto gesehen hatte, schrieb aus Frankreich. Er bat die Mutter inständig, ihm aus seinen Geldnöten zu helfen. Am darauffolgenden Tag kaufte er sich ein Los bei der Lotterie und gewann – seine finanziellen Probleme waren gelöst. Danach bat er die Mutter wegen einer Anstellung. Am nächsten Tag hatte er sie.

Vor kurzem war die Mutter eines Devotees mit Krebs im Krankenhaus. Er bat Mutter Meera, sie zu retten. Sie willigte ein. Die Operation fand statt. Obwohl die Ärzte die Hoffnung aufgegeben hatten, verbesserte sich der Zustand der Frau deutlich.

In Indien gab es einen Autounfall. Dem Opfer, das im Sterben lag, wurde ein Pulver verabreicht, das die Mutter gesegnet hatte. Der Mann lebt noch heute.

In Deutschland bekam die Mutter einen Anruf, daß das Baby eines Devotees sich im Krankenhaus in einem kritischen Zustand befinde. Die Ärzte hatten keine Hoffnung mehr. Die Eltern baten die Mutter, Sie möchte dem Kind helfen. Die Mutter willigte ein und begann augenblicklich am ganzen Leib zu schwitzen und zu zittern. Ganz offenkundig nahm Sie die Angst der Eltern und die Schmerzen des Babys in sich auf. Das Kind wurde gerettet.

Die Großzügigkeit der Mutter gegenüber ihren Devotees kennt keine Grenzen. Seit Ihrer Kindheit wünschte Sie sich ein Haus, in dem Sie Gäste empfangen könnte – in Thalheim besitzt Sie nun eines. Alles wird getan, damit die Devotees, die Sie besuchen, sich wohlfühlen und glücklich sind. Einer von ihnen sagte einmal: „Das Wunderbare bei der Mutter ist, welches Gefühl der Freiheit Sie einem gibt. Ihre Liebe ist an keine Bedingung geknüpft, und dementsprechend fühlt man sich in Ihrem Haus wirklich ganz daheim."

Noch auf vielerlei andere Weise zeigt die Mutter, wie zartfühlend das Göttliche in Ihrer menschlichen Gestalt auf die Liebe der Devotees reagiert. Zum Beispiel war Sie im Juni 1985 vom Fürsten von Thurn und Taxis nach Schloß Duino eingeladen. Obwohl Sie nicht gerne reist, kam Sie wegen der Zuneigung des Fürsten zu Ihr der Einladung dennoch nach. Es war ein wunderbares Erlebnis zu sehen, mit welcher Natürlichkeit sich die Mutter in dieser hochherrschaftlichen Umgebung bewegte. Wie sehr glich Sie in jenen Tagen einer Königin!

Der Fürst erzählte der Mutter von einem Freund, der sich in größter seelischer Not befand, weil er glaubte, von einer unheilbaren Krankheit befallen zu sein. Die Mutter fragte, ob sich dieser Freund denn schon habe untersuchen lassen. Er sei nämlich durchaus nicht krank, solle aber doch unverzüglich zu einem Arzt gehen und sich davon überzeugen. Der Freund folgte diesem Rat schon am nächsten Tag. Tatsächlich gab es bei ihm keinerlei Symptome der Krankheit, an der er zu leiden glaubte. Mit Tränen der Dankbarkeit kam er zur Mutter.

Die Mutter besuchte den Fürsten von Thurn und Taxis noch einmal im November 1985. Es waren seine letzten Tage, und Sie wollte ihrem Mitgefühl Ausdruck geben. Als wir ankamen, war der Fürst bereits sehr krank und nur noch voll bei Bewußtsein, als er mit der Mutter sprach. Ihre Güte ihm gegenüber ist ein Beispiel dafür, wie weit Sie sich selbst zurückzunehmen bereit ist, um einem anderen Freude zu schenken.

Auf Bitten von Herrn Reddy und als besonderes Zeichen der Liebe zu Ihren Devotees hat die Mutter vor kurzem einen Darshan zur Mitternachtsstunde am Beginn des Neuen Jahres eingerichtet. Ihn lieben die Devotees besonders, da so das Neue Jahr in der Gegenwart der Mutter und mit Ihrem Segen beginnen kann.

Die Mutter möchte immer, daß wir uns um Hilfe an Sie wenden, daß wir uns Ihr übergeben und Sie durch uns und für uns wirken lassen. Mögen wir ihrer Aufopferung und Geduld würdig sein.

Herr Reddy
November 1979 in Kanada

Herr Reddy: Der göttliche Bote

„Nichts weiter wünsche ich mir
für dieses Leben oder irgendein anderes,
als bei Ihr zu sein,
an Ihrem Werk mitzuarbeiten
und Ihr nach besten Kräften zu dienen."

Herr Reddy

Balgur Venkat Reddy war ein Seher, ein großer Heiliger und ein Bote des Göttlichen. Er war eine bewußte Seele. Von Kindheit an hatte er sein ersehntes Ziel klar vor Augen.

In jungen Jahren weinte er monatelang nach der „Mutter". Obwohl seine leibliche Mutter bei ihm war, konnte sie nicht alle seine inneren Bedürfnisse befriedigen. In jener Zeit las er einmal ein Buch über Saradamayi, die Gemahlin Sri Ramakrishnas. Unablässig rannen ihm dabei die Tränen herab, so sehr bewegte es ihn. Und sein Durst nach der „Mutter" wuchs. Für gewöhnlich las er überhaupt keine Bücher. Dieses war das erste Mal, und gleich mußte er so weinen. Es war seine Seele, die weinte. Wann immer er in dem Buch las – selbst viele Jahre später –, kamen ihm die Tränen.

In jener Zeit sah er vor seinem inneren Auge sehr deutlich Mutter Meeras Gesicht und wünschte sich, Ihr zu begegnen. Immer wenn er jemanden sah, der Ihr etwas ähnelte, fühlte er sich dieser Person gleich freundschaftlich verbunden. Er suchte in Frauen immer die Mutter. Sein ganzes und einziges Lebensziel war es, seine wirkliche Mutter zu finden. Dem opferte er sein Leben, seine Familie, seinen Namen, seine Position und seinen Ruf in der Gesellschaft. Als göttlicher Bote hat er schließlich diesen Lebenszweck verwirklicht.

Es ist Herr Reddy gewesen, der die Göttliche Mutter Meera, den Avatar des neuen Zeitalters, vor der Welt bekannt gemacht hat. Wenn wir an die Mutter denken, so denken wir immer auch an Venkat Reddy, und umgekehrt; so eng sind sie miteinander verbunden. Ich habe oft beobachten können, daß seine Gedanken, Gefühle und Handlungen das widerspiegelten, was die Mutter dachte und empfand. Er war ein wesentlicher Teil, ein Bestandteil von Ihr; und auch die Mutter wurde durch ihn vervollständigt. In mancher Hinsicht war er für Sie Vater, Bruder und sogar Mutter. Er sorgte bisweilen für Sie, als wäre Sie ein Kind. Am Anfang war Sie ja wirklich ein Kind, das seiner Obhut anvertraut war, und er nahm die ganze Verantwortung der Mutter auf seine eigenen Schultern. Herr Reddy ist ein Vorbild für jeden, der sich – in ständiger Ausrichtung auf die Mutter und mit Ihr verbunden – in allem Denken, Fühlen und Handeln dem Göttlichen weihen möchte.

Herr Reddy hatte ein äußerst feines Gespür für die Mutter. Er sah die Schönheit des Göttlichen in Ihren Gedanken und Handlungen. Wenn er Sie beobachtete, wenn er Ihr folgte, geschah das in einer Weise, die Ihr niemals lästig werden konnte. Auch während seiner Krankheit fragte er mich immer über die Mutter aus: „Hat Sie auch zur rechten Zeit gegessen? Hat Sie genug geruht? Ist Sie gesund? Ist Sie allein oder begleitet sie jemand?" Er sorgte sich um die kleinsten Einzelheiten. In der Zeit, als er gesund war, wollte er der ganzen Welt kundtun: „Hier ist die Göttliche Mutter, wendet euch Ihr zu! Wenn wir anklopfen, öffnet das Göttliche uns die Tür. Es ist die Stunde der Göttlichen Mutter, wacht auf und findet Sie! Sie ist hier, hier vor unseren Augen!" Der ganzen Welt wollte er von der Gegenwart der Göttlichen Mutter erzählen, damit die Menschheit von Ihr wisse und transformiert würde.

Mit dem Einsetzen seiner Krankheit im Jahre 1981 zog sich Herr Reddy dann ganz von der Außenwelt zurück. Er hatte keine Neigung mehr, andere auf die Mutter aufmerkam zu machen. Er wußte, daß die Zeit näherrückte, in der die Mutter in der Welt durch Ihr stilles Wirken bekannt geworden sein würde. In diesen Jahren war er in seinen äußeren Bewegungsmöglichkeiten eingeschränkt. Er sprach kaum mit jemandem. Tag und Nacht gab er sich „Japa" hin (Anrufung des göttlichen Namens). Wenn er überhaupt sprach, so sprach er über die Mutter und mit der Mutter. Auch dann erkundigte er sich nach Ihrem Wohlbefinden und Ihren Handlungen.

Manchmal war er wie ein Kind der Mutter, erhob Einwände und widersprach Ihr, wie Kinder es tun. Wenn Sie ihm aber sagte „Tu das nicht!" oder „Iß das nicht!" so folgte er Ihr mit ganzem Herzen. Ihre Beziehung war überaus innig. Wenn Herrn Reddy etwas widerfuhr, fühlte es die Mutter augenblicklich. Und wenn die Mutter traurig war, empfand er es ganz deutlich und nannte ihr auch manchmal den Grund Ihrer Traurigkeit, ohne daß er wußte, was im einzelnen vorgefallen war. Er tröstete die Mutter; Sie empfing von ihm viel Stärkung. Dies zeigt, wie der Devotee der göttlichen Person, die er verehrt, durch seine reine, kindliche Hingabe Trost schenken kann.

Natürlich sorgte die Mutter wiederum mit großer Umsicht, Liebe und Zärtlichkeit für Herrn Reddy. Einem Strom gleich fließt die göttliche Liebe. Manchmal strömte Ihre Liebe schrankenlos. Während Herrn Reddys Krankheit war die ganze Konzentration der Mutter auf Ihr liebendes Kind gerichtet, dessen Interesse und Liebe einzig ihr galt. Für Herrn Reddy war die Mutter alles. Oft sang er den Vers aus der Bhagavad Gita: „Du bist Mutter, Vater , Bruder, Schwester und alles für mich. Ohne Dich ist nichts. Ohne Dich kann ich nicht sein." Diese Worte drücken die Wahrheit aus. Was immer Herr Reddy sprach, das lebte und befolgte er in der Praxis.

Für Herrn Reddy war Sadhana kein strenges „tapasya" (strenge Disziplin), sondern ein Spiel mit der Göttlichen Mutter. Jede unserer Handlungen, jeden Gedanken und jedes Gefühl können wir mit dem Göttlichen verbinden und ihm darbringen. Nur so können wir das Göttliche verwirklichen. Herrn Reddys Denken kreiste immer um die Mutter, immer fühlte und handelte er ihrem Wunsch und Willen gemäß. Er war der Mutter völlig ergeben – aber die Mutter war auch ihm ergeben. In den alten indischen Schriften steht geschrieben, daß das Göttliche an denjenigen, der sich ihm geweiht hat, gebunden ist. Herr Reddy schenkte sich der Mutter restlos hin. Er sagte oft: „Ich hatte die Mutter immer außen gesucht, und nun ist Sie innendrin: in meinem Herzen!" Viele Male bat er die Mutter darum, Sie möchte ihn, wenn er seinen Körper verlassen hätte, in dem goldenen Tempel Ihres Herzens behalten und ihn nie auch nur für den Bruchteil einer Sekunde allein lassen. Es war sein einziger Wunsch, in Ewigkeit bei der Mutter zu sein.

Ich begegnete Herrn Reddy 1969 in Sri Aurobindos Ashram. Er half mir, so wie er denjenigen, die mit einer echten Sehnsucht nach dem Göttlichen zum Ashram kamen, immer half, ganz gleich wer sie waren. In dieser Weise rettete er auch viele, die sich mit Selbstmordabsichten trugen. Er tröstete sie und wies sie auf den rechten Weg, der zum Göttlichen führt. Er übte Karma Yoga (Yoga des Handelns), ohne von den Menschen, denen er beistand, etwas zu erwarten. Er sagte, im Rückblick war für ihn sein ganzes Leben nur eine Vorbereitung darauf, Mutter Meera zu begegnen.

Als junger Mann war Herr Reddy stark sozial engagiert. Er wollte die Gesellschaft reformieren. Mit 16 Jahren machte er ein Wohnheim für etwa hundert seiner Mitschüler auf. Der Polizeikommandant von Hyderabad war zu dieser Zeit Raj Bahadur Venkatrama Reddy. Dieser war Gründer des Reddy College und mehrerer Wohnheime und Erziehungseinrichtungen. Venkat Reddy war schon als Schüler von dem Wunsch beseelt, selbst ein Wohnheim aufzubauen. Er veranstaltete eine Sammlung und ging dann zu dem Polizeikommandanten, um seinen Rat einzuholen. Zuerst dachte dieser, er sei wegen einer Spende zu ihm gekommen, und war überrascht, als er hörte, daß nur sein Rat gesucht wurde und das Geld für das Wohnheim schon gesammelt war. Er war von dem jungen Herrn Reddy beeindruckt, nahm ihn in seinem Wagen mit durch die Stadt und gab ihm jede erdenkliche Hilfe. Auch seine Beamten wies er an, ihm in jeder Weise unter die Arme zu greifen.

Von Kindheit an war Herr Reddy eine Führernatur. Er achtete seine Mitmenschen und sie achteten ihn. Nie sah er auf andere herab, gleich welchen Standes sie waren, und lebte mit jedermann in Eintracht. Er war seinem Wesen nach ernst und streng und doch liebevoll zugleich. Er hielt viel auf Würde und Disziplin. Nie sorgte er für sich selbst, vielmehr vernachlässigte er oft seine eigenen Interessen, um anderen zu helfen. Dabei war er trotz jeglicher Schwierigkeiten immer froh und glücklich. Wenn er gefragt wurde, wie es komme, daß er stets so fröhlich sei, antwortete er, er sei einfach zufrieden; wo seine Freude herkomme, das wisse er auch nicht. Er war wie ein Freudenquell. Herr Reddy war nicht religiös; er war nicht Theist, aber auch nicht Atheist. Er war ein Mensch von Intuition und Inspiration.

Als er Mitte zwanzig war, heiratete Herr Reddy. Da er sich für die Gesellschaft einsetzen wollte, widmete er sich der Sache des Vinobha, eines Mitstreiters Gandhis. Vinobha war für Herrn Reddy wie ein Freund, und er arbeitete mit ganzem Herzen mit ihm zusammen. Vinobha nannte ihn oft „Mutter“, weil Herr Reddy sich um ihn und um notleidende Mitmenschen mit so liebevoller Aufmerksamkeit kümmerte. Er liebte sie auch wirklich wie eine Mutter. Ramakrishna sagte seinen Schülern einmal: „Der Mutter-Aspekt ist für jeden Menschen wichtig, sei er Mann oder Frau. Durch ihn kann man leicht zu Gott finden.“

In dieser Zeit mit Vinobha schlief Herr Reddy täglich nicht mehr als vier Stunden. Er erwachte früh am Morgen und begleitete Vinobha dann auf seinen Gängen von Dorf zu Dorf auf der „Bhoodan“ Tour, bei denen sie die Landbesitzer baten, den Ärmeren Äcker zum Bebauen zu überlassen. Er lief täglich 30 oder 40 Kilometer, manchmal ohne Essen oder

Wasser. Weil so viel zu tun war, gönnte man sich sehr wenig Ruhe. Das ging monatelang so, immer mit nur vier Stunden Schlaf. Während dieser Reisen hielt Herr Reddy Vorträge vor den Landbesitzern, um sie dazu zu bewegen, den Ärmeren zu geben. Oft hatte er Erfolg.

Ein kleines Ereignis am Rande, das sich in jenen Tagen zutrug, zeigt, welches diplomatische Geschick Herr Reddy besaß. Da war ein alter Sadhu aus dem Punjab, Sakori Baba, der einer klosterartigen Gemeinschaft vorstand. Er war für Herrn Reddy wie ein Vater. Als Herr Reddy und Vinobha auf ihrer Tour in der Nähe von Hyderabad waren, wollte Sakori Baba den Vinobha gerne treffen. Vinobha nahm nur Speisen an, die ihr Geber eigenhändig angebaut hatte. Bei ihrer Begegnung wollte Sakori Baba ihm eine Feige reichen. Da sagte Herr Reddy zu Vinobha, daß der Baba die Pflanze selbst bewässert habe. Vinobha fragte darauf den Baba, wie er das denn bewerkstelligte, da er doch sehr betagt sei. Worauf Herr Reddy für den Baba antwortete, dieser habe sich immer in der Nähe des Baumes die Hände gewaschen und dort sein Bad genommen. So brachte er beider Wünsche in Einklang. Alle brachen in Gelächter aus.

Wo immer Herr Reddy hinkam, war er zu jedermann freundlich. Es war seine Gabe, allen ein Freund zu sein. Zu seinen persönlichen Freunden zählten nicht nur erleuchtete Persönlichkeiten, sondern auch Politiker, die ihn als leidenschaftlichen Verfechter der Wahrheit und auch um seiner Rednergabe willen achteten. Vinobha wurde von vielen politischen Führern besucht. Herr Reddy hielt sich dabei bescheiden im Hintergrund. Er war eine Art persönlicher Referent Vinobhas. Manchmal kamen sogar der indische Staatspräsident und Gouverneure der verschiedenen Provinzen zu Besuch. Immer war Herr Reddy kooperativ, achtete die Gäste und wurde von ihnen geachtet. Er war nie von sich eingenommen, und nie suchte er Macht. Die Schlichtheit des Weisen zeichnete ihn aus.

Herr Reddy war ein echter Sannyasi. Zwar heiratete er, doch hatte er keine starke Bindung an seine Familie. Auch besaß er Geld und Einfluß, doch interessierte ihn beides nicht. Einmal machte er in Manchirala, im Süden Indiens, einen Ashram auf. Viel Geld ging durch seine Hände, doch band es ihn nicht. Er gab es mit Bedacht aus.

In dieser Zeit besuchte Herr Reddy öfter eine Yogini mit Namen Mannikyamma. Sie lebte auf einem Berg, wo ihr weder Nahrung noch Wasser zur Verfügung stand. Tatsächlich hat sie seit Jahrzehnten beides nicht mehr zu sich genommen. Man konnte sie nur auf dem Fußweg besuchen. Einmal meditierte Herr Reddy gemeinsam mit dieser Mutter zwölf Stunden ohne Unterbrechung. Er sagte, daß es ihm wie eine Sekunde vorkam und daß er weder Hunger noch Durst verspürte. Mannikyamma war Herrn Reddy sehr zugetan und lud ihn ein, bei ihr zu bleiben. Er sagte jedoch, daß dort nicht sein Platz war. Danach begegnete er noch einer anderen Mutter, Chinnamma, bei der er blieb. Trotzdem besuchte er weiterhin Mannikyamma und brachte auch viele führende Persönlichkeiten aus der Politik zu der Yogini. Heute ist der Ort, den er besuchte, allerdings völlig verändert. Er ist zu einer Pilgerstätte geworden und bietet bequeme Unterkünfte.

Durch die Macht seiner Aufrichtigkeit zog Herr Reddy ständig heilige Personen an. Er liebte Ramana Maharshi, dessen Ashram er oft besuchte; er hatte dort viele Freunde. 1960 begegnete er Sathya Sai Baba im Kokosnußgarten in Puttaparthi. Sadhu Subramanyam, der Führer der Sarvodaya-Bewegung in Andhra Pradesh, sagte über Herrn Reddy, er sei voller Liebe, und bat ihn, doch bei ihm in Vijayawada zu bleiben. In Andhra Pradesh begegnete Herr Reddy auch Ramananda Yogi, der ein Freund von Sadhu Subramanyam war. Ramananda besaß die Kraft, seinen Atem zum Stillstand zu bringen und viele Tage lang im Samadhi zu bleiben. Einmal kamen Ärzte und untersuchten sein Herz. Es stand still. In diesem Zustand verbrachte er eine Woche unter der Erde. Als er herauskam, war er völlig gesund. Als Herr Reddy mir von seinen Begegnungen mit Ramananda Yogi und Sadhu Subramanyam erzählte, sagte ich ihm, daß beide zu Gast im Hause meiner Eltern gewesen waren, als ich noch klein war und zur Schule ging. Im Ashram in Erped begegnete Herr Reddy noch einem anderen Swami, zu dem in meiner Kindheit eine Verbindung bestand: Ramalinga Swami. Dieser Swami kam des öfteren und wohnte bei meinem Onkel, der sein Anhänger war. Er kam immer im Sommer, weil Madanapalle, mein Geburtsort, hoch gelegen und daher im Sommer kühl ist.

Herr Reddy war dennoch nicht glücklich bei der Arbeit mit Vinobha. Die Suche nach dem Unbekannten trieb ihn an. Einige Monate war er wie ein Verrückter. Während dieser Zeit sang er Lieder von Bhakta Meera. Meeras „bhajans" (religiöse Lieder der Liebe und Hingabe) gefielen ihm sehr. Er gebrauchte sie als Mantren, um den Guru zu finden, den er sich eigentlich wünschte. Dieser Zustand war äußerst schmerzhaft für ihn, und so verließ er Vinobha.

Als er nun Mutter Meera sah, als er Ihr in seinem Haus begegnete, war es ihm klar, und er war sehr glücklich.

1973 verließ Herr Reddy Sri Aurobindos Ashram und kehrte in sein Dorf zurück, wo er die Verantwortung für die Mutter übernahm. Dafür mußte er seine Familie und seine einzige Tochter, an der er sehr hing, opfern. Das soll heißen: Er gab die Bindung an seine Tochter auf. Was die Liebe zu seiner Tochter betraf, hatte er ein sicheres Empfinden, eine klare Vision. Schon zwanzig Jahre zuvor war er sich völlig bewußt gewesen, daß seine Tochter für ihn die Welt bedeutete. Verlor er sie, würde es für ihn keinen Bezug zur Welt mehr geben. Was er damals erkannt hatte, wurde nun Wirklichkeit. Herr Reddy hat oft gesagt, daß er die Welt verlor und das Göttliche fand. Er wurde leer, damit ihn das Göttliche mit seiner Liebe füllen konnte.

Während der Zeit, die er mit der Mutter verlebte, enthüllte Sie ihm viele göttliche Geheimnisse. Tag und Nacht umsorgte er Sie aufmerksam, ohne sich selbst, seiner Familie, der Gesellschaft oder der Welt die geringste Beachtung zu schenken. So kam es, daß nach einiger Zeit die Mutter Ihrerseits die völlige Fürsorge für Herrn Reddy übernahm. Er übergab sich der Mutter rückhaltlos. Von 1981 bis 1985 nahm die Mutter ihn vollständig in Ihre Obhut. Gelegentlich diktierte Sie ihm Erfahrungen, die er niederschrieb. Herr Reddy war der einzige Mensch auf der ganzen Welt, dem die Göttliche Mutter Ihre göttlichen Geheimnisse anvertraute. Das zeigt, wie groß und edel er war und welches Vertrauen das Göttliche ihm entgegenbrachte. Oft weckte ihn die Mutter mitten in der Nacht auf, um Ihre Erlebnisse zu erzählen, die er dann, noch während Sie sprach, niederschrieb. Selbst während des Schlafs war er immer innerlich wach. Er schlief bewußt, und oft wenn er mitten in der Nacht aufwachte, leuchteten seine Augen wie bei Tage.

Ende 1981 war Herr Reddy sehr krank. Die Ärzte hatten die Hoffnung aufgegeben. Doch die Mutter ließ still Ihre Kraft in ihn einfließen, und er lebte wieder auf. Tag und Nacht war Sie mit Ihrer ganzen Fürsorge und Liebe um ihn. Er war sechs Monate im Krankenhaus. Sein geistiger und auch sein körperlicher Zustand waren in dieser Zeit nicht gut. Die Mutter redete ihm zum Essen zu, fütterte ihn selbst. Sie war aufs umsichtigste um seine Gesundheit bemüht. In dieser Zeit blieb Sie oft bis spät nachts im Krankenhaus, um ihn zu pflegen. In Ihrer einfühlsamen Obhut faßte Herr Reddy schließlich wieder Hoffnung, aufs neue erstarkte in ihm die Liebe zu einem Leben einzig für die Mutter. Sein Gesundheitszustand insgesamt verbesserte sich.

Damals erklärte die Mutter Herrn Reddy und anderen gegenüber offen, daß er ein besonderes Wesen sei, das um eines besonderen Zweckes willen gekommen sei. Sein physisches Kranksein führte dazu, daß er sich immer mehr nach innen – zur Mutter hin – zurückzog. Er unterhielt keine äußeren Beziehungen mehr. Regelmäßig bekam er im Krankenhaus die Dialyse, und wenn er zu Hause war, war er bei der Mutter. Wenn gelegentlich ein Devotee zur Mutter kam und er sich mit diesem unterhielt, so war das Gesprächsthema immer die Mutter.

In diesen fünf Jahren machte Herr Reddy eine rasche innere Entwicklung durch. Alle seine Seinsaspekte – der mentale, der vitale und der physische – waren nur auf die Mutter ausgerichtet. Sein einziger Wunsch war der, nach seinem Heimgang im goldenen Tempel der Mutter zu wohnen. Er wollte mit Ihr vereint sein. In dieser Zeit war er in der göttlichen Gegenwart Tag und Nacht, ständig und unablässig, Japa und Meditation hingegeben. Obgleich er mehrere Krankheiten zu ertragen hatte, war sein Gesicht frisch und leuchtend. Er glich einem jungen Manne, niemals einem alten Menschen.

Immer wenn die Mutter Herrn Reddy mit seinem Kosenamen „Gundu" (ganz und rund) anrief, strahlte er mit einem kindlichen, wonnigen Lächeln und antwortete Ihr zärtlich. War er mit der Mutter böse, so weinte er laut und rief Sie, um Ihr zu sagen, was er wollte. Dann tröstete Sie ihn, indem Sie ihm den Rücken tätschelte oder manchmal auch einen Kuß auf die Stirn gab. Das beruhigte ihn schnell. Es war rührend, ihn wie ein fünf- oder sechsjähriges Kind zu sehen, das mit seiner Mutter zankte und nicht mit ihr sprechen wollte, sich aber dabei sehr wohl wünschte, die Mutter möchte kommen und es trösten. Wenn die Mutter Herrn Reddy dann nach einem Weilchen ansprach, brach er in Tränen aus, wischte Sie sich mit den Händen ab und fragte, warum Sie denn nicht früher gekommen sei. Bei solchen Gelegenheiten wurde rührend deutlich, wie innig Mutter und Kind verbunden waren. Manchmal trocknete die Mutter ihm die Tränen ab und kitzelte ihn. Dann lachte und lachte er, und wenn er es nicht mehr aushielt, flehte er Sie an, aufzuhören, und vom Lachen kullerten ihm die Tränen herab. Dies ist ein wundervolles „Lila" (Spiel) der Mutter. Wir können die Liebe fühlen, die hier von der Mutter zu ihrem Kind floß.

Später bat Herr Reddy Sie dann immer um Verzeihung und beschwor Sie, Sie solle ihn unter keinen Umständen je auch nur für kurze Zeit verlassen, in diesem Leben nicht und auch nicht, wenn er aus seinem Körper geschieden wäre. Einmal sagte er der Mutter, Sie solle nach seinem Ableben seinen Körper drei oder vier Tage lang aufbewahren, danach aber mit ihm tun, was immer Sie wolle: ihn beerdigen oder verbrennen. So überließ er auch seinen Körper ihrer Entscheidung und hielt keinen Wunsch für sich selbst zurück. Er übergab sich dem Göttlichen vollkommen. Seine Bedürfnisse, Wünsche, Bestrebungen, alles hatte Erfüllung gefunden.

Vor seinem Ableben sagte Herr Reddy fast zwei Monate lang, daß die Tage nicht vorbeigingen, daß sie nur sehr langsam und schleppend verstrichen. In dieser Zeit fand er an nichts mehr Geschmack außer einzig an der Mutter. Seine Liebe und Hingabe zu Ihr wuchsen weiter Tag und Nacht. Manchmal dachte er, es wäre besser, mit der Dialyse aufzuhören, weil sie ihn von der Mutter trennte, wie er es empfand. An dem Tag, bevor er zum letzten Mal ins Krankenhaus kam – am Dienstag, den 11. Juni 1985 –, hörte er sich noch einmal alle seine indischen religiösen Lieblingsgesänge an, beglückt von der Hingabe der Devotees – wie sie ihr Leben dem Göttlichen überantworteten, wie sie ihr Ich und ihr ganzes Sein dem Göttlichen zu Füßen legten. Danach fütterte ihn die Mutter und brachte ihn zu Bett.

Am darauffolgenden Tag, dem 12. Juni 1985, kam Herr Reddy ins Krankenhaus, wo er bis zum Ende blieb. Während dieser Tage war er auf der Intensivstation, und die ganze Zeit über – bis zum 17. Juni – leuchtete sein Körper. An diesem Tag nahm die Mutter einen besonderen Wohlgeruch wahr, der von seinem Körper ausging, ähnlich dem Duft nach seinem Fortgang. Am 19. Juni jätete die Mutter im Garten Unkraut. Sie war dabei die ganze Zeit auf Herrn Reddy konzentriert, so als wollte Sie ihm den Weg zum Himmel bereiten. Mit Ihren Händen zog Sie das Unkraut aus dem Boden, und das bedeutete, daß Sie ihm für seine lange Reise – damit er es leicht habe – den Weg von möglichen Schwierigkeiten und Hindernissen reinigte und befreite. Alles Unerwünschte schaffte Sie fort und bereitete für ihn einen reinen, unbehinderten Weg in den himmlischen Garten. An diesem Tag nahm die Mutter deutlich wahr, daß sein Körper jetzt dem eines gewöhnlichen Menschen glich. Sie sah, daß seine Lippen geschlossen waren, und fühlte, daß sie es für immer waren. Dabei befanden sich zu diesem Zeitpunkt Herz und Kreislauf von Herrn Reddy noch in gutem Zustand. Die Mutter sagte, daß auf seinem Körper während der ganzen Tage ein Glanz gelegen habe, heute jedoch sei nichts Besonderes mehr an ihm zu erkennen. Sobald Sie das sah, wurde Ihr schwindlig. Ihr ganzes Sein wurde von Schmerz erfüllt. Später sagte Sie, daß Herr Reddy uns an diesem selben Tag verlassen habe.

Am 20. Juni gingen wir zum letzten Mal ins Krankenhaus. Die Ärzte sagten, Herr Reddy sei ein großer Mann gewesen und habe ihnen eine Woche vor seinem Ableben bei der Dialyse erzählt, er sehe wundervolle Blumen im himmlischen Garten. Während er von diesem wunderbaren Garten sprach, habe er ihnen Lebewohl gesagt. Herr Reddy hatte uns oft darauf hingewiesen, daß er über die Mutter und sich selbst nie etwas im Krankenhaus erzählte. Und doch spürten es die Menschen dort, daß er ein ganz außergewöhnlicher Mensch war und hatten große Achtung vor ihm. Die Ärzte sagten uns außerdem, daß Herr Reddy um sein Abscheiden gewußt hatte.

In der Nacht des 20. Juni kam Herr Reddy zu der Mutter wie eine große Wolke, und viele kleine Wolken begleiteten ihn. Er brachte alle die kleinen Wolken mit in das Zimmer der Mutter. Zuerst verschmolz er selbst mit der Mutter Durga. Danach gingen auch alle die kleinen Wolken in der Mutter Durga auf.

Da Herr Reddy ein Teil der Mutter war, empfand es die Mutter so, als würde ein Teil Ihrer selbst im Inneren von Ihr abgetrennt, als Herr Reddy seinen Körper verließ. Dieses Gefühl war zu schmerzhaft, um es in Worte auszudrücken. Wie wir wissen, hatte die Mutter nie zuvor gemalt. Dieser Schmerz nun veranlaßte Sie dazu, die Beziehung zwischen Herrn Reddy und Ihr als Göttlicher Mutter zu malen. Die Bilder, die entstanden, lassen uns Ihre Trauer nachempfinden. Ein deutscher Künstler sagte, als er diese Bilder sah: „Dies ist echte Kunst. Es ist eine Offenbarung göttlicher Liebe. Das sind Meisterwerke. Die Komposition, die Farbzusammenstellung und die Technik sind großartig.“ Wir konnten die Hand der Mutter beobachten, als Sie malte, und es war sofort die Meisterschaft zu erkennen, mit der Sie Pinsel und Farben beherrschte. Sie malte direkt, ohne Skizze. Ihre Hand bewegte sich frei und leicht, von Ihren Empfindungen gesteuert. In diesen Tagen nach Herrn Reddys Ableben malte die Mutter jeden Tag ein Bild entsprechend Ihrer inneren Erfahrung.

Am 23. Juni um vier Uhr früh kam Herrn Reddys Seele zu der Mutter und begann, sein ganzes Sein unausgesetzt in Sie hinein zu ergießen. Der Vorgang dauerte eine halbe Stunde. Am 24. Juni kam er und schlief neben der Mutter. Sie tätschelte ihn und sagte, er solle aufwachen. Aber er wachte nicht auf. Er sagte, er müsse schlafen, um nie mehr aufzuwachen. An diesem Tag gingen wir um zwölf Uhr mittags auf den Friedhof, um Herrn Reddy noch einmal zu sehen. Aber der Sarg war schon geschlossen worden. So sahen wir sein Gesicht nicht wieder.

Ich habe immer das Gefühl, daß Herr Reddy bei uns ist. Sein Fortgang war für die Mutter ein erschütterndes Erlebnis. In diesen Tagen war Sie wie die Mutter der Schmerzen des Universums. Sooft ich Sie berührte, sah und fühlte ich die Trauer wie einen Strom aus Ihr fließen. Nachdem Herr Reddy von uns gegangen war, spürte die Mutter viele Tage lang regelmäßig um vier Uhr nachmittags einen heftigen Schmerz im Herzen, der drei bis vier Stunden anhielt. Dann erschien Sie wie außer sich vor Trauer. In Ihrem Körper gab es viele Veränderungen. Einige Tage lang war Ihr sonderbar im Magen. Immer wenn Sie den Kopf senkte, hatte Sie das Gefühl, als ob ihr sämtliche Organe zum Mund heraus kämen. Sie hatte einen Brechreiz, Ihr war schwindlig, und wenn Sie ging, war Ihr, als flöge Sie durch die Luft. Die Mutter sah in dieser Zeit so aus, als sei Sie irgendwo, wo wir Sie nicht erreichen konnten. Ihr Gesicht war von Trauer erfüllt.

Nach seinem Abscheiden war Herr Reddy des öfteren die ganze Nacht und den ganzen Tag hindurch bei der Mutter. Er ist der Mutter und mir mit seiner starken Liebe gegenwärtig geblieben. Der Tod hat ihn nicht von uns getrennt.

Am 19. Juni 1985 sah die Mutter Herrn Reddy in einem Kuhstall. Er saß auf dem Rand einer großen Viehtränke, den weißen Dhoti zu den Hüften hochgezogen, weil er mit den Beinen tief im Schlamm stand. Die Mutter erklärte, daß der Schlamm die Erde symbolisiere. Herr Reddy hatte den Wunsch, zur Erde zu kommen.

Herr Reddy kam am 19. Juli zur Mutter und blieb bis zum 20. um zehn Uhr morgens. Er sagte der Mutter, er habe geschlafen und die Augen in derselben Weise geschlossen gehabt wie zu dem Zeitpunkt, als er seinen Körper verließ. Er sagte: „Jetzt geht es mir gut, und ich habe keine Schmerzen mehr."

Am 25. Juli arbeitete die Mutter an Herrn Reddys Samadhi. Sie ebnete die Erde. Da bemerkte Sie, daß Sie eine Blase an der Hand hatte. Sie arbeitete aber damit weiter. Die Blase ging auf und verursachte ein Brennen auf Ihrer Handfläche. Herr Reddy sagte darauf der Mutter, daß sein Körper in der gleichen Weise brenne.

Als Herr Reddy noch in seinem Körper war, fragte ich ihn oft um Rat, wenn ich ein Problem hatte. Er riet mir immer gut. Einmal, 1986, suchte ich etwas im ganzen Haus und konnte es einfach nicht finden. Ich war schon ganz erschöpft. Da dachte ich an Herrn Reddy und fragte ihn, wo es sein könne. Er bezeichnete mir sanft eine bestimmte Ecke. Und da war es! Ich war sprachlos vor Erstaunen. Er antwortete mir gerade so, als wäre er im Zimmer.

Als die Mutter Anfang 1986 Ihre Nasenoperation hatte, waren Sie und ich in einem Doppelzimmer im Krankenhaus. Ich spürte Herrn Reddys Duft ganz deutlich, als die Mutter aus Ihrem kalten Raum in unser Zimmer kam. Auch morgens nahm ich jeden Tag den gleichen Duft wahr.

Wenn es vorkommt, daß ich ein Problem habe, denke ich an Herrn Reddy. Manchmal träume ich auch von ihm, und immer ist er liebevoll und tröstend. Sein wunderbares Wesen ist in meinem Herzen ganz lebendig. Er half mir außerordentlich, als ich in Sri Aurobindos Ashram war, und ihm verdanke ich es auch, daß ich zu meiner jetzigen Arbeit gekommen bin und bei der Mutter bleiben konnte. Herr Reddy hilft mir auch heute noch auf so viele Weise, wie ich es gar nicht erklären kann.

Einer von Mutters Devotees, der Herrn Reddy sehr gern gehabt hatte, war vier Jahre fort gewesen. Als er zu einem Besuch bei der Mutter wiederkam, sagte er, daß Herrn Reddys Gegenwart im Haus sehr stark zu spüren sei. „Ja", antwortete die Mutter lächelnd, „er ist hier... nur sein Körper nicht."

* * *

Aus dem SRIMAD BHAGAVATAM

(S. 44,45 Übersetzung von Swami Prabhavananda)

Unsere Sinne, o Mutter, ziehen uns zu den Dingen, weil wir die Welt lieben. Richten wir unsere Liebe aber auf Gott, so finden wir göttliche Erkenntnis und absolute Befreiung. Doch gibt es Seelen, die die Liebe zum Herrn und der Dienst für Ihn mit solch großer Freude erfüllt, daß sie ihrer eigenen Erlösung nicht achten. Dennoch bringt die göttliche Liebe auch ihnen schließlich die Freiheit.

Die Gott lieben wie sich selbst, denen Er teuer ist wie ihre eigenen Kinder, die auf Ihn als ihren geliebten Gefährten vertrauen und Ihn ehren als Lehrer aller Lehrer, die Ihn als Freund lieben und als Höchsten anbeten – ihrer ist das ewige Leben.

Herr Reddy und Mutter Meera, Indien 1978

Selig fürwahr sind die, die sich der Anbetung Gottes unbeirrt weihen, denn sie werden die absolute Freiheit erlangen.

„... Sie lieben Mich und meditieren über Mich, um das Höchste Gut zu verwirklichen. Wenn Ruhe in das Herz einkehrt und der Geist durch Liebe sich in Mir sammelt, dann ist das Höchste Gut erlangt."

Über Herrn Reddy
(aus Briefen an die Mutter)

„Am Donnerstag, den 29. Juni, war ich mit meinen jungen Freunden zusammen, als Andjela uns telefonisch benachrichtigte, daß Herr Reddy seinen Körper verlassen habe. Der eine Teil von uns trauert, denn wir hatten diesen gütigen Mann, diesen verehrungswürdigen Großvater sehr gern. Der andere ist einfach still vor diesem bedeutenden Augenblick. Gewiß hat sein Fortgehen eine tiefe spirituelle Bedeutung, wenn wir auch nicht in der Lage sind, sie zu erfassen.

Wir senden dir und der Mutter unsere Liebe. Wir können uns euren Schmerz vorstellen, auch wenn ihr – die Mutter und du – ja viel besser wißt als wir, daß für Herrn Reddy nun nicht alles zu Ende ist. Denn für einen Mahatma bedeutet der Tod ja nicht das Ende seines Wirkens."

* * *

„Vor einigen Wochen, während der Meditation, rief ich spontan Herrn Reddy innerlich an. Eine wunderbare Wärme stellte sich ein... Diese Anrufung, die sich ganz von selbst ergab, war ganz real, greifbar, physisch spürbar. Wenn ich meditiere, gebrauche ich zum Japa immer die Worte Om Namo Bhagavate Mata Meera. Aber bisher bestand keine Verbindung zu meinem Herzen. Und nun ist mir klar geworden, daß die Anrufung zu Dir nur auf der geistigen Ebene stattfand und mich daran hinderte, Deine Wahrheit in ihrer Totalität zu erfassen. – Als ich noch ein Kind war, sagte ich oft, daß ich froh wäre, wenn es Gott wirklich gäbe und ich für ihn arbeiten könnte. Als ich Herrn Reddy anrief, da ging mir ein Funken von dieser Wirklichkeit auf, konkret spürbar, wenn auch nur für einige Sekunden. Ich fühlte eine wunderbare Wärme und Zärtlichkeit."

* * *

„Herr Reddy war es, der uns zu dir brachte und uns durch sein Beispiel Dich in Deiner Erhabenheit und Liebe, in Deiner wunderbaren, unerschöpflichen Zärtlichkeit verehren lehrte. Seine Liebe zu Dir und Deine Liebe zu ihm halfen uns, etwas von dem sublimen Mysterium der Liebe zwischen göttlicher Person und Devotee zu verstehen. Sein Körper hat uns verlassen, im Geiste jedoch ist er uns als Inspiration, als Führer näher als zuvor. Wir müssen uns nun seines in uns gesetzten Vertrauens würdig erweisen."

Fragen und Antworten

Mutter, wenn wir Deinen Darshan bekommen, verneigen wir uns vor Dir (Pranam), und Du nimmst unseren Kopf in Deine Hände. Was tust Du dabei?

Auf dem Rücken der Menschen verläuft eine weiße Linie, von den Zehen bis zum Kopf. Eigentlich sind es zwei Linien, die bei den Zehen beginnen, die Beine hoch laufen, sich unten an der Wirbelsäule vereinigen und dann als eine Linie den Scheitel des Kopfes erreichen.

Diese Linie ist dünner als ein Haar, und sie weist hier und da Verknotungen auf, die göttliche Personen auflösen helfen. Es ist ein sehr heikler Prozeß, und beim Lösen dieser Knoten muß mit großer Vorsicht vorgegangen werden, da Lebensgefahr besteht, falls der Faden reißt. Wenn ich euren Kopf halte, entwirre ich diese Knoten. Auch andere Hindernisse für euer Sadhana (spirituelle Praxis) nehme ich weg.

Wenn ich euren Kopf berühre, steigt das Licht in der weißen Linie nach oben. Es zeigt, wie auf einer Skala, die Entwicklung eures Sadhana. Wenn kein Fortschritt da ist, geht das Licht die Linie entlang nach unten und zeigt den Grad an, bis zu dem euer Sadhana zurückgegangen ist. Wenn das Licht ungebrochen von den Zehen bis zum Scheitel geht, hat derjenige unter Umständen viele Erlebnisse und Visionen, obwohl manche Menschen auch ohne diese weiße Linie Visionen und Erfahrungen haben. Wenn die Linie den Scheitel erreicht, haben die Menschen den Paramatman-Darshan. Wenn die Linie über den Kopf hinausreicht, besteht eine ständige Verbindung mit Paramatman. Wenn eure Bemühungen nachlassen, geht die Linie nach unten, wie ich schon sagte. Eines Tages fallt ihr vielleicht sogar von eurem Sadhana ab. Das ist eine große Krise, die aber verhindert werden kann.

Vor dem Körper sind zwei rote Linien, die bei den Zehen beginnen und seitlich an den Beinen allmählich aufsteigen. Sie haben die Tendenz, sich an der Basis der Wirbelsäule zu treffen, dort wo die beiden weißen Linien zu einer werden. Falls die roten Linien die weiße erreichen, erlangt ihr die absolute Loslösung. Das geschieht aber selten und nur bei denjenigen, die die göttliche Shakti besitzen.

Durch die Entwicklung der weißen und der roten Linien wird das Sadhana auf Dauer gefestigt, ohne Möglichkeit eines Abfallens. Wenn sich die roten Linien voll entwickeln, erreicht ihr bedeutende Höhen.

Auch die weißen Linien sind hilfreich, die Erfahrungen derjenigen zu unterstützen, bei denen die Psyche geöffnet ist. Aber selbst wenn eine Öffnung der Psyche besteht, gibt es immer noch die Möglichkeit, daß sie sich wieder schließt. Die Öffnung der Psyche hat ihren Nutzen für das Sadhana, aber sie ist nicht genug. Die Festigung der weißen und roten Linien wird euch helfen, daß eure Psyche ständig offen gehalten bleibt. Wenn man die Psyche mit einer Blüte vergleichen kann, dann sind die Linien die Pflanze selbst.

Wenn wir uns verneigt haben, schauen wir still in Deine Augen. Was tust Du dabei?

Ich schaue in jeden Winkel eures Seins. Ich betrachte alles, was in euch ist, um zu sehen, wo ich helfen, wo ich heilen und Kraft geben kann. Gleichzeitig schicke ich jedem Teil eures Seins Licht, ich öffne jeden Teil von euch dem Licht. Wenn ihr geöffnet seid, spürt und seht ihr das deutlich.

Sollten wir Gurus folgen?

Das kommt auf den Guru an. Unter außergewöhnlichen Umständen kann ein Guru notwendig, ja sogar entscheidend wichtig für die spirituelle Entwicklung sein. Im allgemeinen ist es am besten, direkt zum Höchsten zu beten oder sich ihm durch eine seiner göttlichen Inkarnationen zu nähern. Das ist nützlicher. Wenn ein menschlicher Guru dir Belehrungen gibt, die dich in deinem Herzen dem Göttlichen näherbringen, so höre zu, sei dankbar und befolge sie. Aber sei dir über die Grenzen jedes menschlichen Gurus im klaren. Er kann nur die Richtung weisen, er kann dich nicht zum Ziel bringen. Wenn du Gott sehen willst, warum bittest du ihn nicht direkt?

Welche tägliche Disziplin hilft uns, das Göttliche zu verwirklichen?

Gedenke bei allem, was du tust, des Göttlichen. Wenn du Zeit hast, meditiere. Bringe alles dem Göttlichen dar – das Gute wie das Schlechte, das Reine wie das Unreine. Das ist der beste und schnellste Weg.

Welches ist die beste Meditationstechnik?

Es gibt so viele Techniken. Im allgemeinen verwirren sie die Menschen. Ziemlich oft steigern sie den geistigen Hochmut, statt ihn auszulöschen. Ihr müßt achtgeben. Das Beste ist, bei allem an das Göttliche zu denken und ihm alles darzubringen.

Muß ich meine Stellung aufgeben und meine Familie verlassen, um an deinem Werk mitzuarbeiten?

Nein. Sadhana kann im Leben in der Familie verrichtet werden. Die Menschen sollen dort bleiben, wo sie sind, ihre ganze Aufmerksamkeit auf das Göttlichen richten und sich dem Licht öffnen. Das ist alles. Ihr braucht nicht physisch in meiner Nähe zu sein, um an meinem Werk teilzuhaben. Wo immer ihr seid, wenn euer Streben aufrichtig ist, werde ich bei euch sein.

Kann ich das Göttliche durch Kunst oder Arbeit erreichen?

Gehe zum Göttlichen nicht durch irgend etwas – nimm den direkten Weg. Verwirkliche dich selbst und sorge dafür, daß all dein Tun mit Licht erfüllt ist. Lebe nicht nur für deine Arbeit. Lebe für Ihn, und verrichte deine Arbeit in Ihm und für Ihn. Wenn du dich Ihm wahrhaft übergibst, wirst nicht länger du es sein, der handelt, sondern Er handelt durch dich. Du wirst zu einem Kanal für Seine Macht, Seinen Willen, Sein Licht. Dies erfordert Zeit und große Reinheit von Herz und Absichten.

Welche Einstellung soll ich zu meinen spirituellen Erfahrungen haben?

Sei dankbar dafür. Bringe sie Ihm dar. Aber halte dich nie für etwas Besonderes oder für auserwählt. Das führt zu Hochmut, und ein Hochmütiger ist Gott fern. Welche Erfahrung dir auch beschieden gewesen ist und wie außergewöhnlich sie auch war, denke daran, daß es mehr und Größeres zu erfahren gibt. Das göttliche Leben ist endlos, Gottes Sein ist unermeßlich. Erinnere dich, daß das Ziel unseres Yoga nicht Erfahrung, nicht eine einzelne Erleuchtung ist, sondern die Transformation des gesamten Lebens, ein fortwährendes Erleben Gottes, eine ununterbrochene Ekstase. Und habt acht: Es gibt so viele Möglichkeiten, wie das Vitale und Mentale das Spirituelle imitieren und entstellen können. Im gewöhnlichen Bewußtsein, in dem die meisten Menschen sind, ist es schwer, zu beurteilen, woher eine Erfahrung kommt. Die beste Einstellung ist Wachsamkeit und Demut. Bleibt nirgends stehen und bindet euch an nichts, nicht einmal an euer eigenes tiefstes Wissen.

Mutter, warum sprichst Du in diesen Tagen so wenig über Deine eigenen Erfahrungen?

Die Menschen können für meine Arbeit nichts tun, solange sie nicht selbst verwirklicht sind. Daher sollte alle Energie für dieses Werk der Verwirklichung eingesetzt werden. Was nützt es, anderen Dinge zu erzählen, die sie nicht verstehen können, solange sie nicht verwirklicht sind? Es könnte sie verwirren, es könnte sie eitel oder überheblich machen. Was ich möchte, ist völlige Schlichtheit und völlige Hingabe – nicht Worte oder Diskussionen, sondern Taten.

Ich glaube an Jesus. Muß ich nun aufhören, an ihn zu glauben, und an Dich glauben?

Wer auch immer es ist, an den du glaubst, glaube mit ganzem Herzen. Alle göttlichen Inkarnationen gleichen sich. Sei ehrlich und offen, und meine Hilfe wird dir immer zuteil werden.

Worum soll ich Dich bitten?

Bitte um alles – alles. Bleib nicht stehen bei Seelenfrieden oder Reinheit des Herzens oder Hingabe. Verlange alles. Sei mit nichts zufrieden, was weniger ist als alles. Unser Yoga ist die Umwandlung des menschlichen Lebens in göttliches Leben hier auf der Erde. Es ist ein schwerer Yoga, und er fordert jene, die den Mut haben, alles zu verlangen, alles zu ertragen und um alles zu bitten. Gott möchte dir alles geben. Habe den Mut, um die Demut zu bitten, alles anzunehmen. Du hast immer meine Hilfe.

Wie ist das Paramatman-Licht beschaffen?

Es hat alle Farben sowie Farbe und Kraft jedes Lichtes jeder Ebene in sich. Es ist überall und in allem.

Welche Bedeutung hat das Paramatman-Licht?

Ich habe das Paramatman-Licht herabgerufen. Das Paramatman-Licht ist in allem. Das Werk der Transformation wird dadurch viel schneller geschehen – vorausgesetzt, daß die Menschen offen sind. Aber selbst wenn sie es jetzt noch nicht sind, sind der Druck und die Macht des Lichts so groß, daß sie sich öffnen werden.

Welche Einstellung sollte ich zur Sexualität haben?

Die Arbeit geschieht am schnellsten und reinsten, wenn man ohne Sex und unberührt vom Verlangen leben kann. Das können aber nur sehr wenige. Für viele ist es äußerst gefährlich zu versuchen, die Sexualität zu transzendieren, bevor sie dafür reif sind. Wesentlich ist nicht, daß man ihr entsagt, sondern daß man sie darbringt.

Fühlst Du Dich irgendeinem Land besonders verbunden?

Wo immer ein Streben ist, dort bin ich glücklich. Mein Werk gilt nicht nur einem Land oder einer Rasse oder einem Volk, es ist für die ganze Welt.

Mutter, ich habe Sorge, daß die Menschen, wenn sie kommen, um Dich zu sehen, vielleicht Deine Arbeit stören. Ist das so?

Nichts kann und nichts wird meine Arbeit stören. Selbst wenn die ganze Welt zu mir käme, würde mein Werk nicht einen Augenblick unterbrochen oder abgelenkt. Ich bin auf allen Ebenen tätig, ich wirke überall. Diese Erde ist nur eine der Ebenen, auf denen ich wirke. Wie könnte irgend etwas meine Arbeit stören?

Wie nehmen wir das Licht auf, und was empfinden wir, wenn wir es empfangen?

Es wird auf vielerlei Weise aufgenommen. Manche nehmen es durch den Kopf auf, manche durch die Finger. Einzelheiten sind aber nicht wichtig, die Wirkung ist wichtig: eine unverkennbare, außerordentliche Leichtigkeit und Freude und ein ebensolcher Frieden. Das supramentale Licht kann leicht brennen, wenn man es aufnimmt. Das Licht des Höchsten aber tut nicht weh. Man kann das Licht überall und zu jeder Zeit empfangen. Nachdem ihr das wißt – öffnet euch ihm unverzüglich, die Zeit ist kostbar!

Welche Einstellung sollte ich zur Politik haben?

Bete zu Ihm, daß es Frieden geben möge. Bringe Licht in dein Leben hinein, so daß du Sein Friedenswerk in der Welt ausführen kannst. Verstehe, daß der Schmerz der Welt erst geheilt sein wird, wenn die Welt in Gott umgewandelt ist. Arbeite mit deinem ganzen Herzen und Sein daran, daß das vollbracht wird. Laß dich durch nichts von diesem Werk ablenken.

Was ist mit meinem vergangenen Leben?

Vergiß die Vergangenheit. Lebe in der Gegenwart und gedenke des Göttlichen.

Ich habe in einem Buch gelesen, man könne das Göttliche in einer Stunde verwirklichen.

Mit Gottes Gnade kann man es in einer Sekunde verwirklichen.

Einmal brachte ein Devotee ein paar besondere Steine und fragte die Mutter, ob Sie ihm bei seiner geistigen Entwicklung helfen würden.

Wenn du glaubst, daß Gott in dem Stein ist, dann hilft dir der Stein bei deinem Sadhana.

Ist es nötig, die Kundalini zu wecken?

Wenn das Licht in den Körper herabkommt, ist es nicht nötig.

Was ist Dein Werk in der Welt, Mutter?

Vor allem bringe ich das Licht herab und stelle Frieden her. Außerdem helfe ich den Menschen, an das Göttliche zu denken und sich ihm hinzugeben und in ihrer Religion oder ihrem Glauben treu und aufrichtig zu sein. Ich helfe den Menschen, daß sie in ihren Familien glücklich sind.

Wenn jemand um Deine Hilfe bittet, sagst Du einfach ja. Auf welche Weise hilfst Du?

Es gibt verschiedene Arten von Licht für unterschiedliche Zwecke. Ich schicke dasjenige Licht, das gebraucht wird.

Wer bin ich?

Laß das „Ich" los, und du wirst es wissen.

Mutter Meera, Indien 16.9.2002

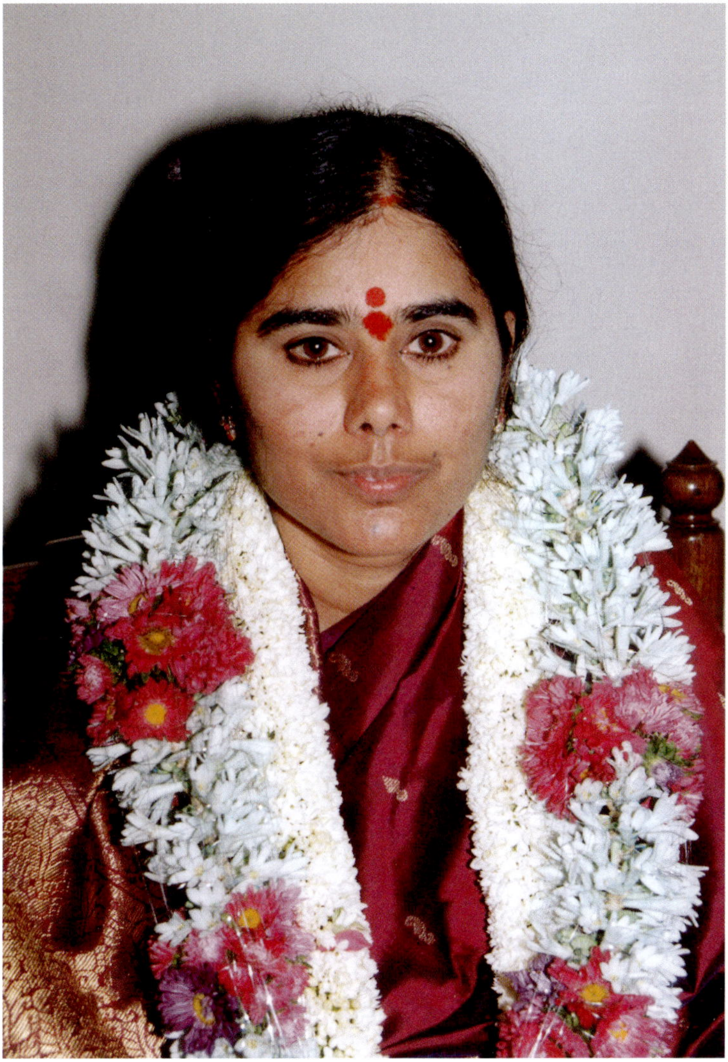

Mutter Meera, Indien 16.9.2002

Mutter Meera, Indien 16.9.2002

Mutter Meera, Indien 16.9.2002

Mutter Meera mit Ihren Eltern, Indien 16.9.2002
R. Veera Reddy, Mutter Meera, Antamma Reddy

Die Familie der älteren Schwester von Mutter Meera, Indien 16.9.2002
Mutter Meera, M. Santhamma Reddy, M. Chandra Reddy, Jyothi, Lalitha

Die Familie der jüngeren Schwester von Mutter Meera, Indien 16.9.2002
Mutter Meera, K. Satyalakshmi Reddy, K. Narsi Reddy, Janardhan, Yasoda

Die Familie des Bruders von Mutter Meera, Indien 16.9.2002
R. Rajasekhar Reddy, Deva, Mutter Meera, R. Annapurna Reddy, Gayatri

wir uns dem Göttlichen wahrhaft übergeben, in Wirklichkeit nichts geben, sondern nur alles empfangen.

2. Badarinath Olati

Ich begegnete Herrn Reddy 1969 in Pondicherry während meines Landwirtschaftsstudiums. Er war ein sehr liebenswerter Mensch, der stets anderen auf ihrem geistigen Weg weiterhalf und sich auch nur in spirituellen Gemeinschaften gerne aufhielt. Wo immer er zugegen war, bemühte er sich, eine harmonische Umgebung zu schaffen. Er liebte es, von göttlichen Personen zu hören, und sprach von ihnen mit großer Begeisterung. Er war ein guter Gastgeber. Er genoß es, andere zu bewirten und mit ihnen sein Mahl einzunehmen. Seine Gastfreundschaft gegenüber denen, die auf der Suche nach dem Göttlichen waren, überstieg stets seine Möglichkeiten.

In dieser Zeit war es schwierig, Sweet Mothers Darshan zu erhalten, doch durch Herrn Reddy bekam ich die Erlaubnis. Es war für mich das Betreten meines geistigen Weges. Herr Reddy war sehr glücklich, wenn Menschen diesen Weg einschlugen.

In den Morgenstunden des 21. Februar 1978 sah ich eine junge Frau in Begleitung von Herrn Reddy und meiner Schwester Adilakshmi. Schon auf diesen allerersten Blick spürte ich tief im Innern, daß Sie ein göttliches Wesen war. Mit meinen leiblichen Augen sah ich Ihren Körper von einem weißen, hellen, milden Licht umflossen. Für mich war das ein außergewöhnliches Erlebnis, für das ich keine Worte fand. Ich wußte nicht, wer Sie war, und sagte damals auch weder Herrn Reddy noch meiner Schwester etwas. Später erfuhr ich, daß Sie Mutter Meera war.

1979 sah ich Mutter Meera mit einigen Devotees beim Darshan. Ich war sehr froh, daß ich Ihren Darshan zusammen mit Herrn Reddy und meiner Schwester empfangen durfte. Ich genoß die göttliche Gegenwart, und als ich in meinen Heimatort zurückkehren mußte, weinte mein Herz, als wäre ich ein Kind, das seine geliebte Mutter verließ. Immer wenn ich Mutter Meera um die Erlaubnis bat, in meinen Heimatort zu fahren, sah ich Sie in blendendem, goldenem Licht. Und wenn ich dann dort ankam – selbst nach 12 Stunden Fahrt –, fühlte ich mich immer noch wie ein Vogel in den Lüften. Fast jedesmal war das so.

Herr Reddy sagte mir immer, daß ich Mutter Meera jederzeit besuchen könne. Für seine offene Einladung war ich ihm sehr dankbar.

Er brachte den Devotees von Mutter Meera sogar noch mehr Liebe entgegen als seinen eigenen Familienangehörigen.

Wie ein unschuldiges Kind bat Herr Reddy seine Mutter Meera immer, den Devotees Darshan zu geben, auch wenn sie ohne Anmeldung gekommen waren. Und die Mutter entsprach der Bitte Ihres Kindes. Er war begeistert, wenn Leute Mutter Meera besuchten, und freute sich, daß sie mit dem Göttlichen in Berührung kamen. Er erzählte ihnen dann von der Mutter, von Ihren Erfahrungen und Ihrem göttlichen Wesen, wobei er sagte, daß es sein ganzes Lebensglück sei, bei Ihr, in Ihrer göttlichen Nähe, weilen zu können. Er war wie ein Bhakta, der die Herrlichkeit seines geliebten Gottes besingt. Wenn er über Mutter Meera sprach, konnte man sein Gesicht vor Glück und Freude leuchten sehen. Wenn er zurückdachte an die frühen Zeiten, als er Sie fand, und daran, daß nun all die Schwierigkeiten vorüber waren, weinte er oft.

Herr Reddy hatte ein weiches Herz. Wenn ihm die Menschen von ihren Problemen erzählten, versetzte er sich ganz in ihre Kümmernisse hinein und Tränen liefen ihm die Wangen herab. Er sprach den Betrübten Mut zu und gab ihnen immer den richtigen Rat.

Er war ein würdiger, feiner Herr von königlicher Wesensart. Er sagte immer, daß er für Mutter Meera und Ihr Werk alles zu tun bereit sei.

In Gegenwart der Mutter glich Herr Reddy oft einem vier- oder fünfjährigen Kind, das seine „Amma" rief, um Sie etwas zu fragen. In solchen Augenblicken war sein Alter nicht zu spüren. Manchmal, wenn die Mutter mit ihm zürnte, weinte er wie ein Baby. Mir kam es so vor, daß er bisweilen die Stimme und das Verhalten eines kleinen Kindes hatte.

Herr Reddy schrieb sehr schöne, zu Herzen gehende Briefe. Ich bekam öfter Briefe von ihm, in denen er von der Mutter berichtete. 1981 war die Mutter in Deutschland, und er schrieb mir, daß Sie vielleicht in Deutschland bleiben werde. Zuerst war Sie nur auf einen kurzen Besuch dort. Eineinhalb Jahre später ließ Sie sich in Deutschland nieder.

Nach Mutter Meeras zweiter Auslandsreise 1981 konnte ich Sie nicht mehr besuchen. Ich hörte nur durch Briefe von Ihr. Mein Herz sehnte sich nach Ihr. Im Juni 1983 konnte ich mich Ihr dann anschließen. Natürlich kannte meine Freude keine Grenzen. Ich kam mir vor wie im

Herr Reddy Mutter Meera Adilakshmi
Herbst 1979 in Kanada

Die Familie von Mutter Meera
Indien 16.9.2002

Himmel. Dieses Gefühl hielt viele Monate an. Als ich Herrn Reddy in Deutschland wiedersah, war er ein Dialyse-Patient. Er konnte kaum alleine laufen, sah sehr schlecht und hatte fast keine Beziehung mehr zur Außenwelt. Jedoch war er in der sorgsamen Obhut der Mutter. Wenn man nicht gewußt hätte, daß er krank war, hätte man es ihm in Ihrer Gegenwart nicht angemerkt. Er sagte, daß er nur die Mutter brauche und nichts als Sie, da er Sie nach so vielen Jahren der Suche und der Schwierigkeiten gefunden habe. Er war der Mutter restlos ergeben.

Wenn die Mutter ihm beim Laufen oder irgendeiner Tätigkeit half, fühlte er sich sicher und vertraute ihr völlig. Er war glücklich, sich in göttlicher Obhut und unter göttlichem Schutz zu befinden. Er verehrte die Mutter zutiefst und liebte und achtete Sie immer ganz bewußt.

Bald nachdem ich Mutter Meera kennengelernt hatte, entstand in mir der starke Wunsch, in Ihrer physischen Nähe zu leben, doch tat ich dies nicht nach außen hin kund. Eines Tages sagte ein Devotee der Mutter, daß er gerne bei Ihr leben würde. Die Mutter antwortete ihm, daß sich sein Wunsch zur gegebenen Zeit erfülle werde. Dies nahm ich auch für mich selbst als Antwort. Durch die Gnade der Mutter wurde mein Wunsch später Wirklichkeit.

Herrn Reddys Liebe zur Mutter, seine Achtung, sein Sorgen für Sie, seine unablässig auf Sie gerichtete Aufmerksamkeit waren gewaltig. Kein Mensch war so mit Ihr verbunden wie er. Die Mutter war für ihn alles. Ich glaube, Herr Reddy hat uns gezeigt, wie ein wahres Kind dem Weg der Mutter folgen sollte. Obwohl ich in jeder Hinsicht klein und unbedeutend bin, bete ich doch mit ganzem Herzen zu Mutter Meera, Sie möge mich für Ihren göttlichen Weg tauglich machen und mir helfen, damit ich in den Fußstapfen von Herrn Reddy weiterschreiten kann.

3.

Erste Augenblicke

Einmal fragte ich die Mutter,
ob Sie ein eigenes Symbol habe.
Sie antwortete, Ihres Wissens habe Sie
keines, und fügte hinzu:
„Ist denn die Liebe in euren Herzen
nicht Symbol genug?“

Ich lebte seit fast sechs Monaten in Sri Aurobindos Ashram in Pondicherry, als ich ungefähr im Juli 1978 von einer Achtzehnjährigen aus einer ländlichen Gegend Andhra Pradeshs hörte, von der gesagt wurde, daß sie mit der Mutter und Sri Aurobindo in ständiger Verbindung stehe. Ich war äußerst erstaunt und versuchte in den folgenden Monaten, mehr über diese junge Frau zu erfahren. Ich hörte, daß sie im Ashram gewesen war, jetzt aber wieder fort sei. Die Gedanken an diese geheimnisvolle Person ließen mich nicht mehr los. Schließlich – im September oder Oktober, ich weiß es nicht mehr so genau – bekam ich einige maschinegeschriebene Seiten mit Fragen in die Hand, die der Meera, wie Sie genannt wurde, während eines Treffens im Ashram von verschiedenen Persönlichkeiten gestellt worden waren. Meeras Antworten setzten mich in Erstaunen. Ich bat daraufhin die Mutter und Sri Aurobindo, mir anzuzeigen, wer Meera sei und ob es für meinen weiteren Fortschritt im Yoga nützlich wäre, wenn ich Ihr begegnete.

In der folgenden Nacht sah ich zwei von Sri Aurobindos Symbolen, erst ein kleineres und dann eines, das im Vergleich dazu sehr groß war; beide hatten die Färbung eines Opals. Im Zentrum des größeren, dort wo sonst die Lotusblüte ist, sah ich eine Frau mit einem Kind auf dem Schoß. Sie thronte hoheitsvoll, wie eine Madonna mit ihrem Kind. Zur Rechten und zur Linken dieser göttlichen Wesen sah ich einige Menschen in anbetender Haltung. Mein Herz wurde von Liebe erfüllt. Als ich aufwachte, konnte ich mir diese sonderbare Vision nicht erklären. In dieser Zeit, Mitte Oktober, wurde ich mir zunehmend bewußt, daß etwas im Gange war. Schon seit August bemerkte ich Veränderungen, für die ich keine Erklärung hatte. Ich fühlte mich eigentümlich aufgewühlt. Mit der Zeit wurde mir klar, daß sich ganz Bedeutendes für mich anbahnte.

Am 13. Oktober berichtete mir eine gute Bekannte, mit der ich mich oft über Meera unterhielt (denn Sie war zu dem einzigen Thema geworden, über das ich sprechen mochte), daß ein Mann aus Auroville Meera schon kennengelernt habe, daß Sie sogar gerade in Pondicherry sei und daß der Mann Sie heute um fünf Uhr zu Meera mitnehmen werde. Gleich am nächsten Morgen suchte ich diese Bekannte auf. Ich war gespannt auf ihre Eindrücke und wollte Meeras Adresse bekommen. Sie erzählte mir, daß die Begegnung mit Meera sie sehr berührt habe.

Ich ging sofort zu der angegebenen Adresse. Ein Mann empfing mich höflich (es war Herr Reddy). Ich fragte ihn, ob ich Meera sehen könne. Er sprach Telugu und hatte eine kräftige Stimme. Und dann hörte ich aus dem Nebenraum eine Stimme in unvergeßlichem Tonfall. Zögernd kamen die Worte, wie aus einer tiefen Verzückung heraus gesprochen. Das war mein erster Eindruck von der Mutter.

Herr Venkat Reddy sagte mir, daß Meera mir einen Termin um fünf Uhr nachmittags gebe. Es war der 31. Oktober 1978, an dem das Mahakali-Fest gefeiert wurde. Ich fieberte der angegebenen Stunde entgegen. Vorher besorgte ich, einem Impuls folgend, noch drei Räucherkerzen. Die eine benannte ich Meera, die andere Durga (denn ich wußte aus den Fragen und Antworten, daß Meera mit Durga in Verbindung stand) und die dritte „Ewiges Lächeln". Um fünf Uhr kam ich an, wurde hereingebeten und wartete mit klopfendem Herzen. Meera trat ein; Sie trug einen blauen Sari. Ich reichte Ihr die Räucherkerzen. Sie sah mich an und sagte dann zu Adilakshmi (der bewundernswerten Frau, die um Sie ist und Ihr dient), daß sie mich schon kenne. (Adilakshmi übersetzte.) Ich stellte Ihr mehrere Fragen zu gesundheitlichen Problemen und zu meiner Arbeit, die Sie sicher, abgewogen und mit einer unfehlbaren Genauigkeit beantwortete. Seit dieser ersten Begegnung – ich kann nicht erklären, warum – nannte ich Sie im stillen „Ewige Mutter", und diese Worte klangen auch die ganze Zeit in mir, während Sie mich mit außerordentlicher Intensität ansah. Dieses erste Mal blieb ich eine halbe Stunde bei Ihr.

Als ich herauskam, war ich absolut überzeugt, der Göttlichen Mutter in Menschengestalt begegnet zu sein. Ich ging zum Samadhi von Sweet Mother und Sri Aurobindo und rief sie an, mich aufzuklären, falls ich mich in einem Irrtum befände. Doch wurde mir versichert, daß ich der Wahrheit folgte. Einmal nahm ich die Savitri zur Hand und bat Sri Aurobindo, mir zu zeigen, wer Meera sei. Ich tippte mit dem Brieföffner auf eine Stelle. Es war der Absatz, der mit den Worten beginnt: „Madonna des Lichts, Mutter der Freude und des Friedens..." (7. Buch, 4. Gesang). Und die letzten Zeilen lauten: „Eines Tages werde ich wiederkehren, Seine Hand in der meinen, und ihr sollt das Angesicht des Absoluten schauen. Dann soll der heilige Bund geschlossen, die göttliche Familie geboren sein. Licht und Frieden werden herrschen in allen Welten."

Die nun folgenden Wochen und Monate waren die glücklichsten meines Lebens. Ich führte eine Reihe von Freunden bei Meera ein. Jeden Tag erfuhren wir Neues über unsere anbetungswürdige Mutter von achtzehn Jahren. Mit jedem Tag wurde Sie vor unseren Augen mehr zur

„Königin der Welten". Für nichts anderes als diese außerordentliche Offenbarung gab es in meinem Leben Platz. Die Atmosphäre um Sie herum war immer mit besonderer Kraft aufgeladen. Ich spürte, wie Ihr Licht mich überallhin begleitete. Durch Sie erlebte ich in einer kurzen Zeitspanne einen nie erwarteten Fortschritt. Ich war sehr froh über Ihre Gaben und sehr dankbar dafür. Dieser Zustand hielt bis zum Mai an, als sich persönliche Schwierigkeiten einzustellen begannen. Einige schmerzhafte Monate folgten. Trotzdem begleitete mich das Wohlwollen der Mutter immer und ließ mich die Hindernisse, die auf diesem Weg offenbar unvermeidlich sind, überwinden. Ich spüre ständig Ihre Hilfe und Ihren Schutz. Ich danke Sweet Mother und Sri Aurobindo dafür, daß Mutter Meera so wunderbar und so machtvoll zu uns auf diese Erde gekommen ist, um das Werk zu vollenden. Ich bin für immer ihr Kind.

7. Oktober 1980

Mit Mutter Meera in Deutschland

Vom 9. bis 18. Februar 1984 hatte ich die riesige Freude, nahe bei unserer Mutter Meera zu wohnen. Sie lebt in Thalheim, einem Dorf nicht weit von Limburg, ca. 90 Kilometer von Frankfurt entfernt. Es ist eine hügelige Gegend mit vielen Nadelbäumen, die mit ihren spitzen, in den nebligen Himmel ragenden Wipfeln an die „Laurentiens" im französischen Kanada erinnern. In einem der Dörfer dort, in denen eine untadelige Ordnung herrscht, hat Mutter Meera Ihr Heim eingerichtet.

Ich kann gar nicht ausdrücken, welche Freude es war, bei Ihr zu sein, eingetaucht zu sein in Ihre Gegenwart. So intensiv hatte ich Ihre Liebe noch nie zuvor erfahren. Während meines kurzen Besuchs war es diese Seite von Ihr, die mich am meisten ergriff. Ihren Blick, Ihr Lächeln, die wunderbaren, vertraulichen Momente in Ihrer physischen Gegenwart – das alles werde ich immer in mir bewahren. Ich hatte die Mutter ja zwei Jahre nicht gesehen, und so kam es mir vor, als hätte Sie sich noch gewandelt, als verströmte Ihr ganzes Wesen noch mehr Sanftheit, Mitgefühl und Liebe als früher – falls so etwas überhaupt vorstellbar ist. Ich dachte mir, daß das vielleicht auf das Herabkommen der göttlichen Liebe im April und Mai 1983 zurückzuführen war. Nie zuvor hatte ich Sie in so unbeschreiblicher Schönheit gesehen (auf Ihren Fotos kommt das nicht zum Ausdruck, obgleich Ihre Kraft spürbar ist). Wenn man um die Mutter ist, fühlt man ständig die Intensität der göttlichen Gegenwart. Sie hat unterschiedliche Ausdrucksformen, von denen jeweils die eine oder andere vorherrscht: die Liebesschwingung zum Beispiel, oder ein überwältigender Frieden, der einem die Sprache raubt, oder das allgewaltige Licht, ein anderes Mal wieder eine junge, frische Freude. Was von Ihr ausgeht, was Sie uns schenkt, ist, je nach den Umständen, immer wieder etwas anderes. Das ganze Haus, in dem die Mutter wohnt, ist von Ihrer Gegenwart erfüllt, diese ist sogar in dem Dorf und der ganzen Umgebung spürbar. Ungefähr auf halbem Weg zwischen Frankfurt und Thalheim hatte ich das Gefühl, in Ihre Atmosphäre einzutreten. Es erschien mir wie ein weißes Licht, ähnlich dem, das ich von Sri Aurobindos Ashram in Pondicherry kannte.

Auch Herrn Reddy und Adilakshmi wiederzusehen war eine besondere Freude. Mit ihnen verbindet mich eine tiefe Dankbarkeit und eine von Hochachtung geprägte Freundschaft. Wie immer ist Adilakshmi um alles besorgt, voller Tatkraft, Fröhlichkeit und Eifer im Dienst für die Mutter.

Wir wissen alle, daß Herr Reddy bei seiner Ankunft in Deutschland schwer krank war und sechs Monate im Krankenhaus lag. Die Ärzte hatten ihm nur noch wenige Wochen Lebenszeit gegeben, doch die Gnade der Mutter rettete ihn. Durch seine Krankheit erfuhr er eine innere Verwandlung. Einzig mit der Mutter verbunden, von Ihr erfüllt, lebte er völlig losgelöst von allem anderen. Wir unterhielten uns oft, wobei seine feurigen Worte die eines großen Gottsuchers waren, der nach vielen Prüfungen in der Identifikation mit der fleischgewordenen Höchsten Mutter seine Seligkeit gefunden hatte. Alles, was er sprach, bezog sich auf Sie; unablässig äußerte er seinen einzigen, großen Wunsch, bewußt mit Mutter Meera vereinigt zu sein und von Ihr die Erleuchtung zu empfangen. Was sollte sonst von irgendeinem Wert sein als diese Erleuchtung am Ende des Weges, dieses glückselige Einswerden mit der geliebten Mutter?

Es ist jetzt möglich, sich mit der Mutter ohne Übersetzer direkt auf Englisch zu unterhalten. Man kann ein vertrauliches Gespräch führen, die Mutter fragt nach unserer Meinung in dieser oder jener Angelegenheit. Sie ist völlig schlicht in allem, was Sie tut, und doch ist erkennbar, daß Sie ständig in einen göttlichen Glanz eingetaucht ist, daß ihre Macht keine Grenzen kennt.

Diese Mischung aus Schlichtheit und Erhabenheit läßt uns zurückhaltend sein in Dingen, die unser Verständnis übersteigen. Eine Bescheidenheit verbietet es uns – außer bei ganz besonderen Gelegenheiten oder in Notfällen –, der Mutter über höhere Ebenen, über Ihre persönliche Verfassung, Ihr Werk oder die Zukunft der Welt usw. Fragen zu stellen, als fühlten wir, daß derlei Wißbegierde hier nicht am Platz ist. Im übrigen ist man in Ihrer Gegenwart von solchem Frieden und Glück erfüllt, daß es einem gar nicht in den Sinn kommt, in die Geheimnisse der Mutter dringen zu wollen. Jedwede Neugier ist aufgehoben. Wenn man bei der Mutter ist, hat alles Fragen ein Ende. Das Licht ist da, das seine eigene Sprache spricht.

Einmal erlaubte ich mir eine Frage, die ja viele beschäftigt, nämlich, ob die Umwandlung des physischen Körpers in kurzer Frist zu erreichen sei. Die Mutter antwortete: „Es könnte Zeit beanspruchen", ohne präziser zu werden. Von Herrn Reddy erfuhr ich, daß das Werk, welches das göttliche Licht in alle Manifestationsebenen einfließen läßt (bis hinunter zu den dunkelsten und materiellsten), rasch voranschreitet. Deshalb übergeben wir der Mutter manchmal Schwierigkeiten, die wir in unserem eigenen Sadhana (spirituellen Streben) haben, oder wir bitten um Ihren Rat in Dingen, die unser äußeres Leben, die Familie, Freunde usw. betreffen. Immer antwortet Sie bereitwillig. Während Sie antwortet, oder in einer Unterhaltung, kann es vorkommen, daß wir einen Blick in die unendliche Tiefe Ihres Wissens und Ihres Seins erhaschen.

Nur widerstrebend verließ ich die Mutter wieder. Diese gesegneten Tage waren leider viel zu kurz. Aber ich weiß ja, daß wir ständig in der Mutter leben können und in Ihr unsere Wohnung nehmen können, indem wir Ihren Namen wiederholen, indem wir Sie anrufen, indem wir streben, indem wir uns ihr ganz überantworten. Die Mutter erwähnte während meines Aufenthaltes oft die Bedeutung des Japa, des inwendigen Wiederholens – soviel es unsere äußere Tätigkeit zuläßt – des Namens der göttlichen Person, der wir uns anvertraut haben. Amma Meera – so nenne ich Sie; Amma bedeutet Mutter in Telugu, und es ist auch der erste Ruf aller kleinen Kinder –, Amma Meera erhört alle Bitten, besondes dann, wenn wir das Herz eines Kindes haben, das seiner Mutter restlos vertraut.

30. März 1984

Bei Mutter Meera

Vom 4. bis 13. Februar habe ich auch dieses Jahr wieder Mutter Meera in Deutschland besuchen können. Seitdem bin ich bemüht, den Schatz der wunderbarren Liebe, die von Ihr ausgeht, in mir lebendig zu

Adilakshmi und Mutter Meera
Thalheim, Deutschland 1995

erhalten. Ihre physische Nähe läßt uns diesen Liebesaspekt tatsächlich besonders bewußt werden.

Die privaten Gespräche mit der Mutter, direkt auf Englisch geführt, entfalteten sich in allergrößter Einfachheit und Zartheit. Ich konnte ohne Umschweife auf die Dinge zu sprechen kommen, die mir am meisten am Herzen liegen (Leben, Familie, Sadhana) und Sie um Rat und Hilfe bitten.

Von Freitag bis Montag gibt die Mutter Darshan. Ich war überrascht am ersten Abend meines Besuchs: Als ich den Meditationsraum betrat (bevor die Mutter kam), war ich plötzlich in einen so gewaltigen Frieden eingetaucht, wie ich ihn noch nie erlebt hatte.

Während des Darshans wie auch während privater Treffen hüllt uns die Mutter – viele haben das so empfunden – ganz intensiv in Ihr göttliches Wesen ein: in Ihren Frieden, Ihre Freude, Liebe, Macht... Dabei erfährt man die Berührung mit Ihr immer wieder anders.

Das Gesicht der Mutter erscheint noch leuchtender als früher, Ihre Augen und Ihr Lächeln sprechen mit immer noch größerer Kraft und Herrlichkeit von Ihrer allmächtigen, immerwährenden Liebe.

Gerne hätte ich über Ihre Erfahrungen und Ihr gegenwärtiges Wirken Neues gehört, aber was diese Themen angeht, ist die Mutter sehr zurückhaltend.

Herr Reddy muß dreimal pro Woche zur Dialyse. Aufgrund seiner körperlichen Verfassung ist er jetzt nur noch nach innen gewendet. Er spricht wenig, und man hat das Gefühl, daß er, in einem Zustand der Kontemplation, im Göttlichen versunken ist.

Die Mutter wohnt in einem Dorf, das in einem schönen, mit vielen Nadelbäumen bestandenen Tal liegt. Ich ging jeden Tag spazieren und bemerkte auch diesmal wieder, daß die ganze Umgegend von der unendlich sanften und lichten Ausstrahlung der Mutter durchdrungen ist.

Möge uns Japa – das Wiederholen ihres Namens – dazu verhelfen, wo wir uns auch befinden, immer in der wunderbaren Gegenwart von Mutter Meera in uns und um uns zu leben.

April 1985

Das Ableben von Mutter Meeras Boten

Anfang Juni reiste Mutter Meera auf Einladung eines in der Nähe von Triest lebenden Devotees zu einem kurzen Besuch nach Italien. Um Sie wiederzusehen, fuhr auch ich dorthin. Es waren erfüllte Tage, wenngleich manchmal überschattet durch Nachrichten über den Gesundheitszustand von Herrn Reddy, Mutter Meeras Beschützer und Mitstreiter seit Ihrem elften Lebensjahr. Er war in Thalheim zurückgeblieben, weil er dreimal die Woche zur Dialyse mußte und sehr schwach war.

Ich begleitete die Mutter und Adilakshmi nach Thalheim zurück. Herrn Reddys Verfassung hatte sich seit meinem Besuch im Februar weiter verschlechtert. Die Mutter und Adilakshmi saßen oft mit ihm im Wohnzimmer. Er war so schwach, daß er nicht mehr den Kopf halten konnte, wie das auch bei ganz kleinen Kindern ist. Trotzdem schien er völlig absorbiert in ein höheres Bewußtsein.

Die Dialyse, die zuvor problemlos verlaufen war, wurde in den letzten Wochen sehr schmerzhaft und führte zu einer Beeinträchtigung des gesamten Organismus. Einem der deutschen Devotees der Mutter, der Herrn Reddy immer zur Dialyse ins Krankenhaus fuhr, vertraute er an, daß es ihm so vorkomme, als ob jede einzelne Zelle von ihm litte. Einmal, als nur wenige Devotees mit der Mutter und ihm im Wohnzimmer saßen, sagte er plötzlich mit leiser Stimme: „Ich bin voller Schmerzen." Es war ein so bewegender kleiner Satz, der etwas von dem ungeheuren Opfer offenbarte, das dieser große Bote des Göttlichen auf sich genommen hatte, um dem Werk von Mutter Meera – dem Werk der Transformation der Welt – zur Erfüllung zu verhelfen. Es ist ein tiefes Geheimnis der Seele, wie er so eine schwere Bürde im Namen der Liebe und des Mitgefühls ertrug. Herrn Reddys Wesen war von dem glühenden Willen geprägt, seinen Mitmenschen zu helfen. Er verkörperte eine leuchtende, allesumschließende Liebe, und daher konnte er auch von der einzigartigen Bedeutung der Inkarnation der Mutter Meera für die Welt künden. Diesem neuen Avatar weihte er alle seine Kräfte, bis in die letzten Lebensjahre hinein, die von vielen schweren Prüfungen gezeichnet waren.

Eines Morgens, kurz bevor Herr Reddy ins Krankenhaus mußte, erzählte ich Mutter Meera in seinem Beisein eine Geschichte. Ich war überrascht, daß er der Handlung hatte folgen können. Er machte plötzlich eine überaus scharfsinnige Bemerkung über das Wirken des

Göttlichen in der Welt. Seine Äußerung zeigte, wie klar seine Wahrnehmung des unaufhörlichen Teilnehmens der göttlichen Gnade, dieses gütigen göttlichen Erbarmens, im Spiel der Schöpfung geworden war. Wenn auch sein Körper schmerzerfüllt war, sein Bewußtsein war von kristallener Klarheit.

Die letzten Worte, die ich von ihm hörte, waren so süß... Sie kamen aus tiefster Seele.

Am 12. Juni behielt man Herrn Reddy nach der Dialyse im Krankenhaus. Die Mutter besuchte ihn zweimal am Tag. Herr Reddy war auf der Intensivstation, man konnte kaum länger als zehn Minuten pro Besuch bei ihm bleiben. Die Mutter selbst klärte die Ärzte über seinen Zustand auf. Man stellte plötzlich sehr hohen Zucker bei ihm fest, später kam noch eine Infektion dazu, die Antibiotika erforderte. In den ersten Tagen konnte Herr Reddy noch antworten, wenn die Mutter zu ihm sprach. Solange es möglich war, fütterte Sie ihn selbst. Er blieb immer voll Frieden. Von seinem Körper ging ein Leuchten aus. Auf dem Gesicht der Mutter aber lag ein ungewohnter Ernst.

Am Sonntag, den 16. Juni, gingen viele deutsche Devotees zusammen mit der Mutter, Adilakshmi und Badarinath Olati Herrn Reddy besuchen. An diesem Tag erschien er verklärt. Er strahlte von einer geheimnisvollen Glückseligkeit. Sein ganzes Wesen drückte majestätische Schönheit und eine übernatürliche Kraft aus. Ich bin mir sicher, daß Herr Reddy in diesem Augenblick erhabene Bewußtseinszustände erfuhr. Als ich ihn vor meiner Abreise noch einmal sah, fand ich denselben Ausdruck von Würde und Seligkeit nicht mehr an ihm wieder. Die Mutter sagte mir später, daß sein Bewußtsein bei diesem letzten Besuch (am 18.) bereits den Körper verlassen hatte.

Ich reiste am 18. nach Italien zurück. Zwei Tage später erhielten wir von der Mutter telefonisch die Nachricht von Herrn Reddys Ableben.

Herr Reddy wird für uns immer ein Vorbild der Ergebenheit und Treue gegenüber der Mutter sein, der Liebe und des kindlichen Eifers, dem göttlichen Werk zu dienen. Sein war das unendliche Glück, bei der verkörperten Mutter leben zu können, aber auch die Mühsal und das Leid, das mit der Ausführung seiner Mission verbunden war. Herr Reddy kam zur Erde, damit Mutter Meera unter uns erscheinen konnte. Sein unbändiges Verlangen nach der Göttlichen Mutter und seine Hingabe an Sie riefen Mutter Meera herbei. Daraufhin war es seine

Aufgabe, Sie zu erkennen und Sie für immer in seine Obhut zunehmen. Eine grenzenlose Liebe zu Mutter Meera erfüllte ihn. Gegen Ende seines Lebens bestätigte die Mutter wiederholt, in der Ihr eigenen, diskreten Weise und ohne es besonders zu betonen, daß Herr Reddy „kein gewöhnlicher Mensch" war. Als Emanation des Göttlichen stand er im Dienst der Evolution des Lebens.

Ich bin sicher, daß Herr Reddy im Unsichtbaren neben der Fortsetzung seiner eigenen geistigen Entwicklung aktiv für Mutter Meera und Ihr Werk der Vergöttlichung der Menschen und des ganzen Kosmos weiterarbeitet.

Diesem großen Göttlichen Boten gilt unser Dank für alles, was er in seiner menschlichen Verkörperung durchlitt und vollbrachte.

15. August 1985

Dir, Mutter, hebt sich mein demütiger Dank entgegen für Deinen Segen, Deine Gnade und Deine Liebe. Ich fühle, wie sie mich wie eine Welle umfließen und erfüllen. Ich weiß, daß Du stets bei mir bist; Du machst alles für mich möglich. Ich bin Dein Kind, ich gehöre für immer zu Dir. Danke für alles, was Du für meine Eltern und Freunde, für die ganze Welt getan hast. Möge mein Leben so vollkommen vertraut mit Dir werden, daß ich in Deiner Gegenwart aufgehe: Lebe Du in mir, und möge ich auf ewig in Dir leben.

Oktober 1986

Mutter Meera,
Höchste Shakti,
wende unser Sein
ganz und vollständig
zu Dir.

Mutter Meera,
möge uns Deine Gnade
für immer
in der Herrlichkeit Deiner
allmächtigen und ewigen Liebe halten.

Mutter Meera,
mögen wir für immer
eins werden mit Deinem Herzen.

Mutter Meera,
möge durch Deine Gnade
jede Schwingung, jede Zelle
unseres Wesens
Tag und Nacht
in vollkommenem Dienst für Dich stehen.

Mutter Meera,
mach uns Deiner Selbst
ganz und vollständig bewußt,
damit kein anderer Wunsch
in uns verbleibe,
als Du zu sein, Dein Wille.

Mutter Meera,
Höchste Seligkeit,
Höchstes Bewußtsein,
Höchste Wirklichkeit.

4.

Ich bin Mutter Meera, Herrn Reddy und Adilakshmi Olati am 16. November 1979, meinem 26. Geburtstag, begegnet. Von Anfang an machte ich keine Trennung zwischen ihnen, sie waren für mich von Anfang an eins.

Dieses Nicht-Unterschiedensein läßt sich so ausdrücken: Der Schöpfer erschafft als Schöpfung – Mutter Meera, Adilakshmi und Herrn Reddy. Zwar gibt es dabei ein Gefühl der Trennung, doch in meinem Inneren und in meinem intuitiven Begreifen sind sie eins.

Einige Bemerkungen zu meiner Person

Ich bin nicht religiös erzogen worden. Bis zum Alter von acht Jahren wuchs ich in einem sozialistischen Land auf, und mein ursprüngliches Verständnis war: Gott gibt es nicht. Den hat sich der Mensch nur ausgedacht.

Es ist übrigens interessant, daß sich dennoch viele Werte, die ich in diesem System mitbekam, später auf dem Weg des Cetana-Yoga als sehr wertvoll für mich erwiesen. Aber bis zu meinem 26. Lebensjahr war Gott für mich lediglich ein philosophischer Begriff, eine Schöpfung des

Menschen. Eine Ahnung von Heiligkeit wurde in Marokko in mir wach, wo ich zehn Jahre lebte. Die ehrfurchtsvollen Gefühle assoziierte ich aber nicht mit Gott, sondern mit der Kunst.

Solange ich zurückdenken kann, habe ich mich immer für das Schöne begeistert. Es war eine Sehnsucht, das alltägliche Leben zu transzendieren und mit etwas Höherem zu verschmelzen. Dieses Höhere aber hatte weder Namen noch Form. Ich nannte es Kunst, doch keiner Kunstschöpfung gelang es je, den Schmerz dieser Sehnsucht zu löschen. Und neben der Sehnsucht gab es noch eine Leere, eine dichte, fast greifbare Leere. Es war eine Leere, die sich beinah ihrer selbst bewußt war; und sie war weder fähig noch willens, ihren eigenen Zustand noch länger zu ertragen.

Als ich zum ersten Mal den Namen Mutter Meera hörte, stieg eine nicht zu bändigende Erregung in mir auf. Noch nie zuvor hatte ich eine vergleichbar heftige Gefühlsaufwallung erlebt. Zugleich war sie mir völlig unerklärlich, da ich weder wußte, wer Mutter Meera war, noch sonst eine Kenntnis von Begriffen wie „Mutter", „Avatar", „Evolution des in der Materie verkörperten Göttlichen" usw. hatte. Diese innere Erregung war so maßlos, daß ich krank wurde. Ich bekam hohes Fieber. Ein Freund, der mich besuchte, brachte mir als Geschenk ein Buch mit: *Das Abenteuer des Bewußtseins* von Satprem. Ich las es in einem Zug durch.

Am nächsten Tag versuchte ich, meinen Geist zur Ruhe zu bringen. Dabei hatte ich das folgende Erlebnis: Alles wurde still, erstarrte. Ein weißes, milchiges Licht, das von oben herabkam und auch aus meiner Brust hochstieg, hüllte mich ein. Ich badete in diesem angenehmen, warmen, milchigen Licht. Mein Herz schlug rasend. Spontan stieg ein Gebet in mir auf. Es war ein Gebet um Aufrichtigkeit. Am nächsten Abend ging ich zum Darshan der Mutter.

Erste Begegnung mit der Mutter

Als ich das Haus in der Aylmer Straße, in dem die Mutter wohnte, betrat, begann mein Herz, genauso wie bei dem Erlebnis mit dem weißen Licht, wild zu schlagen.

Es zerreißt mir noch die Brust, dachte ich, während ich wartete, bis ich mit dem Pranam-Darshan an die Reihe kam. Dann stellte mich mein Freund (der mir das Buch von Satprem gegeben hatte) der Mutter vor. Er sagte Ihr, daß es mein Geburtstag sei und daß ich zum ersten Mal da sei. Die Mutter nickte. Ich kniete vor Ihr nieder, und Sie nahm meinen Kopf in Ihre Hände. Ich habe oft versucht, mich daran zu erinnern, was in diesen kostbaren Augenblicken in mir vorging, aber ich weiß es nicht. Alles, woran ich mich erinnern kann, sind die Augen der Mutter, ihre Hände, mein Freund und mein wild schlagendes Herz.

Als ich wieder zu Hause war, setzte ich mich zum Meditieren. Die Stille stellte sich mühelos ein. Aber statt des weißen Lichts hörte ich einen Lärm. Es rumorte in mir, und ich wurde innerlich wie hochgehoben, als ob ich gleich auf den Kopf gestellt würde. Dann unterbrach jemand meine Meditation.

An dem Tag, als Herr Reddy starb, hatte ich ein ähnliches Erlebnis, allerdings ohne den Lärm dabei.

Über die innere Erregung

An dem Tag nach meiner ersten Begegnung mit der Mutter ging ich zu einem Treffen mit Ihr, bei dem Fragen gestellt werden konnten. Die Mutter saß auf Ihrem Sessel, Herr Reddy, lächelnd, zu Ihrer Linken. Adilakshmi saß weiter vorn und übersetzte der Mutter die Fragen. Ich fragte: „Warum, Mutter, war in mir diese verheerende Erregung, als ich bloß Deinen Namen nannte?“ Sie antwortete: „Es war die Reaktion der widergöttlichen Kräfte in dir, die sich nicht ändern wollen, die sich dem göttlichen Licht widersetzen.“ (Das waren nicht die genauen Worte der Mutter; ich schreibe sie hier aus der Erinnerung nieder.) Das Folgende sagte die Mutter zwar nicht, aber ich erinnere mich, daß ich es Ihrer Antwort entnahm. Wenn diese heftige Auflehnung nicht in mir gewesen wäre, wäre ich der Mutter nie begegnet. Ich hatte keinen Grund, Sie aufzusuchen. Ich glaubte nicht an Gott. Dieser ungegreifliche innere Aufruhr bei der Erwähnung ihres heiligen Namens brachte mich zum Licht, brachte mich zu Gott.

Ich habe mir oft gewünscht, daß ein reineres Erleben am Anfang meiner Beziehung zu der Mutter gestanden hätte. Aber diese Erfahrungen waren wohl notwendig, damit sich die atheistischen Begrenzungen in mir allmählich auflösen konnten. Als ich aufstand, um an meinen Platz zurückzugehen, übersetzte mir Adilakshmi die letzten Worte der Mutter: „Die Mutter wird dir helfen.“ Ich sah Mutter Meera an. Sie lächelte. Die Wärme, die ich bei meiner Erfahrung des weißen Lichts empfunden hatte, stieg in mir hoch. Ich versank in Ihrem Lächeln. Ich weiß nicht, ob ich zurücklächelte, doch war mir, als ob mein ganzer

Körper mit allen seinen Poren zurücklächelte. Ich kann wohl sagen, daß ich in diesem Augenblick etwas von vollkommener, bedingungsloser Liebe erfuhr. Es war das einzige Mal, daß ich die Mutter lächeln sah. Einige Jahre später gab die Mutter Meera Society ein Nachrichtenblatt heraus, mit einem Bild der Mutter auf der Titelseite. Auf dem ersten Foto, das dafür aus Deutschland geschickt wurde, lächelte die Mutter auch. Als ich es sah, stieg wieder diese Wärme mit dem weißen Licht in mir auf, und ich hatte wieder dasselbe intensive Glücksgefühl vollkommener Liebe.

Im Bewußtsein zu behalten, daß die Mutter wirklich und wahrhaftig da ist, fällt mir tatsächlich äußerst schwer. Für Augenblicke trifft mich diese Realität. Das ist dann wie ein Gedankenblitz, oder mehr die Ahnung der Schwingung dieses Gedankens. Es kommt von oberhalb des Kopfes. Für einen Sekundenbruchteil fühle ich dann, daß diese Wirklichkeit lebendig ist. Aber ich kann diese Wahrnehmung nicht aufrechterhalten; es befällt mich wie ein Schwindelgefühl. Die Erinnerung an diese kurzen Zustände der Bewußtheit hat drei Auswirkungen:

1. Ich erkenne dadurch, wie mechanisch, wie unbewußt, wie traumwandlerisch mein Verhalten gegenüber der Mutter, meine Gefühle für Sie und meine Liebe zu Ihr im gewöhnlichen Bewußtsein sind.

2. Es läßt mich unzufrieden sein, da ich um ein Bewußtsein weiß, verglichen mit dem alle anderen Zustände und Erfahrungen unvollständig sind.

3. So wird mein Wille angetrieben, auf dem Weg zur Mutter weiter Fortschritte zu machen. Da der Wille jedoch schwach ist – selbst nach sieben Jahren –, habe ich das klare Gefühl, daß ich für die Gnade des wahren Glaubens noch lange nicht reif bin.

Meine wahre Begegnung mit der Mutter steht noch aus. Derjenige, der mich immer auf meinem Weg unterstützt hat und der mir bis heute die Kraft gibt, diesen Weg zu gehen, ist Herr B. Venkat Reddy.

Meine Beziehung zu Herrn B. Venkat Reddy

Von Anfang an hat Herr Reddy meinem Herzen am nächsten gestanden. In seiner Gegenwart waren soviel Liebe, soviel Hingabe und soviel frohe Gelassenheit lebendig. Seine Augen, sein Lächeln, seine

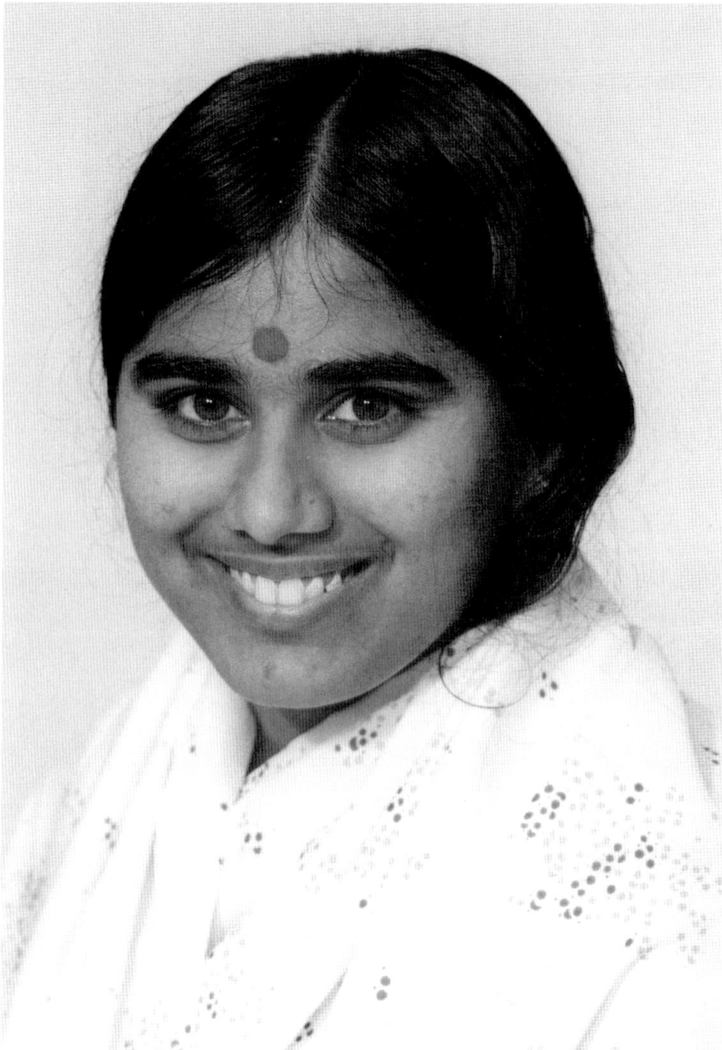

Essen, Deutschland 1981

Körperhaltung, später auch die Berichte in seinen Briefen – das alles öffnete einen direkten Zugang zu meinem Herzen. Er schien mir von Beginn an so vertraut, als hätte ich ihn immer schon gekannt.

Herr Reddy weckte in mir eine Wehmut, eine Mischung aus Glück und Traurigkeit. Diese Traurigkeit erwuchs aus der Einsicht, daß nur ein Teil von mir, nämlich mein Herz, lebendig reagierte. Mein übriges Sein blieb teilnahmslos, aber nicht aus Widerstand, sondern aus Unvermögen.

Durch diese Gefühle, die Herrn Reddys Nähe in mir weckte, wurde ich mir nach und nach über den Zustand meines Daseins als Mensch klar, ich verstand auch, was Begriffe wie Opfer, freier Wille, höhere Notwendigkeit bedeuteten.

Herr Reddy lehrte mich, Dinge miteinander in Einklang zu bringen. Aber offenbar zähle ich nicht zu seinen besten Schülern, denn seit dem 10. Juni 1985 hatte ich die größten Schwierigkeiten, mich damit auszusöhnen, daß Herr Reddy uns bald verlassen würde. Am Morgen des 20. Juni erhielt ich dann von Adilakshmi einen Anruf, in dem sie mir sein Ableben mitteilte. Ich weinte nicht.

Ich hatte das Empfinden, daß sich mein Herz zu einem riesigen Raum ausdehnte, und fühlte einen stechenden Schmerz, wie ich ihn noch nie erlebt hatte. Es war der Schmerz über einen Verlust, der so groß war, daß er gar nicht gemessen werden konnte. Neben der Wahrnehmung dieses riesigen Raumes und des heftigen Schmerzes gab es noch ein drittes, mir bis dahin unbekanntes Gefühl, nämlich das Gefühl, daß etwas außerordentlich Ernstes geschehen war, dessen Folgen gar nicht abzuschätzen waren, etwas, das jahrhundertelange Bemühungen zum Stillstand brachte. Es war, als ob wieder einmal eine große Trennung erfolgen müßte, nicht aus einer Notwendigkeit heraus, sondern aus einem anderen Grund, der mir allerdings verborgen war.

Ebenfalls am 20. Juni 1985, in den frühen Morgenstunden, hatte ich das folgende Erlebnis: Ich wachte auf, weil mein Körper heftig geschüttelt wurde. Ich war mir zwar bewußt, daß mein Körper auf dem Bett lag, und doch befand ich mich darüber, auch wenn ich um mich herum die Dichte eines Körpers spürte. Dieser Körper bebte, da in ihm und außerhalb von ihm ein rascher Strom floß. Vor mir auf der Zimmerwand, wie auf einer Filmleinwand, sah ich das genaue Abbild meines Landhauses und der umliegenden Landschaft. Ein Teil von mir flog mit hoher Geschwindigkeit über diese Landschaft hinweg. Ich weiß nicht, wie lange dieses Erlebnis dauerte, aber als es aufhörte, sah ich zufällig, daß es 3 Uhr 19 frühmorgens war. Um 10 Uhr kam der Anruf von Adilakshmi. Sie sagte, daß Herr Reddy um diese Zeit starb. Natürlich besteht ein Zeitunterschied zwischen Deutschland und Kanada. Trotzdem habe ich einfach das Gefühl, daß Herr Reddy mir etwas mitteilte.

Drei Monate später wurde ich sehr krank. Zwar war es eine körperliche Krankheit, aber ich war mir bewußt, daß mich innerlich etwas schüttelte: Zweifel hatten mich befallen. Während dieser sieben Jahre hatte ich mehrmals mit Zweifeln zu kämpfen, doch dieses Mal war ich der Kapitulation nahe. Da stieß ich auf eine Stelle in Sweet Mothers Agenda:

„Sie wissen, was sie tun sollten,
sie wissen auch, was sie nicht tun sollten;
und doch tun sie es immer weiter.
Von allen Hindernissen ist es der Hochmut,
der am schwersten zu überwinden ist."

Diese Worte empfing Sweet Mother von Kali während einer Kali Puja. (Es sind nicht die genauen Worte; ich habe sie aus der Erinnerung übersetzt.)

Mit dem Lesen und Verarbeiten dieser Textstelle begann meine Genesung.

Ich fügte meinen Gebeten um Aufrichtigkeit und Frieden das Gebet um Demut hinzu. Die folgende Begebenheit brachte mich dann endgültig aus meinem schlimmen Zustand heraus. Ich hatte einen Traum, und zwar war ich mit der Mutter zusammen. Ich konnte Sie aber nicht sehen, und ich wußte auch nicht, wo wir waren. Ich wußte nur, daß es irgendwo hoch oben war. Die Mutter sagte zu mir: „Schau, du existierst auf diesen vier Ebenen." Von oben sah ich mich im Bett schlafen und sah und fühlte tatsächlich, wie ich mich auf vier verschiedenen Ebenen befand. Ich beobachtete die vier Zustände; sie gehörten zu mir selbst. Die Mutter fügte noch hinzu: „Du existierst auf diesen vier Ebenen, aber vergiß nie: Du bist immer bei mir."

Der Vorgang des Aufwachens war ein Verschmelzen mit dem Körper, der im Bett schlief. Das Glücksgefühl, die Leichtigkeit, die Energie in mir waren unbeschreiblich. Ich hatte die innere Gewißheit, daß mich nichts, wirklich nichts mehr würde zu Fall bringen können, daß mich nichts zerstören könne. Und von da an war auch jeder Sturz nicht mehr ein wirklicher Sturz, denn ich identifizierte mich nicht mehr mit ihm. Nicht nur erbarmte sich die Mutter meiner gnädig, sondern Sie gewährte obendrein, daß ich mich Ihrer Gnade erinnerte.

In derselben Nacht, in der ich meinen Traum hatte, hatte auch meine Mutter ein besonderes Erlebnis. Sie konnte nicht schlafen, weil sie sich große Sorgen um mich machte. Auf einmal erschien ihr Herr Reddy. Ganz sanft sagte er zu ihr: „Sorgen Sie sich nicht länger. Von jetzt an wird es Ihrer Tochter gut gehen."

Meine Mutter ist Mutter Meera, Herrn Reddy und Adilakshmi nie begegnet. Nur einmal hatte sie ein Bild von Herrn Reddy gesehen. Meine Mutter dankte ihm, denn er hatte ihr eine schwere Last vom Herzen genommen. So sah ich, daß Herr Reddy nicht nur für mich sorgte, sondern sich auch derer annahm, die mir nahestanden. Das Erlebnis meiner Mutter unterstrich noch die Gewißheit der Unzerstörbarkeit: Ich wußte also, daß Herr Reddy „wieder da" war. Ich betrachte ihn gern als meinen Beschützer. Für mich ist Herr Reddy derjenige, der durch sein physisches Dasein großen Möglichkeiten den Weg ebnete, der durch seine vollkommene Hingabe statischen Gesetzen trotzte.

Wie Mutter Meera meine Gebete erhörte

Das erste Gebet, das ich spontan zur Mutter sandte, war ein Gebet um Aufrichtigkeit. Viel später erst erkannte ich, daß dieses Gebet sofort erhört worden war. Ich erkannte das, als mir klar wurde, was Aufrichtigkeit eigentlich bedeutet. In demselben Augenblick, als das Gebet in mir aufstieg, wurde der Prozeß auch schon in Gang gesetzt.

Ich sah ein, daß Aufrichtigkeit einen Zustand der Einheit aller Seinsaspekte bedeutet, einen Zustand geeinten Strebens, der unabhängig ist von meinem guten Willen. Zu Beginn, als das Gebet in mir aufstieg, muß ich zugeben, so dachte ich, Aufrichtigkeit bedeute einfach Reinheit der Motivation. Damit mein Gebet auch wirklich „aufrichtig" sei, betete ich daher zur Mutter um die Gnade, mein Gebet um Aufrichtigkeit aufrichtig zu machen. Aber dann merkte ich bald, daß aufrichtig zu sein nicht das bedeutete, was ich angenommen hatte. Es war nun ein Prozeß in mir in Gang gekommen, der mich – bevor mir klar wurde, daß sich durch ihn nach und nach wirkliche Aufrichtigkeit in mir ausbildete – in Schrecken versetzte. Denn in meinem Fall war der erste Schritt ein schonungsloses Offenlegen. Ich wurde mir nicht nur der Motivationen hinter meinen Motivationen bewußt, sondern erkannte auch den Mangel an Ehrlichkeit in mir, innere Disharmonien, innere Verwirrungen. Mir wurde klar, welch ungeheurer Egoismus in mir steckte und daß ich in ihm gefangen war, selbst wenn ich um ihn wußte.

Der erste schwere Fehler, den ich dann beging, war der, daß ich mich mit der hilflosen Gefangenen identifizierte. Ich brauchte ziemlich lange, bis ich herausfand, daß die „hilflose Gefangene" in Wahrheit ihrer Hilflosigkeit frönte. Anstatt nun aber die Ruhe zu bewahren, anstatt einfach zu beobachten, erniedrigte ich mich geistig selber. Ich kam mir völlig verlogen vor angesichts einer derartigen Diskrepanz zwischen dem, was ich nach außen hin vorstellte, und dem, was ich in meinem Inneren entdeckt hatte. Ich kann es vielleicht so beschreiben, daß Schleusen, die über Jahrhunderte hinweg geschlossen waren, sich plötzlich öffneten und einen Strom schmuddeligen Wassers hervorbrechen ließen. Als mir dann klar wurde, daß meine inneren Qualen daher rührten, daß ich der hilflosen Gefangenen frönte – ihrem Stolz, soviel Leid ertragen zu können –, da konnte ich keine Gnade mehr für mich selbst empfinden, konnte all das Deformierte nicht mehr akzeptieren, auch wenn ich im Grunde wußte, daß ich von den dumpfen Regungen des Egos beeinflußt war, auch wenn ich wußte, daß es in dieser Situation galt, vorurteilsfrei und ohne Einmischung zu beobachten, zu akzeptieren, alles der Mutter zu übergeben. Ich wußte also, was zu tun war; ich wußte auch, was nicht zu tun angebracht war – und doch hinderte mich mein Hochmut daran, dieses Wissen zu leben.

In dieser Periode des Durcheinanders und der Verzweiflung entstand das Gebet um Frieden. Mehrere Male schrieb ich an die Mutter und bat Sie, mir zu helfen, inneren Frieden zu finden. Die Zeit verging, aber es stellte sich kein Frieden ein. Die Verzweiflung nahm zu, die Selbstbeschuldigungen erreichten ihren Höhpunkt. Da erkannte ich auf einmal, daß meine Briefe, in denen ich um Hilfe bat, und meine Bitten um Frieden in Wirklichkeit Bitten waren, meinem Ego Ruhe zu gewähren. Als mir das klar wurde – ich erinnere mich noch genau –, da mußte ich furchtbar lachen; ich mußte sogar über den Ernst lachen, mit dem ich gebetet hatte. Ich glaube, da hatte ich zum ersten Mal in meinem Leben Mitleid mit mir selbst.

Dieses Zwischenspiel reichte zwar nicht aus, um den Aufruhr in mir ganz zu beseitigen, doch sah ich die Dinge jetzt deutlich verändert. Es war, als hätte sich ein Nebel gelichtet, und ich kam mit einem tiefen inneren Bedürfnis in Berührung, das sich als ein Schrei nach Frieden artikulierte. Ich schrieb an Mutter Meera. Mein Gebet war dieser Schrei nach Frieden. Damals war gerade Swami Chidvilasananda – oder Guru Mayi, wie ihre Anhänger sie nennen – in Montreal. Guru Mayi ist der Guru der Siddha-Yoga -Tradition.

Ich wußte, daß Guru Mayi in der Stadt war. Einige meiner Freunde wollten sie aufsuchen und schlugen mir vor, doch mitzukommen. Aber ich hatte kein Verlangen danach. Einen Tag, nachdem ich den Brief mit meinem Flehen um Frieden an Mutter Meera abgeschickt hatte, träumte ich dann, daß ich zusammen mit vielen anderen den Siddha-Yoga-Tempel betrat. Als ich mich gerade anschickte, am Eingang so wie alle anderen die Schuhe abzulegen, trat ein Mann zu mir und sagte: „Du kannst deine Schuhe anbehalten, deine Schuhe sind Licht."

Am Morgen wußte ich, daß ich zu Guru Mayi gehen und sie sehen sollte. Ich verspürte eine Freude, wie ich sie, seit Mutter Meera, Adilakshmi und Herr Reddy hier waren, nicht mehr erlebt hatte. Als ich das Theater betrat, in dem die Feiern abgehalten wurden, hörte ich zum ersten Mal in meinem Leben das Mantra „Om Namah Shivaya". Ich begann es automatisch mitzusingen. Es war so vertraut; es vermittelte mir dasselbe intensive Gefühl, dieselbe Liebe, die ich für Herrn Reddy empfand. Ich fühlte mich in dem Gesang, dem Mantra, ganz geborgen.

Dann setzte ich mich, neigte meinen Kopf und dankte Mutter Meera für die Erhörung meines Gebets. Denn ich wußte, daß dies die Antwort auf mein Gebet war, daß jetzt ein Anfang gemacht war auf meiner Suche nach Frieden.

Guru Mayi besuchte ich dann jeden Tag, solange sie noch in Montreal war. Es waren ungefähr noch zehn Tage. Ich empfing Shaktipat von ihr. Durch ihre Lehren, durch ihre Nähe, dadurch daß ich mich fast augenblicklich mit ihr identifizierte, wenn sie anwesend war, empfing ich ein kostbares Geschenk. Ich verstand nämlich mit jeder Faser meines Seins, daß ich, wenn ich Frieden erlangen wollte, die Liebe lernen mußte. Sie, die Liebe, zu lernen, das war das Allererste.

O Mutter, wie groß muß deine Liebe sein, wenn du solche Geduld mit uns hast!

Alles, was ich in dem Abschnitt „Wie Mutter Meera meine Gebete erhörte" geschrieben habe, geschah um die Zeit, als Herr Reddy uns verließ. Shaktipat war vier Tage danach. Seit einer letzten Konfrontation, die drei Monate nach Herrn Reddys Fortgang stattfand, bin ich dabei, das, was mir durch Mutter Meeras Gnade zuteil geworden ist, in mein tägliches Leben zu integrieren. An jedem Tag, der vergeht, bei jedem Konflikt, den das tägliche Leben mit sich bringt, bemühe ich mich, in mein Denken und Handeln und in mein Herz eine Hingabe an die Mutter mit hineinzunehmen. Ich habe das zwar noch nicht vollständig gelernt, aber ich weiß, daß es in mir wächst. Ich bin mir bewußt, daß ich für mich alleine nicht fähig bin, irgend etwas zustande zu bringen, nicht einmal zu beten. Noch fühle ich nicht den Willen der Mutter in mir, aber wenigstens erkenne ich klar meinen eigenen Willen, und ich sehe auch, daß mein eigener Wille sich wenigstens nicht mehr in den Vordergrund spielen will.

Bevor ich den Zustand vollkommener Ergebung an die Mutter erreiche, muß ich noch etwas anderes lernen, das fühle ich. Ich weiß nicht, was es ist, doch ahne ich, daß es von Adilakshmi kommen wird, daß es mit der Übereinstimmung von Herz und Handlung zu tun hat.

In Anbetracht dessen, daß ich jemand bin, der langsam lernt, wird es vielleicht noch einige Zeit in Anspruch nehmen. Aber irgendwie spielt das Erreichen bestimmter Zustände auch keine Rolle mehr; es erscheint mir nicht mehr wichtig. Was zählt, ist allein, daß der folgende Tag irgendwann einmal in Raum und Zeit Wirklichkeit wird:

Möge der Tag kommen, Mutter,
da nichts in mir Dir ausweichen,
nichts in mir sich verbergen möchte.

Möge der Tag kommen, Mutter,
da ich, von der Vergangenheit rein,
mich vor Dir verneigen kann –
erhobenen Hauptes.

Körperliche Auswirkungen

Die Erfahrung des milchigen weißen Lichts hatte ich, als ich das Buch *Das Abenteuer des Bewußtseins* von Satprem ausgelesen hatte, und zwar gleich beim ersten Versuch, Stille im Geist zu erreichen.

Ich habe diese Erfahrung nie wieder gehabt, jedoch gab es eine Reihe anderer Erfahrungen:

1. Ein ständiger, deutlich spürbarer Druck oben um den Kopf herum. Er tat nicht weh, war aber doch eine Art unbestimmter Schmerz, wie ein beginnender Kopfschmerz. Wenn ich meditierte oder Japa machte, nahm ich diesen Druck als sehr starke Vibration wahr, wie kleine, weiße Strahlen. Wenn die Vibration aufhörte, schmerzte mein Kopf.

2. Einmal, morgens beim Aufwachen, hörte und spürte ich, wie es in meinem Kopf knackte. Von da an hatte ich während oder nach der Vibration nie mehr Schmerzen.

3. Von da an ging die Vibration auch weiter nach unten, erstreckte sich vom oberen Teil des Kopfes über die Stirn, die Augen und die Wangenknochen hinweg. Sie erschien auch nicht mehr wie einzelne Strahlen oder Partikel, sondern gab mehr das Gefühl einer weißen, milchigen Masse, wenn auch nicht so dicht, nicht so kompakt wie bei meiner ersten Erfahrung. Dieses allmähliche Herunterwandern vom oberen Teil des Kopfes bis zu den Wangenknochen dauerte mehrere Jahre.

4. Seit dem Erlebnis, das ich an dem Morgen, an dem Herr Reddy uns verließ, und beim Shaktipat hatte, findet der Vorgang jetzt im Bereich von Mund, Zunge und Kiefer statt. Wie gewöhnlich kommt die Kraft, kommt die Vibration von oben her, gleichzeitig aber steigt, wie bei der ersten Erfahrung des milchigen weißen Lichts, von unten, vom Brustraum her, eine Kraft aufwärts. Wenn das geschieht, bewegt sich der Kiefer sehr rasch in beiden Richtungen. Ein paarmal schwang mein ganzer Kopf nach den Seiten, so stark war die Energie. Nicht immer zwar, doch manchmal waren diese Augenblicke schmerzhaft. Eines Tages gab es ein Knacken im Hals; seitdem treten nie mehr Schmerzen auf. Die Energie, die vom Brustbereich her aufsteigt, zeigt sich auch als weißes, milchiges Licht.

5.

Zwei Monate, bevor Mutter Meera nach Kanada kam, begann ich, wunderbare Traumerlebnisse zu haben (die mir die Mutter später bestätigte). Dem Treffen mit ihr sah ich mit Spannung entgegen. Es fand am 15. September 1979 in einem Hörsaal statt. Ich saß in der ersten Reihe ganz rechts außen, nahe der Seitentür. Die Mutter ging vorn an mir vorbei, vor Ihr Mahatma Reddy und hinter Ihr Adilakshmi. Aber ich sah nur Sie. Oh, es war kein Ausbruch von Bhakti – es war ein

Zusammenbruch! Ich hatte eine griechische Göttin erwartet und sah nur eine ganz schlichte, junge Inderin. Unter ständigem Öffnen und Schließen der Augen, geplagt vom langen, unbequemen Sitzen, quälte ich mich eine Stunde lang ab. Eine Stunde lang bat ich in meinem Innern die Mutter, die wie eine Statue auf Ihrem Sessel saß, Sie möchte mich Ihrem Licht öffnen. Nach eineinhalbstündigem Kampf sagte ich schließlich innerlich: „Mutter, ich ertrage das nicht länger, ich gebe auf. Tue nach deinem Belieben." Dann wurde ich ruhiger. Ich fühlte mich wie unter Narkose.

Plötzlich öffnete ich die Augen – der Blick der Mutter war auf mich gerichtet. Wohl saß Sie zwanzig Meter weit weg, jedoch Ihre Augen waren einen Meter von mir. Was für ein Blick! Keine Worte können diese Augen beschreiben, zugleich dunkel und angefüllt mit dem ganzen Weltall des Lichts. Die Liebe blickte mich an. Tief in mir erwachte ein Vulkan, meine Brust weitete sich, rotglühende Lava verzehrte alles, was ihr in den Weg kam... Und dann stand die Zeit still. Wäre ich allein gewesen, so hätte ich geweint, aufgestöhnt. Ich wäre zu Ihren Füßen gekrochen, hätte zu sterben gewünscht, um in ewiger Verzückung zu verharren. Aber ich war unter tausend Menschen. So ließ ich nur still meine Tränen herabrinnen.

Später hörte ich, daß die Mutter mich nur einige Sekunden angeschaut habe. Trotzdem kann mein inneres Gedächtnis nicht akzeptieren, daß die Ewigkeit so kurz gewesen sein soll. Ich entsinne mich mehrerer Minuten.

Als die Mutter den Hörsaal verließ, ging sie an mir vorbei. Aufgewühlt und zitternd verneigte ich mich vor Ihr. Danach brauchte ich zwei Stunden, um ruhig zu werden. Ich hatte meine große „Nacht des Feuers" erlebt.

Die Jahre vergingen. Maria und Sweet Mother wurden wieder meine „Mütter der Liebe", und ich verneige mich vor ihnen voll Zärtlichkeit. Doch ist jetzt Mutter Meera die Eine Mutter, die ich immer anrufe. Maria war für mich das unnahbare Licht, die süße, unsichtbare Trösterin. Nie hätte ich mir vorzustellen gewagt, daß mir einmal eine Erscheinung wie die in Fatima oder Lourdes vergönnt sein könnte, eine Erscheinung nur für mich allein.

Sweet Mother dagegen war die Inkarnation der Gewißheit. Die Göttliche Mutter hatte einen Körper aus Fleisch und Blut; ich konnte

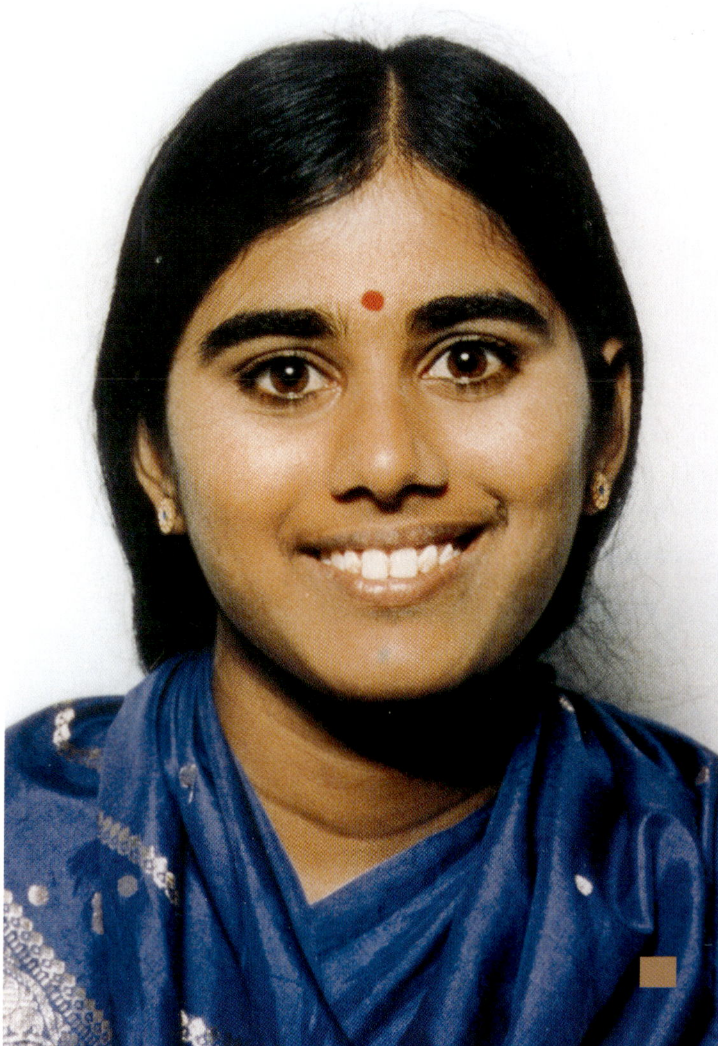

Indien 1979

ihre Schriften lesen, ihrer Stimme oder ihrer Musik lauschen. Ich schrieb ihr sogar; und es tut mir ewig leid, daß ich ihr nicht begegnet bin, daß ich ihr nicht gedient und nicht ihren Darshan empfangen habe. Ich bedaure es, daß ich den Ashram in Pondicherry zu spät entdeckte. Ich hörte von Sweet Mother erst wenige Jahre, bevor sie fortging. Daher war ich mir nie sicher, ob ich mich ihrem Willen gemäß verhielt.

Und dann kam Mutter Meera... Ich konnte sie sehen, konnte zu ihr sprechen, ihr schreiben, sie anrufen, konnte ihren Darshan empfangen und versuchen, ihr zu dienen. Die Göttliche Mutter wohnt in einem Körper, Sie ist bereit, uns zu antworten, ohne je etwas zu verlangen. In göttlicher Art lenkt Sie meine geistige Entwicklung. Mutter Meera ist das Ergebnis meiner Expedition in den Dschungel des Lebens. Seit meiner Geburt habe ich vieles durchleben müssen, sicherlich auch in früheren Existenzen; und vieles mag auch noch auf mich zukommen. Aber Ihre göttliche Hand streckt sich mir entgegen, sobald eine Gefahr auftaucht.

Der Bhakta wie auch der Jnani in mir sind erfüllt. Bhakti ist etwas Spontanes, weil es so leicht ist, Mutter Meera zu lieben; und Wissen fließt ungehindert, seit ich dem Ursprung allen Wissens begegnet bin. Was Mutter Meera für mich ist? In einem ganzen Buch habe ich versucht, der Antwort meines überwältigten Seins zu einem geringen Teil Ausdruck zu geben. Sicher werde ich noch viele weitere schreiben.

Mutter Meera hat mir auf allen Gebieten, auch körperlich, in außergewöhnlicher Weise geholfen. Sie war zu helfen bereit, als mein Körper krank war und nach Auflösung verlangte, während ich um das göttliche Licht bat. Ich kann gar nicht sagen, wie viel ich der Mutter verdanke. Sie hat mir so viel gegeben, und ich gebe ihr so wenig!

Mein Leben änderte sich, sobald ich begriff, daß es möglich ist, eine Krankheit zu heilen, indem man das Problem der Mutter darbringt. Ich möchte über einige Umstände berichten.

Als ich jünger war, kannte ich alle Methoden, wie man einen Schluckauf wegbekommt, und sie funktionierten auch. Nachdem ich zu einem Devotee der Mutter geworden war (1979), funktionierte keine mehr. Da hatte ich dann eine Eingebung: Ich nahm ein Bild von der Mutter und machte Japa. Dreißig Sekunden später war ich geheilt. Immer wenn ich seitdem einen Schluckauf hatte (und er ist immer sehr stark), habe ich ihn mit Japa wegbekommen.

Zwischen 1985 und 1994 war ich oft schwer krank. Ich habe viel Japa gemacht. Ich habe das Bild der Mutter in die linke und einen von ihr gesegneten Talisman in die rechte Hand genommen. Wenn die Schmerzen nicht mehr zu ertragen waren, griff ich zum Telefon und rief die Mutter an.

Obwohl ich oft sehr schwach war, mußte ich Vorträge und Seminare abhalten. Jedes Mal mußte ich eine Stunde mit dem Auto dort hinfahren. Wieder zu Hause, war ich dann fast nicht mehr fähig zu laufen. Bevor ich mich auszog, machte ich Pranam vor einem großen Bild der Mutter in meinem Schlafzimmer und übergab ihr meinen schmerzenden Körper. Sehr häufig wurde mein Körper sogleich ganz wiederhergestellt. Aber manchmal geschah auch nichts. Nun weiß ich natürlich: lediglich zu „übergeben" reicht nicht aus; an den Worten liegt nichts. Es bedarf eines starken Gefühls, das Herz muß mit dabei sein. Ein bestimmter Seelenzustand ist nötig, damit das Licht sein Werk tun kann. Aber dieser Zustand stellt sich nicht automatisch ein. Man kann ihn auch nicht vortäuschen. Das lesen wir auch in den christlichen Schriften, wo es heißt: „Plappert in euren Gebeten nicht, wie die Heiden es tun, die glauben, sie würden erhört, wenn sie nur recht viele Worte machen."

Ich kann die Wunder gar nicht alle aufzählen, die die Mutter für mich getan hat. Nur von zwei typischen Ereignissen möchte ich berichten.

Ich war sehr krank und konnte fast nicht mehr im Auto sitzen, mußte aber einen wichtigen Vortrag halten. So brachte ich meinen Körper dem Licht der Mutter dar und fuhr dann zum Hörsaal. Sobald ich das Gebäude betrat, hatte ich das Gefühl, als ob ein warmer Stab meinen Körper ausfüllte – ich konnte laufen wie ein gesunder junger Mensch.

Weil die Mikrofone ungünstig installiert waren, war ich dann genötigt, meinen ganzen Vortrag im Stehen, statt im Sitzen zu halten. Sobald ich den öffentlichen Bereich wieder verließ, war ich so schwach, daß mich ein Freund bis zum Auto stützen mußte. Aber zuvor, da hatte das Licht der Mutter ein Wunder bewirkt.

Es war ein heißer Sommer, auch in Quebec. An einem Freitag wachte ich mit einem Brennen im Hals auf. Den ganzen Tag war ich erschöpft und fiebrig. Am Samstag wurden die Grippe-Symptome noch stärker. Die darauffolgende Nacht war höllisch; ich konnte nicht schlafen, das Fieber war schrecklich. Alles, was ich versuchte, war umsonst. Am Montagmorgen dann ging mein Puls so schnell, daß ich fast nicht mitzählen konnte. Ich hatte ein Gefühl, als ob mein Kopf explodieren wollte. Mein Herz war müde geworden und begann zu schmerzen, und der Schmerz breitete sich im Brustraum aus. Es war gefährlich. Ich betete zur Mutter: „Bitte sei da, wenn ich telefoniere!" Dann war Adilakshmi am Apparat. Ich erklärte meine Situation. Die Mutter verstand sehr schnell, und Adilakshmi richtete mir aus: „Es wird nichts Schlimmes passieren. Die Mutter wird helfen. Und du wirst schlafen."

Ich ging sofort zu Bett und fiel in einen tiefen Schlaf. Eine Stunde später wachte ich wieder auf. Mein Puls war normal, kein Schmerz mehr in der Brust. Es war mein erster Schlaf nach zwei Tagen. Zwar zitterte mein Körper noch vor Erschöpfung, aber der Anfall war vorbei. Zwei Tage später nahm mein Körper wieder seinen Dienst auf. So hatte die Mutter in einem Augenblick eine schwere Krankheit ausgelöscht, sobald ich nur fähig war, still Ihr Licht aufzunehmen.

* * *

Manchmal allerdings mochte die Mutter Ihre Hilfe schicken, und dennoch dauerte ein Krankheitszustand fort. Da wurde mir eines Tages klar, daß Ihre Gnade zwar eine tödliche Gefahr bannen mag, doch muß ich selbst lernen, warum mein Körper krank ist, und muß das Richtige zu seiner Wiederherstellung tun, und zwar mit physischen Mitteln, nicht mit den gängigen Instrumenten der Medizin, die oft nur unangenehme Symptome beseitigen. Auch das ist wahrer Yoga.

Als Schriftsteller schreibe ich über das, was ich herausfinde und anwende. So können auch andere davon profitieren. Jedenfalls hoffe ich das.

Darbringen bedeutet übergeben. Das ist der Schlüssel. Wenn wir unsere Krankheit darbringen, stellt sich die Besserung augenblicklich ein. Denn wenn wir sie wirklich übergeben, können wir sie ja nicht gleichzeitig behalten. Es ist ein subtiler Vorgang, aber das ist wahrer Yoga. Je älter ich allerdings werde, desto mehr erkenne ich, daß ich noch ein rechter Anfänger in diesem Yoga bin. Insgeheim hoffe ich, daß die Mutter mir eines Tages einen Donnerschlag schicken wird, der meinen harten Panzer aufbricht.

Der französische Wissenschaftler und Philosoph Blaise Pascal schrieb einmal, daß wir ohne zu rasten unsere „Maschine dehnen und biegen“ müßten, bis die Gnade ihr Werk darin beginnen kann. So mache ich also Japa und hoffe, daß damit ganz allmählich eine kleine Brücke entsteht zwischen meinem gewöhnlichen Bewußtsein und meiner Seele, die die Fähigkeit hat, meine Mutter des Lichts immerfort zu lieben.

* * *

Wenn ich einen Alptraum habe, wiederhole ich gewöhnlich ein Mantra. Wenn dann eine „Verbindung“ besteht, ist das häßliche Erleben gleich vorbei. Wenn es aber nur Worte sind, macht sich der Feind über mich lustig. Ich erinnere mich da an einen ganz üblen Alptraum. Es schien mein Ende zu sein. Natürlich wußte ich nicht, daß ich träumte. Ich schloß die Augen und dachte: „Mutter, wenn es Dein Wille ist, so geschehe es.“ Augenblicklich war ich in einem sonnigen Paradies.

Über all diese Dinge läßt sich leicht reden, aber sie sind durchaus nicht leicht in die Tat umzusetzen. Deshalb bitte ich die Mutter jeden Morgen und jeden Abend während meiner Meditation, Sie möge meinen Panzer aufbrechen und mir helfen, bewußt zu werden.

* * *

Vor vierzig Jahren habe ich bestimmt tausend Bücher über medizinische Themen und Gesundheit gelesen. Ich interessierte mich für Allopathie, Homöopathie, Naturheilkunde, afrikanische, japanische, chinesische und ayurvedische Medizin. Ich probierte fast alles aus. Aber ich weiß von dem Gelesenen noch, daß niemand den wirklichen lebenden Körper kennt. Alles sind nur schöne philosophische Theorien. Jeden Tag bitte ich daher die Mutter, mir das echte Wissen zu geben. Ich möchte erkennen können, was sich in meinem Körper abspielt, möchte wissen, wie ich mich verhalten muß, und möchte auch die Wirkung meines Verhaltens sehen. Auch das ist wahrer Yoga. Seit meinem 22. Lebensjahr weiß ich, daß ich einen Körper habe, um ihn zur Erleuchtung zu führen, und bin nicht bereit, auf irgendwelche „Spezialisten“ zu warten, die mir ihre Lieblingstheorien vorbeten. Seit meiner Kindheit war ich in meinem Leben sehr oft krank. Wäre ich jedesmal, wenn eine Krankheit ernst war, ins Krankenhaus gerannt, wäre von meinem Körper bis heute mindestens die Hälfte wegamputiert. Immer wenn ich sehr krank bin, bitte ich die Mutter, mir Ihr Licht zu schicken, damit ich nicht den Glauben verliere. Sie hält meinen Körper dann immer am Leben, bis ich das beinahe richtige Heilmittel finde.

* * *

Darf ich noch eine merkwürdige Erfahrung anfügen?

Überall in meinem Haus sind Bilder der Mutter. Ich mache vor ihnen Pranam, ich spreche zu ihnen, und der Gesichtsausdruck der Mutter ändert sich, wenn Sie eine Antwort gibt. Aber auch wenn mein Kopf weiß, wer auf dem Bild ist, erkennen meine Augen nicht das wirkliche Gesicht. Wenn ich den physischen Körper der Mutter betrachte, sehe ich Mahasaraswati, die zierliche Mutter, die mit Feenfingern eine weiße Rose auf eine Wolke legt. Keines meiner ganzen Bilder zeigt wirklich diese Mutter. Aber auch wenn ich die Augen schließe, fühle ich weiterhin Mahasaraswati. Ich bin mir bewußt, daß das nicht reicht – Mutter Meera ist die ganze Shakti. Vom Kopf her kann ich darüber lange Vorträge halten. Trotzdem, Herz und Augen stimmen damit nicht überein.

Hunderte, Tausende von Seiten könnte ich noch schreiben...

Ich hoffe, daß mir noch ein langes, ein sehr langes Leben beschieden sein wird, um dieser strahlenden Mutter, meiner Lebenssonne, dem seit so vielen Geburten erwarteten Licht, dienen zu können. Mit Mutter Meeras Hilfe hoffe ich, in demselben Körper 300 Jahre leben zu können, falls ich so lange brauchen sollte, um des Göttlichen voll bewußt zu werden. Und wenn ich meinen Körper eines Tages verlasse, wird nur der eine Wunsch in mir sein: schnellstens wiederzukehren, um dieser Ewigen Mutter erneut zu dienen.

6.

Im Februar 1982, nach zehn Jahren Meditationserfahrung, sah ich Mutter Meera zum ersten Mal. Bevor ich das erste Mal Darshan empfing, wußte ich überhaupt nichts über Sie. Ich hatte keine Vorstellung davon, was mich dort erwarten würde. Niemals werde ich den Augenblick vergessen, als Mutter den Darshanraum betrat. Ich wußte in dem Moment, daß mein ganzes bisheriges Leben auf dieses Ereignis ausgerichtet war. Der Raum war erfüllt von Stille, von einer starken, kraftvollen Ruhe. Wenn ich die Augen schloß, erschien eine Vision von hellem, goldenem, sanftem Licht. Einige Wochen vor dem ersten Darshan, den ich empfing, malte ich ein Gesicht, welches eine Person in tiefem Samadhi-Zustand zeigte. Entgegen meiner normalen Angewohnheit stellte ich das Bild auf mein Bücherregal. Das Bild zeigte das Gesicht der Mutter.

Von Ende 1982 an hatte ich die Gnade, in Mutters Haus leben zu dürfen. An dem Tag, als die Mutter mir dazu die Erlaubnis erteilte, begegnete ich zum ersten Mal Herrn Reddy. Ich sah niemals zuvor einen Menschen wie ihn. Sein Gesicht, sein ganzes Wesen drückten liebende Hingabe aus. Ich hatte den Eindruck, einen König, einen Vater, ein Kind gleichzeitig zu sehen. Auf seinem Gesicht erstrahlte das Licht göttlicher Liebe. Wir saßen in Mutters Zimmer, und Herr Reddy sprach zu uns von seiner Suche nach der Mutter, seinem Leben im Ashram von Pondicherry und von der Zeit, als er Mutter Meera fand. Ich fühlte mich vollkommen zu Hause. Die Mutter, Herr Reddy, Adilakshmi – es war die heilige Familie für mich.

Die folgenden Wochen und Monate waren erfüllt von Licht, Liebe und Hoffnung. Mein Leben nahm eine völlig neue Richtung an, und ich fand dem Mut, meine Karriere als Maler aufzubauen. Aus diesem Grund verließ ich Mutters Haus im September 1983. Meine Sehnsucht, zu Ihr zurückzukehren, wuchs allerdings von Tag zu Tag. Im Juli 1984 war es soweit. Ich war wieder zu Hause; es war der Tag von Adilakshmis Geburtstag.

Da war aber noch ein gesundheitliches Problem, mit welchem ich seit 1972 zu kämpfen hatte. Nachdem ich wieder in Mutters Haus war, sprach ich mit Ihr darüber. Ich empfing Ihre Gnade, und das Problem war im November 1984 vollständig gelöst.

Die Entwicklung schritt rasch voran. Wo immer ich war, ich fühlte Mutters Gegenwart. Ich brauchte nur meine Augen zu schließen und sah Visionen von golddurchtränkten Landschaften, goldenen Gesichtern. Es war eine unerschöpfliche Quelle für meine Malerei. Um die gleiche Zeit fing ich an, meine eigene Musik zu komponieren. Das wäre ohne die Hilfe und Gegenwart der Mutter unmöglich gewesen. Ich gestaltete die Musik wie meine Bilder.

Mitte 1985 kam Herr Reddy ins Krankenhaus. Als ich am Wochenende in Thalheim war, nahm ich mir vor, ihn zu besuchen. Ich betrat das Krankenzimmer, aber ich hatte den Eindruck, in den Palast eines Königs einzutreten. Herr Reddy selbst machte auf mich den Eindruck eines

Königs. Einige Tage später ging er in den Mahasamadhi ein. Am Tage seiner Beerdigung sah ich eine Lichtsäule.

Es war ca. zwei Wochen später, als die Mutter mir Ihre ersten Aquarelle zeigte. Es war beinahe schockierend für mich zu sehen, daß Stil und Ausdrucksmittel der Mutter vom ersten Moment an vollständig ausgereift waren. Ihre Bilder haben neben der unvergleichlichen Spiritualität auch das, was man in Künstlerkreisen als Qualität bezeichnet. Noch heute, fast zehn Jahre später, wirkt der Eindruck dieses „Schocks" nach. Sie ist eine Künstlerin. Sie ist sogar *die* Künstlerin, vor allem in dem Sinne und in dem Geiste, in dem die alten Rishis ihre Hymnen schufen. Diesen Geist hat die Mutter unter anderem auf die Malerei übertragen. Von Anfang an riefen Ihre Bilder das in mir hervor, was ich als eine Erklärung der Welt ohne Worte bezeichnen würde. Und doch sagen sie alles! Seit jenen Tagen betrachte ich die Mutter auch in der Kunst als meine Lehrerin. Da Kunst immer auch Ausdruck des Bewußtseins ist, werde ich die Qualität, Tiefe und Spiritualität ihrer Werke nie erreichen. Aber schon allein die Existenz Ihrer Bilder und die damit verbundene Vision sind ewiger Ansporn.

Heute, Jahre später, schreibe ich dies in tiefer Dankbarkeit. Unter dem Einfluß von Mutters göttlicher Liebe und göttlichem Licht nehme ich Ihre Führung in meinem Leben von Tag zu Tag mehr wahr. Meine Erfahrung ist, daß das Göttliche gibt, und nur gibt. Was wir tun können, ist, zu empfangen. „Klopfet an, und euch wird aufgetan", sagte Jesus in der Bibel. Aber bereits dieses Anklopfen bereitet uns Menschen solche enormen Schwierigkeiten. Das Göttliche ist zu jeder Zeit bereit, zu geben; nicht einen Augenblick hält das Göttliche seine Hilfe zurück. Als die Mutter wegen einer Operation im Krankenhaus war, wollte ich Sie auch da besuchen. Als ich ihr „Kranken"-Zimmer betrat, kam ich in einen Tempel goldenen, göttlichen Lichtes. Nicht Sie war es, die wirklich krank war, ich war der Kranke und durfte Heilung von Ihr empfangen. Nie werde ich diesen Augenblick der Gnade vergessen. Mein ganzes Leben war ich auf der Suche nach Licht, Liebe und Freiheit. Bei Ihr fand und finde ich all dies.

7.

Ich bin Mutter Meera zum ersten Mal zusammen mit einer Gruppe anderer Leute begegnet, und zwar durch die Vermittlung einer Frau, die uns auf den geistigen Weg bringen wollte. Es entwickelte sich dann nicht alles so, wie wir es erwartet hatten. Bisweilen gab es ein Durcheinander und Meinungsverschiedenheiten, die stark genug waren, um Zweifel in mir entstehen zu lassen. Ein ganzes Jahr lang dachte ich über die Sache nach und versuchte, die Wahrheit herauszufinden. Dabei wurde mir mehr und mehr klar, daß mein spirituelles Leben keine positive Richtung genommen hatte.

Vorher hatte ich immer geglaubt, daß das Göttliche etwas von mir Getrenntes sei. Doch nun erkannte ich allmählich, daß wir und das Universum eins sind, daß es auf dieser Erde eine absolute Wirklichkeit gibt und daß alles einem fortlaufenden Wandel unterworfen ist. Alle Erfahrungen, gute wie schlechte, dienen dazu, uns spirituelles Wissen zu vermitteln, da es unsere intensivsten Momente sind, in denen wir wirklich bewußt sind. Seitdem widme ich mich mit Körper und Seele der Suche nach der Wahrheit.

In dieser Zeit hatte ich die Gelegenheit, die Mutter zu beobachten, und ich sah, daß Sie in sehr schwierigen Augenblicken gar nicht „bewegt" war. Das erstaunte mich. Ich dachte mir: „Das ist ja, als sähe ich jemanden ertrinken und reagierte überhaupt nicht." Ich konnte diese Entdeckungen geistig nicht akzeptieren.

Im Laufe der Zeit bemerkte ich dann große Veränderungen in meinem Leben, auch innerer Art. Ich habe immer die Einstellung gehabt, ein Leid bis zum Ende durchstehen zu wollen, um die Wahrheit zu finden. In dieser Zeit hatte ich das Gefühl, eine Einweihung zu durchleben. Ich wurde in ihrem Verlauf von vielen Schwierigkeiten und geistigen Blockaden befreit.

Heute sehe ich mich neuen Schwierigkeiten gegenüber, die subtiler sind, noch weit schwieriger zu überwinden. Doch weiß ich dank meiner Erfahrungen und der Hilfe der Mutter, daß ich ganz bestimmt auf dem richtigen Weg bin. Ich erlebe auf diesem Weg, daß ich von einem Tag zum anderen immer mehr vom Leben und von den höheren Welten begreife.

Auffallend daran, wie die Mutter vorgeht, ist, daß Sie uns genug Energie gibt, um das Ego zu brechen, und uns unser inneres Sein erkennen läßt; dies jedoch stets so, daß wir nicht in unserer Fähigkeit, Prüfungen durchzustehen, überfordert werden. Vor allem anderen ist der Wunsch nach Veränderung notwendig. Dann unterstützt uns plötzlich alles in und um uns bei der Transformation. Natürlich kommt nicht immer alles so, wie wir es uns vorgestellt oder erhofft haben.

Dennoch werden wir am Ende einsehen, daß wir das, was wir durchgemacht haben, durchmachen mußten.

Viele Meister setzen Yogatechniken ein, um ihre Schüler voranzubringen. Mutter Meera hingegen stößt uns direkt ins tägliche Leben mit all seinen Aufgaben und läßt uns uns intensiv mit ihnen auseinandersetzen. An dieser Technik ist nichts Spektakuläres, doch hat sie sich als sehr effektiv erwiesen.

Zweifellos verdanke ich Herrn Reddy sehr viel. Ich sah seine völlige Ergebenheit gegenüber dem 18jährigen Mädchen, das Mutter Meera war, als Sie nach Quebec kam, und konnte kaum verstehen, wie ein Mann seines Alters Ihr soviel Liebe entgegenbringen, soviel von sich selbst schenken konnte. Seitdem bemühe ich mich täglich, seinem Beispiel zu folgen, indem ich mein Leben dem Göttlichen darbringe. Es hat wirklich Früchte getragen.

Für mich ist die Mutter eine wunderbare Übermittlerin der göttlichen Energie, welche durch Sie die Materie und alle aufnahmefähigen Wesen erreicht.

Val D'or, Quebec

8.

An einem gesegneten Oktobertag des Jahres 1979 war es, an dem selbst die Bäume in Montreal mit ihrer Farbenpracht die Mutter begrüßten, als wüßten sie um Ihre Größe. Dieser Tag verwandelte mein Leben. In Mutter Meeras physischer Gegenwart kommt der Geist zur Ruhe, die Zeit bleibt stehen, unser ganzes Sein badet in Ihrer Stille. Von Ihrem Lächeln beflügelt, machte sich meine Seele auf zu einer Reise durch die Ewigkeit. Langsam füllten Glück und Frieden mein Herz, alle Zellen meines Körpers schwangen in Harmonie mit dem All. Auch heute noch kann ich, wenn ich intensiv an die Mutter denke, Ihre Liebe wie einen Lichtstrom erfühlen.

Alles, was wir täglich erleben, hat seine Bedeutung und kann uns in der Erkenntnis des Göttlichen weiterbringen. Im Hintergrund hat mein Leben immer einen Zugang zu der Energie der Mutter, und ich spüre, daß mir das wirkliche Kraft gibt. Alles, was ich erlebe, Gutes wie Schlechtes, versuche ich Ihr darzubringen. Wenn wir bewußter werden, verstehen wir, glaube ich, daß gut und schlecht nicht zweierlei sind; nur unser fehlgelenkter Verstand sieht sie als unterschieden.

Von Herrn Reddy sind mir sein warmes Lächeln und seine völlige Hingabe an die Mutter immer noch deutlich im Gedächtnis geblieben. Wir gingen oft zusammen spazieren, und ich fragte ihn immer wieder wie ein Kind: „Erzählen Sie mir doch von der Mutter – wie sind Sie Ihr begegnet?" Dann leuchtete jedesmal sein Gesicht auf, er kam ins Reden und floß bald so von Liebe zu Ihr über, daß seine Worte unverständlich wurden. Wenn er schwieg, strahlten seine Augen. Er war in Mutter Meeras Liebe verloren. Was er auch sagte bezog sich auf Sie; für Sie war sein ganzes Leben. Nie habe ich jemanden getroffen, der sich Ihr so restlos überantwortet hatte. In vielen Schwierigkeiten und Konflikten sah ich ihn fest zu Ihr stehen. Sein Glaube an Sie war unerschütterlich. Auch wenn er in Geist und Körper viel zu erleiden hatte, war doch seine Seele in einem Zustand unablässiger Hingabe an die Mutter.

Val D'or, Quebec

9.

Ein Engel vom Himmel

Es ist nicht leicht, von Herrn Reddy zu erzählen, ohne gleichzeitig von der Mutter zu erzählen. Er war mit Ihr in jeder Weise verbunden.

Ich hätte gern eine kurze Chronik meiner Freundschaft mit ihm verfaßt, mit einem Überblick über seine „Lehren" und Einzelheiten daraus (denn die Gespräche mit ihm waren in gewisser Weise Lehren). Aber leider habe ich keine Aufzeichnungen unserer Gespräche gemacht. Trotzdem habe ich sie nicht verloren – sie haben sich meiner Seele eingeprägt.

An Herrn Reddys Art zu sprechen war etwas Hellsichtiges. Einmal, als er in Bonn im Krankenhaus lag, sah er voraus, daß unsere Aktivitäten zugunsten kranker Menschen sich sehr gut entwickeln würden. Oft war seine Rede sehr weise, z. B., wenn er anderen die Mutter jeweils so erklärte, wie es ihrem Entwicklungsstand und ihrer Fassungskraft entsprach. Gleichzeitig war ihm die Natürlichkeit eines Kindes zueigen und die Transparenz einer reinen, leuchtenden, erhabenen Seele. Wenn Schmerzen seine körperliche Belastbarkeit verringerten, war sein Schweigen oft beredter als irgendwelche Worte, zumal es durch unablässiges stilles Beten an Tiefe gewonnen hatte. Sein Lächeln glich einem Klang, in den man sich eingehüllt fühlte. Aus all diesen Gründen war es bei unserer Rückkehr nach Thalheim sehr traurig, den leeren Stuhl zu sehen, auf dem Herr Reddy gesessen hatte.

Thalheim, Deutschland 1994

Und doch wurde uns in der Stille seiner Abwesenheit bewußt, daß er mit seinem liebevollen Lächeln immer noch nah war. Sein Tod war nur eine Täuschung.

Ich erinnere mich noch daran, als ich zum ersten Mal von Herrn Reddy hörte (im Dezember 1979 / Januar 1980) und erfuhr, daß er ein „strenger Hüter" sei. Mir war etwas bange, daß es mir vielleicht nicht möglich sein würde, mich der Mutter außerhalb von Pranam und Darshan zu nähern. Doch dann verflogen meine Ängste vor seinem Lächeln, das so viel Zuneigung und Verständnis ausdrückte. Damals war ich mit noch drei anderen Italienern zu einem Gespräch mit der Mutter eingeladen, wobei Herr Reddy das letzte Glied in der Übersetzerkette bildete.

Diese Szene ist in meinem Herzen ganz lebendig geblieben. Ich hatte unverhofft ein Geschenk bekommen, eine außergewöhnliche Erhörung meines schüchternen Gebetes, daß Gott mich doch zu seinen Kindern zählen möge. Dies muß ich näher erklären. Ich hatte mich nämlich zuvor von jemandem bei mehreren Gelegenheiten ungerecht beurteilt gefühlt. Ich war sehr verletzt, weil ich für mein Empfinden mit der Unschuld eines Kindes und durchaus nicht mit versteckten Absichten gehandelt hatte. Im Stillen bat ich die Mutter, mir erkennen zu helfen, ob ich im Unrecht oder im Recht sei.

Ich erhielt ein Geschenk, das meine Erwartungen übertraf. An jenem Tag war das Dreikönigsfest, und normalerweise hätte es kein Pranam und Darshan gegeben. Doch beabsichtigte die Mutter, ein paar Kinder zu empfangen, und war einverstanden, daß wir Italiener mit dazu kamen und auch Fotos machten. Danach kam es dann zu dem weiteren Geschenk der Unterhaltung mit der Mutter, Herrn Reddy und Adilakshmi, das ich schon erwähnte.

Es war ein echter Gnadentag. An noch etwas anderes erinnere ich mich mit besonderer Freude, nämlich einen Satz von Herrn Reddy, der aus der tiefen Stille seiner letzten Lebensspanne heraus gesprochen wurde. Wie eine blühende Blume ist mir dieser Satz im Herzen geblieben: „Das Italienische ist eine ebenso wohllautende Sprache wie jene, die die Mutter von Haus aus spricht." Da schien es, daß uns ein ewiges Band mit ihm und mit der Mutter vereinte, unauflösbar durch all die Formen hindurch, die die Seele in ihrem Werden annimmt.

10.

Ein Gespräch mit Herrn Reddy

Einmal, als ich nach Thalheim kam, traf ich zufällig Herrn Reddy. Er saß vor Mutter Meeras Haus und genoß den schönen Sommerabend.

Ich hatte Herrn Reddy bereits früher bei einem Gespräch mit der Mutter, Adilakshmi und ihm kennengelernt. Da der Darshan noch nicht angefangen hatte, nutzte ich die Gelegenheit, mich mit ihm zu unterhalten. Er schaute mich mit seinen leuchtenden braunen Augen an, die Ruhe und Wachheit, Glück und Erfüllung ausstrahlten. Obwohl er mich nicht gut sehen konnte, hatte er mich sofort an meiner Stimme und Gestalt erkannt. Ich spürte, daß er ein überaus empfindsamer Mensch mit klarem Geist und warmem Herzen war, und fühlte mich ihm gleich sehr verbunden.

Wir sprachen ein Weilchen über die Mutter, und ich erzählte ihm, daß ich ein kleines Geschenk für sie hätte. Ich sei allerdings nicht sicher, ob es Ihr gefallen werde, und wisse auch nicht, wann ich es Ihr geben könne. Er bat mich, es ihm zu zeigen, nahm es in die Hand und sagte: „Die Mutter wird es wertschätzen." Und dann riet er mir, wie ich es Ihr geben solle.

Diesem Rat entsprechend folgte ich der Mutter, als Sie nach dem Darshan den Raum verließ, obwohl das normalerweise niemand tut. Allerdings sagte ich mir, daß es im Leben der Mutter ja keine Begrenzungen gebe und Herr Reddy wissen müsse, wie die Mutter in dieser besonderen Situation reagieren werde. Als ich Sie erreicht hatte, wandte Sie mir den Kopf zu. Ich gab Ihr das Geschenk. Nie werde ich Ihr strahlendes Lächeln dabei vergessen! Und eines war ganz klar: Herr Reddy kennt die Mutter am besten.

11.

1977 reiste ich zum ersten Mal nach Indien und blieb dort zwei Monate. Ich wohnte ganz in Mutters Nähe, ohne es zu wissen, begegnete Ihr aber noch nicht. Mich beeindruckte jedoch die außerordentlich starke spirituelle Atmosphäre.

Ein Freund von mir, Frank aus Essen, fuhr mit einer Gruppe nach Indien. Er schrieb mir einen Brief, in dem stand: „Die Mutter lebt", was mir sehr merkwürdig vorkam. Ich dachte, er hätte eine Vision oder etwas in dieser Richtung. Nach sechs Monaten kam er zurück. Wir spürten eine spezielle Strahlung um ihn herum, die uns sehr beeindruckte. 1979 reisten wir dann zu viert nach Pondicherry, um die Mutter zu besuchen.

Eines Abends fuhren wir mit Fahrrädern an Ihrem Haus vorbei. Wir bemerkten ein entgegenkommendes Auto, mit Blumen behangen, und dachten sofort, daß dies keine normalen Reisenden sind. Es war die Mutter, die von Ihrer ersten Reise aus Kanada zurückkam. Die Mutter, Adilakshmi und Herr Reddy stiegen aus und begrüßten Frank.

Nach drei Tagen bekamen wir den ersten Darshan. Es kamen etwa zehn Personen. Ich wußte sofort, daß die Mutter eine außerordentliche spirituelle Persönlichkeit ist. Ich spürte eine majestätische, bezaubernde, liebevolle und sehr starke Gegenwart durch Sie strömen; die Zweifel waren wie weggefegt. Ich hatte auch noch nie so schöne und strahlende Augen gesehen. Einige der Anwesenden hatten Tränen in den Augen.

Nach einiger Zeit verreiste die Mutter mit Herrn Reddy, um seinen Fuß behandeln zu lassen. Nach drei Wochen reisten auch Walter und ich nach Kakinada. Dort haben wir fünf Wochen lang Darshan bekommen, was unsere Erfahrung sehr vertiefte. Wir hatten auch die ersten persönlichen Kontakte. Herr Reddy fiel uns durch seinen Humor und seine sehr devotionale Haltung auf. Er sprach sehr viel von Gott und Yoga. Viele kleine Geschichten und Parabeln hat er uns erzählt.

Auf ihrer zweiten Reise nach Kanada machte die Mutter einen Halt in Paris. Wir verbrachten dort zwei Stunden mit Ihr und fragten Sie, ob wir Sie in Montreal besuchen könnten. Sie sagte ja. In Montreal erlebten wir eine schöne Zeit. Auch die Stadt Montreal und das Land haben uns sehr beeindruckt. Herr Reddy nannte Kanada das Indien des Westens. Nach vier Wochen fragten wir die Mutter zum ersten Mal, ob Sie nach Deutschland kommen würde. Zu unserem Erstaunen sagte Sie einfach „Ja".

In Montreal gab die Mutter auch „Kollektiv-Darshan" für etwa 150 Personen. Sie saß auf der Bühne und erfüllte die Atmosphäre mit einer außerordentlichen Kraft. Ich war erstaunt über die Möglichkeiten, die ein Avatar hat. Sie berührte die Devotees nicht einzeln, und doch erreichte Sie nach meinem Dafürhalten alle Ebenen und Teile ihres Wesens. Wir fragten Sie zu diesem speziellen Darshan, bekamen aber keine Antwort.

Wieder in Deutschland zurück, fingen wir an, die Vorbereitungen für den Besuch der Mutter zu treffen. Wir mieteten ein großes Haus am Rande der Stadt Essen und zogen dort alle ein. Jeder ging seiner Arbeit, bzw. seinem Studium nach. Die Mutter kam im Sommer 1981. Auf der Fahrt vom Flughafen sagte sie: „Hier ist etwas." Vielleicht meinte Sie eine Qualität in der Atmosphäre. Sie gab auch in Essen vier Wochen lang Darshan. Es kamen auch einige Devotees aus Kanada und Italien. Am letzten Tag in Essen sagte sie: „Ich fühle mich hier zuhause." Das war eine große Überraschung für uns.

Wir hatten das Haus nur für ein Jahr gemietet, aber auch einige Schwierigkeiten mit dem Vermieter ließen nicht zu, daß die Mutter hätte bleiben können. Sie reiste wieder nach Kanada. Einer aus unserer Gruppe begleitete Sie, um die Reiseformalitäten zu regeln. Während dieser Zeit mieteten wir im Westerwald ein Haus in einem Dorf, unter anderem auch, um der Stadt zu entfliehen. Wir mußten viel vorbereiten, um rechtzeitig fertig zu sein. Die Mutter kam im Oktober 1981. Wir lebten in sehr bescheidenen Verhältnissen, heizten mit Holz und Kohle. Die Mutter fing auch sofort mit dem Darshan an, ohne Pause, jeden Tag. Ich erledigte die Einkäufe in einer nahegelegenen Stadt. Ich kam mir vor wie von einem anderen Planeten. Manchmal ermüdeten mich die Aufenthalte in der Stadt. Ich spürte einen großen Kontrast zwischen zuhause und draußen. Später wurde das besser.

In dieser Zeit erkrankte Herr Reddy an den Folgen der Zuckerkrankheit. Ich fuhr ihn sehr oft zu den Ärzten oder zum Krankenhaus. Deutschland hat sehr viel für Herrn Reddys Gesundheit getan, was die Mutter sehr hoch honoriert hat. Der Sommer im Westerwald bereitete uns viel Freude. Wir hatten Obstbäume, wie Pflaumen, Äpfel, Kirschen und Walnüsse. Dort hatten wir auch einen sehr harten Winter (minus 20 Grad). Zum Darshan kamen nur sehr wenige Leute. Zu Ihrem Geburtstag waren zehn Personen anwesend, was uns sehr viel vorkam. Wir haben zu der Zeit auch Tischtennis gespielt. Der Mutter hat das aber nicht so gut gefallen. Sie sagte, wir würden zuviel kämpfen.

Anfang 1983 zog die Mutter nach Thalheim. Das Haus dort wurde gekauft und wurde Mutters Besitz. Ich wohnte für ein Jahr in einer Wohngemeinschaft. Ab und zu besuchte ich die Mutter in Thalheim. In meinem Kopf hatte ich Zweifel, aber nicht im Herzen. Ich fühlte sofort, daß dies mein Zuhause ist. Eines Tages rief mich die Mutter an und sagte, ich solle nach Hause kommen.

Ab Ende 1984 fingen wir mit diversen Umbauarbeiten an. Einer der Devotees, ein Architekt, brachte die Kenntnisse darüber. Die größte Freude war natürlich, daß die Mutter immer mitgearbeitet hat. Es kam mir vor, als wären wir kleine Kinder im Sandkasten. Herr Reddy hat manchmal auf dem Stuhl sitzend zugeschaut.

Mutter Meera hat uns mit Ihrer Anwesenheit bezaubert. Wir fühlten beim Arbeiten eine unerklärliche Kraft und Freude. Nach dem Arbeiten mußten wir immer noch alles sauber machen. Einmal hat die Mutter kniend die Treppe aufgewischt und eine halbe Stunde später Darshan gegeben. Einmal fragten wir Sie, welche Regeln es im Haus gibt. Darauf sagte sie: „To be happy" (glücklich zu sein). Sie sagte, daß zuviele Regeln einen Menschen zum Sklaven machen. Trotzdem hat jeder Ihrer Devotees die bestmögliche Disziplin versucht.

In meiner Freizeit habe ich immer viel Musik gemacht; später kam die Malerei dazu. Ich habe immer versucht, die Kunst intuitiv zu verstehen. Die Mutter schickte Ihre Kraft durch die Wände und hat so die Freude und Kraft gegeben. Es ist wie Regen, der durch die Decke strömt und leise und unaufdringlich alles im Wesen berührt. Adilakshmi sagt, wir seien umgeben von Mutters Liebe. Wir würden in der Liebe baden und sie nicht einmal bemerken. Sie sagt, daß die Liebe ihrer Kinder die Nahrung für die Mutter ist.

Eines der schönsten Geschenke ist es, die Mutter lächeln zu sehen. Ein kurzes Lächeln von Ihr gibt uns Kraft und Freude für den ganzen Tag. Viele Besucher fragen uns, ob wir die Mutter schon einmal lächeln gesehen haben. Die meisten kennen Ihr Lachen nur vom Foto. Manchmal versuchen wir, die Mutter zum Lachen zu bringen. Wenn es uns gelingt, freuen wir uns sehr.

Einer ihrer langjährigen Besucher meinte, daß man mit ihren Fotos etwas von diesem Glanz und der göttlichen Schönheit mit nach Hause nehmen möchte. Sehr oft habe ich gehört, daß die Leute die Hände der Mutter noch mehrere Stunden nach dem Darshan am Kopf fühlen.

Bevor ich die Mutter kennenlernte, führte ich ein sehr unruhiges Leben. Ich bin oft umgezogen und habe viele Male den Arbeitsplatz gewechselt. Sie kennenzulernen bedeutete, daß ich meinen Lebensweg besser erkannte. Ich erkannte auch, daß ich noch nicht viel vom Leben verstand. Die Mutter zeigte mir aber gleichzeitig die ungeahnten Möglichkeiten, innerlich wie auch äußerlich (weltlich) zu wachsen. Ich habe alles auf eine Karte gesetzt und mich auf das spirituelle Ziel ausgerichtet. Vielleicht hatte ich auch keine andere Möglichkeit. Die Mutter half mir dabei, wieder ein Teil der Gesellschaft zu werden. Immer wieder hat Sie mir beim Aufstehen geholfen, wenn ich gefallen bin. Sie hat mir meine Menschenwürde wieder zurückgegeben.

Mutters Darshan bedeutet, daß man einen Spiegel vors Gesicht gehalten bekommt. Er ist direkt und ohne Sentimentalität. Er ist ein immer wiederkehrendes „Jüngstes Gericht". Sehr oft fühle ich mich wie ein Kind, das sich an Ihrem Sari festhält. Ich bete auch innerlich zu Ihr, in einer sehr einfachen Form. Mutter sagte zu uns: „Erinnere dich immer des Göttlichen." Einer meiner Freunde fragte, wie man das machen soll. Mutter sagte, es gehe am besten mit der Seele. Mein Freund sagte, das könne er nicht. Daraufhin sagte die Mutter: „Dann mach es mit dem Kopf (mental) oder sprich es laut."

Wir fragten einmal Adilakshmi, was wir für die Mutter tun könnten. Sie sagte: „Seid einfach glücklich und liebt die Mutter, denn die Liebe ist Nahrung für Sie." 1988 war für mich der Beginn großer Veränderungen. Es waren die wichtigsten Veränderungen meines Lebens. Kein Teil meines Wesens blieb ausgeschlossen. Die Mutter sagte: „Wenn du deine Erfahrungen weitererzählst, dann ist es besser, wenn man dir vertraut und glaubt."

Einmal fragten wir die Mutter nach der körperlichen und der göttlichen Liebe. Sie sagte, daß es nur eine Liebe gibt. Einer meiner Freunde war ein kleiner Rebell. Adilakshmi sagte, daß auch dies ein möglicher Weg zum Göttlichen ist. Durch Liebe, Vertrauen und Unterwerfung geht es aber schneller. Ein Besucher von einer anderen spirituellen Bewegung sagte, daß im nächsten Monat die „Feier der Göttlichen Mutter" stattfände. Darauf antwortete Adilakshmi mit strahlendem Gesicht, wir hätten die Feier der Göttlichen Mutter das ganze Jahr über.

In Indien ist es Brauch, daß sich Freunde bei den Händen halten. Das machte auch einmal Herr Reddy mit mir. Er fragte mich dabei: „Nimmst du oder gibst du?" Ich war ganz verlegen und gab keine Antwort. Die Mutter scherzte einmal und fragte mich, was ich im nächsten Leben werden möchte. Ich wollte aber von diesem Thema nichts wissen. Vor Jahren habe ich mir mal meinen Schnurrbart abgeschnitten und ihn der Mutter gezeigt. Die Mutter und Adilakshmi hörten gar nicht mehr auf zu lachen! Bei den Bauarbeiten am neuen

Haus im Oberdorf beobachtete die Mutter die Handwerker. Sie sagte zu ihnen, sie sollten doch mal Pause machen. Einer sagte: „Pause haben wir, wenn wir auf dem Friedhof liegen.“ Darauf die Mutter zu ihm: „Dann auch nicht.“

In unserer Nachbarschaft wohnte ein vierjähriges Mädchen. Es war im Sommer, und Mutters Fenster im zweiten Stock waren geöffnet. Das Mädchen rief von unten: „Tante Meera, komm runter!“ Sofort kam die Mutter, nahm es in die Arme und gab ihm Schokolade. Wir waren gerührt und ein bißchen neidisch. Adilakshmi sagte, wenn wir so unschuldig rufen, kommt die Mutter zu jedem von uns.

Einer meiner Freunde – er ist vierzig – sprach mit der Mutter über seine Beziehungs- und emotionalen Probleme. Am Ende des Gesprächs sagte er, daß er sich jetzt wie zwanzig fühle. Mutter entgegnete lachend: „Nicht wie zwanzig - wie neunzehn!“

Eine ältere Dame sprach mich nach dem Darshan an. Sie hatte beobachtet, daß während des Darshans sieben Personen gleichzeitig gehustet hatten. Sie bat mich, die Mutter zu fragen, ob dieser Vorgang eine höhere Bedeutung hätte. Wir haben uns darüber amüsiert, aber die Frage nicht weitergeleitet – natürlich nicht.

Einmal fragten zwei Besucher die Mutter, ob sie in diesem Leben Verwirklichung erreichen könnten. Sie verneinte es mit einem Lächeln: „Ihr steht doch noch am Anfang...“ Da war das spirituelle Ego getroffen. Die Mutter mag es nicht sehr, wenn Leute zu viel über die Verwirklichung nachdenken. Wir sollen lieber über das Göttliche nachdenken. Trotzdem machen wir uns natürlich Gedanken.

Vor vier Jahren waren Fußballweltmeisterschaften. Die Mutter sagte: „Ja, und hoffentlich explodieren alle Fernseher.“ Einmal kam jemand mit einem großen Blumenstrauß und sagte stolz: „Die Blumen sind für Dich, Mutter.“ Die Mutter antwortete: „Nein, die sind nicht für mich, die sind für dich.“ Ein anderes Mal begegnete ich einem Mann vor Mutters Haus. Ich fragte ihn, ob er zum Darshan komme. Er sagte: „Wenn ich dieses Haus beträte, würde das mein ganzes Leben verändern.“ Er blieb draußen. Mutter, bitte gib mir die Kraft und die Geduld, ein Kind von Dir zu werden!

12.

Mutter Meera trat im Frühjahr 1982 in mein Leben, doch meine Suche nach ihr begann schon ein Jahr früher, mit einer speziellen Erfahrung. Seit meinem 17. Lebensjahr gehörte ich einer großen spirituellen Bewegung an und lebte bereits viele Jahre in deren Zentrum. Nach einer Woche der Stille entdeckte ich in der Bibliothek ein Buch, dessen Titel mich elektrisierte: „Die Verehrung der Göttlichen Mutter". Ich nahm es mit aufs Zimmer und las es in einem durch. Es waren Gedichte, aufgeschrieben in der Gegenwart des Heiligen Ramana Maharshi. Kein Wort verstehend, las ich immer weiter. Eine völlig neue Welt öffnete sich.

Am nächsten Morgen, beim Aufwachen, argumentierte ich mit mir selbst über die Existenz einer göttlichen Intelligenz in der Welt. Als meine Argumente immer subtiler wurden, fühlte ich plötzlich eine göttliche Gegenwart, die mein Zimmer durchdrang. Zu meiner Überraschung war Sie klar weiblich! Danach sah ich eine goldene Spirale an der Zimmerdecke. Erst Jahre später hörte ich, daß die Spirale ein Symbol des göttlichen Weiblichen ist. Von da an suchte ich nach etwas, das ich nicht ausdrücken konnte, doch es hatte mit der Göttlichen Mutter zu tun. Nicht, daß ich nicht bereits Erfahrungen hatte. Ich erfuhr das Göttliche zwar, in der tiefen Stille der Meditation, aber es schien etwas zu geben, was darüber hinaus ging. Als meine Suche immer stärker wurde, schrieb ich ein Gedicht. Nachdem ich die Mutter kennenlernte, schrieb ich ein anderes Gedicht. Vergleicht man diese beiden Gedichte, ist das eine die Antwort auf das andere.

Begegnung mit der Mutter

Ein Freund brachte mich zur Mutter. Wir hatten bereits über Sie gesprochen, und ich hatte auch über einen anderen Freund von Ihr gehört. Er zeigte mir ein Bild, und Mutters Augen traten aus dem Rahmen heraus und drangen in mich ein. Ich schlief völlig energetisiert, und am Tag darauf war ein Auto da, als wäre es bestellt worden, und brachte uns zu Ihr. Die Mutter lebte damals in Kleinmaischeid, einem kleinen Dorf in der Nähe von Koblenz (ein Jahr später zog Sie nach Thalheim). Beim ersten Mal fühlte ich einfach nur eine Menge „Kraft". Das zweite Mal begegnete mir die Mutter mit Ihrem wunderbaren Lächeln. Doch das dritte Mal „schwebte" ich förmlich, vom Göttlichen umhüllt. Und doch war ich noch nicht völlig überzeugt.

Indien 1979

Im ersten Jahr kam ich jedes Mal „für ein weiteres Mal". Und jedes Mal hatte ich eine Erfahrung, eine Wahrnehmung, die außerhalb meines normalen Bereiches lag. Doch dann hatte ich eine sehr einfache Erfahrung. Ich sah die Mutter in der Meditation auf einer langen Treppe stehen. Es war nur ein geistiges Bild, keine Vision. Ich stand ein paar Stufen unter Ihr. Sie drehte sich um und streckte ihren Arm nach mir aus. Ihre Hand ging geradewegs durch mein Herz. Von da an wußte ich, daß ich für immer, jenseits allen Zweifels, mit Ihr verbunden war. In den kommenden Jahren wurde ich oft, unter anderem mit Druck, von Mitgliedern des Zentrums aufgefordert, den Kontakt zu Ihr aufzugeben. Es war diese Erfahrung, die mich auf meine Beziehung zu ihr bestehen ließ.

Anfangsjahre

Anfangs war die Aktivität hauptsächlich im Herzen. Vor meiner Begegnung mit der Mutter fühlte ich in meinen Meditationen oft das Herz, kam jedoch an eine Schwelle, an der es nicht weiterging. Nun hatte ich das Gefühl, diese Schwelle zu überschreiten, und ich fühlte tiefe Liebe, die meinen Körper durchdrang. Zum ersten Mal hatte ich das Gefühl, meine Seele zu berühren, trotz all der Transzendenzerfahrungen zuvor.

Mit der Mutter hatte selbst die Stille eine fast physische Qualität, wie zum Anfassen. Zuvor war sie abstrakter, mentaler. Mein geistiger Horizont erweiterte sich, und ich bekam neue, unbekannte Ideen und Gefühle. Ich lernte andere besser zu verstehen und anzunehmen. Alle Ebenen sind spirituell gleich, denn das Göttliche ist überall, so fühlte ich. So waren alle Menschen gleich, Meditierende oder Nicht-Meditierende, spirituell oder nicht-spirituell.

Ich fühlte tatsächlich, daß mir die Mutter neue Gefühle in meinen Kopf brachte. So sagt sie: „Auch ich verändere Menschen mit schlechten Vorsätzen und schlechtem Charakter." Die Mutter verändert so unser inneres Programm, daß wir uns dem Göttlichen in neuer und vollständiger Weise öffnen können. Alles kann zu einer Metapher für das Göttliche werden. In einem solchen Zustand ist das Lesen der Bedienungsanleitung einer Waschmaschine spirituell genauso interessant wie das Lesen eines spirituellen Buches. Wie unglaublich hat sich mein Leben dadurch verändert!

Heimkehr

Seitdem ich die Mutter kenne, wollte ich Ihr ganz gehören. Aber ich hatte Angst, außerhalb der spirituellen Atmosphäre des Zentrums zu leben. Bei der Mutter zu sein bedeutete immerhin, in der äußeren Welt zu leben und zu arbeiten. Es ist einfach nicht immer möglich, in Ihrer Nähe zu sein; dies sind seltene Augenblicke. Der spirituelle Meister des Zentrums war jedoch der erste, der Sie als Göttliche Mutter anerkannte, wenn auch nicht offiziell. Schon 1985 hatte er zu einem Freund gesagt: „Ah, dann ist die Göttliche Mutter in Deutschland. Es ist sehr gut zu wissen, daß Sie da ist." Im November 1988 verließ ich das Zentrum und kehrte heim, zur Mutter.

Liebe statt Leere

Ich hatte einmal einen seltsamen Traum. Da war ein Korridor und dahinter ein großes Feld der Leere. In diesem Feld gab es eine Gegenwart, eine Kraft, sehr intelligent und fein. Es war eine weibliche Kraft. Um zu dieser Kraft zu gelangen, mußte man das Feld der Leere durchschreiten. Und je mehr ich in die Leere ging, desto größer wurde der Druck. Mit jedem Schritt verdoppelte sich der Druck. Obwohl die Gegenwart ungeheuer anziehend war, mußte ich bald aufgeben. Nach diesem Traum hatte ich zum ersten Mal das Gefühl, daß wirklich etwas passierte, daß es wirklichen Fortschritt gab.

Da ich nicht wußte, was die Kraft war, nannte ich sie „Göttliche Mutter", da ich die Mutter ohnehin in allem sehen möchte. Zur Mutter zu ziehen bedeutete genau das. Mutter, das hieß hohe Energie, Süße; die Welt dagegen war voller Leere. Zur Mutter zu fahren bedeutete immer, die sichere Atmosphäre des Zentrums zu verlassen und einen Sumpf zu durchqueren. Selbst die Häuser und Straßen, die ich aus dem Zug heraus sah, erzeugten in mir einen seltsamen Ekel. Gefühle stiegen in mir hoch, die ich seit meiner Jugend nicht mehr kannte. Alles schien so vergeblich und das Leben der Menschen so unnütz. Und nun wurde der sichere Boden des Zentrums unter meinen Füßen weggezogen. Doch gleichzeitig gab es da ein sanftes Gefühl tief in mir, diese zarte Schwingung von Mutters Liebe, die mich umwob, als würde Sie sagen: „Hab Vertrauen. Ich bin bei dir."

Es war ein wahres Abenteuer. Da war die innere Gegenwart der Mutter, die mich einlud, einzig Ihr zu folgen, und die äußere Welt, leer und abstoßend. Ich war zwischen diesen beiden Welten hin- und hergerissen, und ich glaubte der Mutter nicht so ganz, als Sie sagte: „Nicht die Welt, sondern dein Denken ist falsch." Es gab so viele Unsicherheiten und Ängste: Würde ich in der Lage sein, acht Stunden täglich zu arbeiten? Würde ich Arbeit finden? Und würde ich dabei nicht alle Spiritualität verlieren? Ja, wollte ich das alles denn wirklich? Ich hatte keinen Beruf, kein Geld, kein Auto, noch nicht einmal einen Führerschein. Immerhin war ich gewohnt, viele Stunden täglich zu meditieren. Die Bewegung, die mir einst half, war zum Gefängnis mit goldenen Gittern geworden.

Später erkannte ich, daß diese „Leere" nur eine weitere Illusion war, gespeist aus einem Jahrzehnt der Angst, das spirituelle Zentrum zu verlassen. Jetzt ist jede Erfahrung immer und überall möglich, ob in der U-Bahn, an der Arbeit, bei lauter Pop-Musik, im Auto. Erfahrungen, die selbst bei den großen Gruppenmeditationen selten waren, sind jetzt ganz normaler Alltag. Nie wieder im Leben werde ich die „Außenwelt" oder eine „schlechte Atmosphäre" fürchten. Dies ist ein Geschenk von Mutters Gnade.

Nach zwei Monaten Abkehr vom spirituellen Zentrum war ich noch nicht sicher, ob ich bei der Mutter bleiben sollte. Zweimal ließ Sie mir ausrichten, ich könne auch zurückgehen, wenn ich wollte. Eine Entscheidung schien angebracht. Ich kämpfte noch mit mir, als ich die Savitri öffnete, dieses schöne epische Gedicht von Sri Aurobindo, und auf folgende Zeile stieß: „Verschmelze nicht dein Flammenherz mit dem weiten, gleichgültigen Glück des Unbeweglichen." Das war die Antwort. Ich blieb.

Arbeiten mit Ma

Ich durfte beim Bau des neuen Hauses im Oberdorf mithelfen. Dort arbeitete die Mutter mit einer Gruppe von Devotees jeden Tag viele Stunden. Mit Ihr zu arbeiten ist etwas Besonderes. Nach der Arbeit fühlt man sich müde, vielleicht sogar erschöpft, aber voller Freude und Seligkeit. Mit Ihr am Bau zu arbeiten war Nahrung für die Seele. Arbeitete man in Ihrer direkten Gegenwart, dann fühlte man sich am Abend trunken und „high" von Ihr.

Mutter machte harte Männerarbeit. Am erstaunlichsten ist ihre Stille und Konzentration bei der Arbeit. Sie deutete auf das Werkzeug, sagte ein Wort oder machte bloß eine Geste. An meinem ersten Arbeitstag zeigte Sie mir, wie man mit dem Schlaghammer riesige Öffnungen in die

Wand reißt. Auch bei der Arbeit waren Ihr Licht und Ihre Ausstrahlung immer gegenwärtig. Einmal trugen die Mutter und ich sehr schwere Holzplatten vom Parterre zum Dachgiebel. Es war ein heißer Sommertag, und es war ein riesiger Stapel. Ich war erschöpft, und umso mehr, dachte ich, müßte die Mutter es sein, da Sie ja nicht gerade wie ein Mann gebaut ist. So standen wir nach der Arbeit und machten eine Pause. Plötzlich fühlte ich, wie von oben goldener Regen in meinen Kopf strömte. Das Hochgefühl dauerte zwei Tage an.

Die Mutter las auch unsere Gedanken. Einmal ging ich hinter Ihr und dachte: Warum siehst Du mich nie an? Da drehte sich sich um und lächelte mich schelmisch an. Ein anderes Mal arbeiteten einige von uns den ganzen Tag an einem Zimmer, und abends kam dann die Mutter. Ich dachte: Du schaust Dir nicht mal an, was wir gemacht haben. Sie drehte sich, ging zu dem Zimmer, schaute sich um und kam zurück. Ein weiteres Mal schöpften wir Kuhdung aus einem unterirdischen Becken. Zwei von uns waren unten und füllten die Eimer, und die Mutter empfing sie durch eine kleine Öffnung im Boden. Welch ein Anblick: Ihr Gesicht in dem kleinen Loch, als Sie die überschwappenden und stinkenden Eimer hochzog! Ich hielt das alles immer für hochsymbolisch. Die Mutter arbeitete ungeschützt im Regen, furchtlos ganz oben auf dem Dach oder auf dem Gerüst. Sie packte bei jeder nur möglichen Arbeit an, probierte jedes Werkzeug und jede Maschine aus und zeigte jedermann, daß Sie keine Spezialbehandlung wollte. Manchmal hörte Sie mit der Arbeit erst zehn nach sechs Uhr auf, fuhr zum alten Haus, zog sich um und duschte, und gab dann um sieben Uhr ca. 80 Personen Darshan, viele davon Neue, die zum ersten Mal kamen.

Obwohl ich die Mutter jetzt jeden Tag auf dem Bau sehen konnte, war es doch eine Zeit großen emotionalen Aufruhrs für mich. Ich war noch nicht an die Arbeit gewöhnt, sehr ungeschickt, und so sandte mich die Mutter oft in eine Ecke des Baus, wo ich alleine zu arbeiten hatte, während alle anderen zusammen mit Ihr arbeiteten. Ich hatte die Mutter gebeten, mich von Eifersucht zu befreien, doch das werde ich ganz bestimmt nie wieder tun! Nichtsdestoweniger, gerade in diesen einsamen, oft traurigen Augenblicken – oft weinte ich – fühlte ich ihre tröstende Gegenwart am stärksten. Und sehr oft entdeckte ich dann, daß Sie gerade nebenan arbeitete. In diesen Augenblicken des Zweifelns und der Unsicherheit – ich hatte ja erst kurze Zeit mein altes spirituelles Zentrum verlassen – fühlte ich Mutters Liebe und Fürsorge. Nur mein Verstand blockierte und suchte nach äußeren Beweisen, innen im Herzen fühlte ich alles.

Unvergeßlich bleiben die Teepausen mit Ma nach getaner Arbeit. Wir saßen dabei in halbfertigen Räumen auf Steinen oder im Sommer draußen an dem kleinen Bach, der durch Mutters Garten fließt. Wenn wir nicht gerade über Bau-Fragen sprachen, saßen wir meist still da, beobachteten am Himmel die Vögel und genossen Mutters Gegenwart. Manchmal machte jemand einen Witz und alle lachten, allen voran die Mutter selbst. Waren alle mit dem Kuchen fertig, stand die Mutter auf, und unsere kleine Runde löste sich auf.

Begegnungen mit Herrn Reddy

Ich sah Herrn Reddy 1982 zum ersten Mal. Ich hatte eine Frage über Japa, und Adilakshmi ging hoch zur Mutter. Nach einiger Zeit kam sie mit der Mutter und Herrn Reddy zurück, den sie in der Mitte stützten. Sie setzten sich in den Garten und luden uns ein, Fragen an Herrn Reddy zu stellen, die von Adilakshmi übersetzt wurden. Die Mutter saß nur still dabei. Herr Reddy erzählte uns von Ihr und auch von dem Unterschied zwischen einem Avatar und einem menschlichen Guru. Er sagte, daß die Mutter der ganzen Schöpfung Licht gibt, nicht nur den Menschen, sondern auch der Erde selbst, den Pflanzen und Tieren. Die Erde und die Pflanzen sind sogar empfänglicher als der Mensch. Es gibt eine aufsteigende Evolution der Avatare. Jeder Avatar bringt eine neue Ebene herab, wie Rama, Krishna, Buddha, Sri Aurobindo und jetzt Mutter Meera.

Herr Reddy schien meine Gedanken und Ängste zu kennen. So sagte er, daß Japa (die stille Wiederholung eines göttlichen Namens) uns schützt, bei Problemen hilft und Frieden schenkt. (Meine Hauptangst war: Ich wollte nicht in der äußeren Welt leben.) Er sagte, je einfacher eine Meditationsform sei, desto besser. Und je mehr wir über ein spirituelles System lernten, desto mehr hätten wir nachher auch wieder zu vergessen. Am Ende muß man alle Techniken vergessen.

Während wir so sprachen, schaute uns die Mutter manchmal still an. Ihr Blick drang tief in mein Herz. Als Herr Reddy aufstand und Sie ihn stützte, sagte er: „Schau, so sind die Menschen. Wir können keinen einzigen Schritt ohne die Göttliche Mutter tun." Ich wußte Herrn Reddy damals noch nicht zu schätzen. Ich dachte, er sei einfach ein alter Inder, der Geschichten erzählt.

Das zweite Treffen fand ein halbes Jahr später in Frankfurt nach einem Kollektiv-Darshan zu Mutters Geburtstag statt. Herr Reddy sagte, daß die Mutter während des Darshans Frieden gab. Ich fragte ihn, wie die Gesten beim Darshan zustande gekommen seien. Er sagte, daß dies völlig spontan geschehen sei und die Mutter dabei niemanden imitiere. Wieder hatte Herr Reddy meine Gedanken gelesen und einen Zweifel ausgeräumt. Herr Reddy sagte auch, daß einige viel und andere nichts während des Darshans spürten. Aber auch sie würden Mutters Gegenwart später in ihrem Leben spüren. Er sagte auch, daß einige sehr viele Visionen hätten, aber Visionen könnten mal wahr und mal falsch sein.

Mein Freund glaubte, daß menschliche Gurus härter seien als die Mutter, ja vielleicht zu hart. Doch Herr Reddy sagte, daß auch menschliche Gurus nur unser Bestes wollten und wir sie deshalb dankbar ehren sollten. Es war sehr schön, wie wir alle um Herrn Reddy saßen und ihm zuhörten. Es war sehr familiär, und Herr Reddy erzählte viele Geheimnisse. Ich bin eigentlich der Falsche, um über ihn zu sprechen, da ich ihm nur ein paarmal begegnet bin.

Das dritte Mal war 1985. Drei Tage pro Woche kam der Krankenwagen, holte Herrn Reddy morgens um sechs Uhr ab und kam gegen Mittag wieder. Einmal, als Herr Reddy zurückkam, half ich ihm zusammen mit meinem Freund aus dem Krankenwagen. Offenbar hatte er während der Behandlung das Bewußtsein verloren gehabt. Ich war von seiner Ausstrahlung überrascht. Es war genau wie in der Gegenwart der Mutter. Ich staunte, wie jemand, der eben noch bewußtlos gewesen war, der sehr krank war und sich gleich wieder hinlegen mußte, eine solche Atmosphäre ausstrahlen konnte. Herr Reddy fragte, ob die Mutter da sei, und ich wollte scherzhaft „nein" sagen, als mein Freund mich anstieß und meinte, ich solle keine solchen Witze machen. Herrn Reddy war die Frage ernst, und er brauchte die Mutter über alles. Ich bedaure, mich der Mutter nicht früher angeschlossen und dabei Herrn Reddy besser kennengelernt zu haben. Ich hätte so vieles von ihm lernen können. Als die Mutter verreist war, ging ich zu Herrn Reddys Samadhi und fühlte dann ihre Gegenwart. Manchmal beantwortet Herr Reddy mir Fragen durch sein Bild.

Festlicher Empfang

Im Mai 1989 besuchte die Mutter zum ersten Mal die Vereinigten Staaten. Es ist immer etwas Besonderes, mit Ihr zum Flughafen mitzufahren. Sie ist an solchen Tagen besonders schön. Ich war überrascht, Ma in einer solchen Menschenmenge wie am Frankfurter Flughafen zu erleben. Voller Seligkeit trottete ich hinter Ihr her. Zu Ihrer

Rückkehr hatten wir ein kleines Empfangsfrühstück vorbereitet, und dann bewegte sich unser kleiner Autokonvoi zurück auf die Autobahn. Plötzlich fand ich mich in einem großen Energieball wieder: Mutters Autobahn-Darshan zwischen zwei Autos! Es war ein herrlicher, sonniger Tag, und als unser Konvoi an der Straße von Mutters altem Haus ankam, grüßten uns bunte Fahnen zu beiden Straßenseiten und Blütenblätter bedeckten die Straße. In der Nähe von Mutters Haus mußten wir abbremsen, da eine Blaskapelle geradewegs vor uns schritt. Deutschlands spontaner und unbewußter Willkommensgruß an die Göttliche Mutter: es war eine Fronleichnamsprozession. Der Neubau selbst war von uns mit Girlanden und Luftballons geschmückt, auf denen Dankes- und Liebesworte geschrieben waren. Die Mutter war tief bewegt, mit feuchten Augen. Ihre Liebe zu Ihren Kindern wurde offenkundig. Wir waren natürlich glücklich, Sie zurückzuhaben.

Ende 1989 ging die Bauarbeit langsam dem Ende entgegen. Da ich nicht wußte, was ich tun sollte, ging ich zu meiner Schwester nach Norddeutschland. Wollte ich zurück zur Mutter, brauchte ich ein Zimmer, Arbeit und einen Führerschein. Nach einer Woche ohne Mutter fühlte ich mich kraftlos. Ich wußte nicht, wie es weitergehen würde. Da las ich etwas über Liebe in einem Buch Krishnamurtis. Plötzlich spürte ich Mutters Gegenwart sehr stark. Des nachts träumte ich, wie Sie mich in Ihr Haus einlud und dabei vor einem bestimmten Zimmer stand. Ich fühlte mich die gesamte Nacht von der süßesten göttlichen Gegenwart und Liebe durchdrungen. Innerhalb von zwei Tagen hatte ich ein Zimmer in der Nähe von Thalheim und zwei Wochen später eine Arbeit in einem spirituellen Buchladen in Frankfurt, mit einem weiteren Zimmer dort.

Anfangs fand ich Frankfurt schrecklich, aber als ich begann, die Atmosphäre dort einfach anzunehmen, lernte ich Mutters Gegenwart überall zu spüren. Ich hatte tatsächlich viele schöne Erfahrungen in der Stadt. Meine Akzeptanz für verschiedene spirituelle Wege öffnete sich durch den Kontakt mit den mehr oder weniger spirituellen Kunden des Ladens. Sich Menschen zu öffnen war eine wichtige Lektion und ein weiterer Schritt zurück in eine Welt, die ich fast hinter mir gelassen hatte. Hier geschah auch meine erste Begegnung mit dem Buddhismus, denn meine spirituelle Orientierung war vorher Hinduismus und Vedanta. Als ich eines Abends im Laden nach Geschäftsschluß ein buddhistisches Buch las, fühlte ich, wie eine mächtige Kraft in meinen Körper herabkam und mich völlig bewegungslos machte. Alle Fragen, die ich bezüglich des Buddhismus hatte, wurden intuitiv beantwortet.

Irgendwie schaffte ich es, zu meiner Wohnung zu gehen, wo ich dann wieder in der Küche hängenblieb und mich nicht mehr bewegen konnte. So stand ich da für eine weitere Stunde und beobachtete mich selbst und die Kraft und meine Fragen, die in mir beantwortet wurden.

Zu etwa derselben Zeit hatte die Mutter eine Operation. Alle Darshan-Gäste konnten Sie im Krankenhaus besuchen. Es war ein bewegender Anblick, wie die Mutter die Hände der Besucher schüttelte, die in einer langen Reihe an Ihr vorbeizogen. Ich war so überrascht von dem Licht und der Kraft, die Sie in dieser Situation ausstrahlte. Sie, die krank war, nährte uns Gesunde!

Obwohl ich zu allen Darshans kommen konnte, indem ich zwischen Thalheim und Frankfurt pendelte, schmerzte es mich doch, keinerlei privaten Zugang zu der Mutter mehr zu haben wie zu der Zeit, als ich noch in Ihrem Haus wohnte. Sie war nun in den Neubau eingezogen. Ende 1990 schickte mir ein Freund aus meiner alten Bewegung eine Einladung, daß es möglich sei für mich, zurückzukehren. Ich hatte keine Ahnung, ob ich die Mutter je wieder privat würde erleben können. Trotzdem beschloß ich, daß meine Liebe zu Ihr größer war, und blieb.

Die Mutter hatte erklärt, daß Sie niemandes Guru sei, jedoch, „falls du Hilfe brauchst, werde ich dir wie eine Mutter helfen und dich schützen". Als meine leibliche Mutter starb, hatte Mutter Meera mir gesagt, daß Sie immer meine Mutter sein werde. Bald danach verlor ich mein Frankfurter Zimmer, was bedeutete, daß ich auch meine Arbeit dort verlor. Eine Woche später, Anfang 1991, durfte ich in Mutters Haus einziehen. Ich bekam genau das Zimmer, das Sie mir ein Jahr zuvor im Traum gezeigt hatte.

Mit Mutters Hilfe kam ich auch zu meinem Führerschein. Als ich bei der ersten Prüfung durchfiel, sagte der Fahrlehrer, daß es zehn Prüfer gebe. Bei einem von ihnen würde ich es in jedem Fall schaffen, egal was ich täte. Ich erzählte das der Mutter, und bei der nächsten Prüfung hatte ich genau diesen Prüfer und bestand. Ich bekam auch eine neue Arbeit in einer Druckerei. Dies war für mich die erste reale Arbeitssituation, mit normalen Arbeitern, Zigarettenrauch, Popmusik aus dem Radio und stinkender Farbe. Nach der ersten Woche glaubte ich, das nicht zu überleben. Aber bald war klar, daß Mutters Licht auch hier „funktionierte", ja sogar stärker als im Buchladen. Und meine Mitarbeiter, insbesondere mein Chef, waren alle sehr nette Menschen, freundlicher noch als viele meiner „spirituellen" Freunde. Und

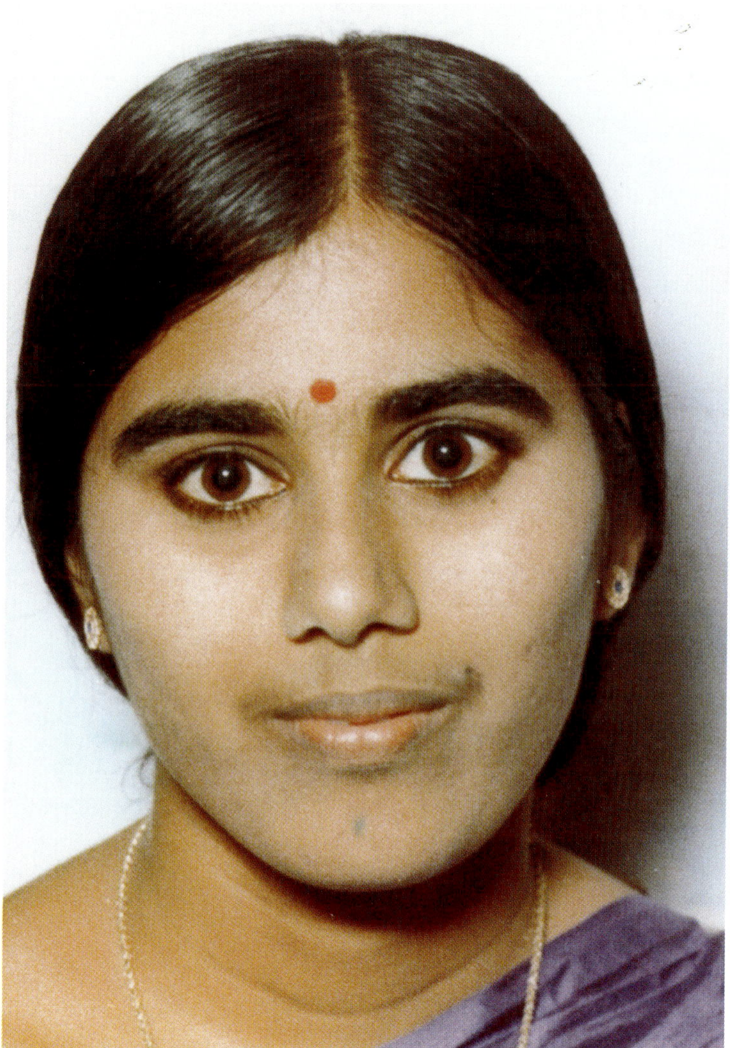

Indien 1979

manchmal verwandelte sich die Popmusik in himmlische Klänge und der Farbgestank in göttliches Parfüm.

Es ist hier ja üblich, sich bei Festen zu betrinken. Es war unvermeidlich, bei solchen Zusammenkünften in meiner Firma dabei zu sein. Da ich selbst alkoholfrei lebe, trank ich an einem solchen Abend nur Wasser und Saft, während die Heiterkeit meiner Freunde langsam stieg, als sie immer mehr auftauten. Wenn man spirituell wächst, beginnt man, viel zu lachen, und eine von Mutters schönsten Eigenschaften ist Ihr wunderbarer Humor. So lachte und scherzte ich zur allgemeinen Überraschung mit, trunken auf meine eigene Weise, trunken zwischen zwei Welten.

Ende 1991 konnte ich wegen starker Rückenschmerzen nicht arbeiten und mußte zu Hause liegen. In dieser Zeit hatte ich eine Erfahrung mit Christus. Das ist ungewöhnlich, da ich normalerweise keine besondere Affinität zu ihm verspüre. Ich hörte verschiedene Gesänge, die auf die verschiedenen subtilen Nervenzentren wirkten. Bei einem bestimmten Lied über Christus mußte ich plötzlich weinen, fühlte eine tiefe Liebe, aber auch einen tiefen Schmerz in meinem Herzen. Als ich dies der Mutter später erzählte, sagte sie: „Ja, das mußte so sein. Er ist Gott, und es ist gut, Liebe und Hingabe an ihn zu haben."

Es kamen jetzt immer mehr Menschen. Eines Tages kam ein ganzer Bus unangemeldet aus Belgien. Mein Freund scherzte zur Mutter gewandt: „Ma, jetzt wirst Du berühmt." Darauf die Mutter: „Ich möchte gar nicht berühmt werden." Am Anfang, als nur wenige Besucher kamen, hatte Sie einmal gesagt: „Jesus hatte auch nur zwölf Jünger. Aber wenn tausend Menschen sich wirklich danach sehnen, mich zu sehen, mit Liebe im Herzen, werde ich auch tausend nehmen."

Seitdem ich die Mutter kenne, ist Ihre Art, Darshan zu geben, immer dieselbe. Egal, ob sieben oder 170 Menschen versammelt sind, Sie kommt punkt sieben Uhr herunter, nimmt den Kopf von jedem einzelnen in Ihre Hände und sieht allen in die Augen – bis alle dran waren. 1992 kam auch Chandra Swami, ein großer, erleuchteter Weiser, mit seinen Schülern zur Mutter. Sie verhielten sich wie alle anderen auch vor der Mutter, in aller Bescheidenheit. Die Mutter bleibt völlig unberührt von öffentlichem Rummel. Fernsehteams kamen nach Thalheim, aber die Mutter gab ihnen keine Dreherlaubnis oder gar ein Interview. In den letzten vier Jahren haben nur zwei Journalisten ein Interview mit Ihr bekommen. Aber alle konnten zum Darshan kommen.

Ob reich oder arm, berühmt oder weniger berühmt, alle erfuhren die gleiche Behandlung.

Es ist bewegend, Mutters weltweites spirituelles Wirken zu sehen. Völlig unberührt von Ruhm scheint Sie in Thalheim zu gärtnern oder auf dem Bau zu arbeiten. 1993 machte Sie zwei längere Auslandsreisen. Zur Darshan-Zeit versammelten sich einige von uns zur gemeinsamen Meditation. Es war so erstaunlich zu sehen, wieviel Licht zu diesen Gelegenheiten herabkam. Natürlich vermißten wir die Mutter nach einiger Zeit, und ich erzählte Ihr später, wie sehr ich Sie noch brauchte. Sie sagte, wenn es nicht so wäre, könnte ich nicht in Ihrer Umgebung leben. Wann immer Sie zurückkehrt, bin ich überwältigt, besonders bei den ersten Darshans. Wellen der Wärme und der Liebe, des Lichtes und der Kraft durchfluten den Raum. Und dann wieder Ihre Hände an deinem Kopf und ein Augenpaar, ein Blick, den du nicht belügen kannst und der wie aus der Ewigkeit immer in deine innerste Wahrheit schaut.

Mutter wird immer die Sonne meines Herzens bleiben. Sie hat mir wirkliche Liebe und die Schönheit und das Glück des Göttlichen in greifbarster Weise gezeigt. Außer Ihrem Licht hat Sie mir das Licht meiner eigenen Seele gegeben, so daß ich mich heute freier als je zuvor in meinem Leben fühle. Würde ich heute sterben, könnte ich sagen, das schönste Leben gehabt zu haben, voller göttlicher Erfahrungen. Ich bin nicht perfekt, aber mit Mutters Hilfe und Gnade, weiß ich, werden meine Schwierigkeiten verschwinden. In der Zwischenzeit bleibt uns nur, Ihre Gegenwart auf Erden zu genießen und zu feiern.

13.

Als ich im Sommer 1986 zum ersten Mal von Mutter Meera hörte, befand ich mich persönlich in einer recht merkwürdigen Situation. Etliche Jahre vorher hatte ich meinen Job als Wissenschaftler in einer staatlichen Forschungseinrichtung mit der Vorstellung aufgegeben, mich auf eine spirituellere Lebensführung zu fokussieren.

Mit einer zugegebenermaßen vagen Zukunftsplanung, aber einer ausgeprägten Sehnsucht nach Erleuchtung hatte ich mich mehrere Jahre in einer Gemeinschaft aufgehalten, in der intensive, tägliche Meditation den Hauptzweck des Daseins bildete. Diese Zeit schätze ich auch heute noch als ungewöhnlich wertvoll für meine spirituelle Entwicklung ein. Dennoch, es war nicht meine Umgebung. Restriktionen und Regulationen – in einer größeren Gemeinschaft eben unumgänglich –, aber auch dogmatische Erstarrungen verdarben mir bevorzugtem Einzelgänger und Freidenker doch so weit die Lebensqualität, daß ich mich schließlich verabschiedete. Danach hatte ich verschiedenste Jobs versucht, um mich unter geringstmöglicher Einlassung auf die „normale" Welt finanziell über Wasser zu halten.

Zu dem Zeitpunkt, als ich die Mutter zum ersten Mal aufsuchte, war ich gerade mal wieder ohne Job und fühlte mich äußerst deplaziert auf diesem Planeten. Meine finanziellen wie spirituellen Perspektiven schienen unergiebig, ringsum Hindernisse und keine Auswege. Zu dieser unglücklichen Grundstimmung kam dann noch das ungute Gefühl, möglicherweise wieder auf dem Weg in eine „Bewegung" oder ähnliches zu sein. Das wollte ich ja nun auf gar keinen Fall.

So stand ich also etwas zerrissen vor Mutters Haustür: in meiner linken Hirnhälfte ein warnender, achtsamer Intellekt, in der rechten ein klares, zielstrebiges Verlangen nach dem „Avatar". Um 19 Uhr sollte der Darshan beginnen, jetzt war es zwei Minuten davor, und die Tür war verschlossen. Ich hatte eben eine lange Anfahrt hinter mir, zuletzt ständig gegen die Zeit, bis ich das Örtchen Thalheim und Mutters Haus gefunden hatte. Nun wollte ich mich nicht um einige Sekunden geschlagen geben, also drückte ich nach kurzem Zögern die Klingel. Zu meiner Erleichterung hörte ich jemanden eine Treppe hinunterhasten, dann öffnete ein junger Mann die Haustür. Auf meine Frage nach Mutter Meera und Darshan nickte er nur und winkte mich herein. Während er die Tür schloß, flüsterte er mir zu, daß Darshan von Freitag bis Montag stattfinde und daß man nicht vor 18:45 und nicht nach 18:55 kommen solle, und ich möchte bitte meine Schuhe ausziehen.

Das empfand ich nicht als ein ungewöhnliches Ansinnen, schließlich war ich an diese indische Sitte durchaus gewöhnt. Schon beim Eintreten hatte ich die gut ein dutzend Paar Schuhe, von Sandalen bis Stiefeln, im Flur bemerkt, ein familiärer Anblick, der mich heftig an meine Zeit beim Meister erinnerte. Während ich meine Schuhe auszog, wollte ich erklären, wie froh ich sei, daß ich überhaupt vor sieben Uhr..., aber er unterbrach mich und flüsterte hastig, ich solle mich beeilen, denn „die Mutter wird jeden Moment herunterkommen".

Also eilten wir eine Treppe in den nächsten Stock hinauf. Dort blickte ich direkt in einen relativ kleinen Raum, vielleicht 4x4 Meter groß. Statt einer Tür gab es zum Flur hin einen breiten Mauerdurchbruch. Überall in Zimmer, Flur und Treppe lag ein weißer, weicher

Teppichboden, der mit der hellen Farbe für eine freundliche Atmosphäre sorgte. Einige Anwesende saßen direkt auf dem Boden, andere auf runden, hohen Kissen, die meisten jedoch auf Klappstühlen, die längs zwei Seitenwänden aufgestellt waren. An der dritten Seite, direkt am Eingang, stand als offensichtlicher Brennpunkt des Raumes ein mit einem Seidentuch überzogener Sessel, umgeben von vielen Blumen. Darüber, ein großes, gerahmtes Foto einer recht jungen Inderin, fast übermütig lachend; auf dem Boden davor, ein kleiner Orientteppich, den ich auf meinem Weg zu dem leeren Stuhl in der Ecke lieber nicht betrat.

Die Versammlung saß in absoluter Stille, viele mit geschlossenen Augen. Als wir jedoch die Treppe hochkamen, entstand eine subtile Unruhe: ein Flüstern hier, ein grüßendes Lächeln dort... Die Überraschung war beidseitig, hatte ich doch mit sehr vielen der Anwesenden bei anderer Gelegenheit und vor langer Zeit bei unzähligen Meditationen und Lectures zusammengesessen.

Ehe ich den Stuhl erreichte, hörte man oben eine Tür gehen. Alle beeilten sich aufzustehen, und einige Augenblicke später betrat eine zierliche junge Inderin in einem wunderschönen, weißroten Sari den Raum, die wortlos und ohne Blick für die Umgebung direkt zu dem Sessel ging. Ihr folgte eine zweite Inderin mittleren Alters, wie ich später erfuhr ihre Sekretärin Adilakshmi. Für sie war der Stuhl neben dem sogenannten „Wartestuhl" reserviert. Nachdem alle wieder ihre Plätze eingenommen hatten, stellte sich im Raum eine völlige Stille ein, und alle Augen, aber besonders meine, hingen gebannt und erwartungsvoll an der jungen Frau.

Diese saß auf ihrem Sessel, umgeben von einer intensiven Aura der Stille und Würde. Die Hände im Schoß zusammengelegt, den Blick gesenkt, bot Sie ein Bild vollkommener Gesammeltheit. Dies währte für eine Minute und schuf eine solch starke, meditative Atmosphäre, daß ich innerlich in Richtung Transzendenz wegzurutschen begann. Ich wollte schon – in Erwartung einer längeren Meditationssitzung – die Augen schließen und meine Meditation beginnen, als sich plötzlich etwas anderes tat. Adilakshmi hatte ihren Stuhl verlassen und kniete jetzt auf dem kleinen Teppich vor der Mutter. Sie beugte sich vorwärts und umfaßte Mutters Füße. Die Mutter hielt Adilakshmis Kopf mit beiden Händen seitlich an den Schläfen zwischen Ihren Knien. Sie schloß Ihre Augen und verharrte so, hochkonzentriert, für etwa zwei Minuten. Dann öffnete Sie ihre Augen und zog Ihre Hände zurück, worauf Adilakshmi sich aufrichtete und auf ihren Fersen sitzend der Mutter direkt in die Augen blickte. Diese schaute mit großer Intensität zurück, wobei Ihr Kopf eine eigentümliche, sanft nickende Bewegung vollführte. Dies dauerte wohl eine weitere Minute, dann senkte die Mutter Ihren Blick, der hochkonzentrierte Zustand löste sich, und Sie schien binnen einer Sekunde völlig zu entspannen. Adilakshmi verneigte sich vor Ihr und ging zu ihrem Stuhl zurück. Ihr Gesicht strahlte, und sie wirkte irgendwie energetisiert, glücklich, transformiert...

Inzwischen war der nächste vom „Wartestuhl" zur Mutter gegangen, und es wiederholte sich die gleiche Prozedur wie bei Adilakshmi. Nach ein paar Personen war klar, daß jeder die gleiche, voll konzentrierte „Behandlung" von Prana (Energie) und Darshan (Schauen) erhielt, einige etwas länger, andere ein bißchen kürzer.

Als Neuling wollte ich mich nicht in irgendwelche eventuell vorhandenen Ablaufregeln drängeln, deshalb beschloß ich, ganz zum Schluß zu Ihr zu gehen. Inzwischen genoß ich diese sehr spezielle Atmosphäre und hatte eine sehr angenehme Meditation. Nach etwa einer Stunde war es soweit: Der Wartestuhl blieb leer. Etwas nervös stand ich auf und ging nach vorn, wobei mich natürlich einige Augenpaare neugierig beobachteten. Dann saß ich der Mutter auf drei Schritt sehr nah und sehr exponiert gegenüber. Ich fühlte mich nicht besonders wohl in meiner Haut, und das verschlimmerte sich noch, als mir plötzlich bewußt wurde, daß ich hier recht klein und aufgeregt vor einem Avatar saß. Ich merkte, wie Herz und Hirn immer mehr außer Kontrolle gerieten. Als ich dann nach endlosen zwei Minuten an der Reihe war, machte ich so eine Art Notlandung vor Mutters Füßen, wobei es mir allerdings noch gelang, den Kopf einigermaßen richtig zu positionieren.

Das alles schien die Mutter überhaupt nicht zu stören. Sie legte beide Hände an meine Schläfen, zog meinen Kopf etwas höher und hielt ihn mit spürbarer Kraft fest. Wie bei einem geübten Kutscher, der mit festem Griff in die Zügel die aufgeregten Pferde bändigt, so brachte dies erst einmal meine innere Ruhe zurück. Dann entwickelte sich ein Zustand von Wohlbefinden und Freude, der ewig hätte dauern dürfen, aber leider lockerte sich schon Ihr Griff, erst subtil, sozusagen das Ende des Zustandes ankündigend, einen Augenblick später waren Ihre Hände weg.

Etwas widerstrebend kam ich aus meiner gebeugten Haltung hoch, setzte mich auf meine Fersen und öffnete die Augen. Es kostete mich einige Überwindung, der Mutter direkt in die Augen zu schauen. Diese doch sehr intime Übung hatte ich noch nie mit irgend jemandem gemacht. Langer Blickkontakt ist ja wie das Lesen in einem offenen Buch, wobei man allerdings selten reine Freude zu lesen bekommt, häufiger sind es Leiden. Das war hier aber ganz anders. Große, dunkelbraune indische Augen schauten mich an, und mir schoß nur ein Wort durch den Kopf: Unendlichkeit! Das waren nicht die Augen einer normalen jungen Frau; kein kleiner Teich war das, sondern der ganze Ozean. Was ich damals empfand, ist nicht mit ein paar Worten zu beschreiben. Aufgrund der absoluten Subjektivität kann ich das Erlebnis auch nicht verallgemeinern. Ich glaube aber, daß jeder, der diesen Darshan bei der Mutter kennt, Ihren Blick als heil und heilend, sanft und besänftigend empfindet. Vor Ihren Augen braucht man sich nicht zu verschließen, im Gegenteil, ihre vollständige Neutralität erleichtert es auch dem Scheuesten, sich zu öffnen.

Am Schluß meines ersten Darshans verneigte ich mich sehr beeindruckt, glücklich und dankbar vor der Mutter. Ich ging zu meinem Stuhl zurück, und die Mutter blieb noch eine Minute ohne zu sprechen oder umherzuschauen sitzen, als ob Sie uns alle noch einmal ruhig segnen würde. Nachdem Sie wieder in Ihre privaten Räume hinaufgegangen war, ging ein Reden und Lachen los. Ich begrüßte natürlich noch meine Bekannten, aber da ich meine starken Eindrücke noch eine Weile präsent halten wollte, verabschiedete ich mich bald.

Von diesem Tag an ging ich sehr regelmäßig zu Mutters Darshan. Es tat mir gut. Wie angenehm, keine Indoktrinierung oder Reglementierung von Ihr zu erfahren. Bei persönlichen Problemen oder Wünschen ging Adilakshmi nach dem Darshan zur Mutter hinauf und kam dann nach kurzer Zeit immer mit der einfachen Botschaft herunter: „Mutter wird helfen." Und das tat Sie dann auch.

So erlebte ich die Mutter für einige Jahre; ich kannte Sie also nicht als Privatperson. Das änderte sich, als Sie in Thalheim ein großes, altes Gebäude nicht weit von Ihrem Haus erwarb. Das eigene Haus war inzwischen, besonders an Feiertagen oder Mutters Geburtstag, dem Ansturm der Massen nicht mehr gewachsen. Da kamen weit über hundert Leute und selbst die Treppen waren gepackt voll. Bewundernswert, wie die Mutter drei bis vier Stunden lang jedem, vom ersten bis zum letzten, vollste Konzentration zukommen ließ und dann ohne die geringsten Ermüdungserscheinungen nach oben ging. Aber für manche war das stundenlange Sitzen doch eine Tortur.

Das sollte sich im „neuen“ Haus alles ändern. Das Gebäude war früher hauptsächlich als Scheune genutzt worden, hatte aber im Anbau auch Stallungen enthalten. In seinen massiven Mauern sollte nach den Plänen der Mutter und Ihres Architekten, einem Devotee, ein dreistöckiges Haus mit vielen privaten Räumen und natürlich eine wesentlich größere Darshan-Halle eingerichtet werden.

Da das finanzielle Budget knapp bemessen war, lud die Mutter Ihre Devotees ein, Zeit und Arbeitskraft zur Verfügung zu stellen. Ich besaß einige Erfahrung im Umbau alter Häuser und hatte außerdem eine Menge Zeit, also bewarb ich mich als Vollzeitarbeitskraft und wurde von Ihr akzeptiert. Im Nachbarort besaß ein Devotee ein kleines Apartment, dort konnte ich unterkommen, allerdings nur während der Woche. Das stellte sich aber als ideal heraus, denn so konnte ich mich am Wochenende, wenn sowieso genügend Arbeitswillige auf der Baustelle waren, gut erholen.

Ich werde nun nicht Stein für Stein erzählen, wie das Haus von uns errichtet wurde. Ich hatte sehr viel Spaß und Freude bei der Sache. Als die Mutter rief, wollte natürlich jeder dabei sein. Viele hatten den ernsthaften Wunsch, Ihr für Jahre der Hilfe zu danken. Von ihnen war eine Handvoll nicht nur guten Willens und bester Absicht, sondern besaß auch fachliches Wissen und praktische Erfahrung.

Am ersten Arbeitstag glich die alte Scheune einem Ameisenhaufen, und mitten drin die Mutter, diesmal nicht im Sari, sondern in Arbeitshose und -kittel, mit schweren Schuhen sowie Kopftuch und Gummihandschuhen. Jeder nicht Eingeweihte hätte sich sehr verwundert über die junge Frau, die in einer solchen Umgebung mit vollem Einsatz und sehr geschickt agierte. Und er wäre nie auf die Idee gekommen, in Ihr den Chef zu vermuten, geschweige denn einen Avatar!

Wenn ich von Mutters praktischer Geschicklichkeit und Ihrem Einsatz rede, erinnert mich das an den Bau der großen Mauer im dritten Stock. Das war schon einige Monate nach Baubeginn, als sich die Zahl der arbeitenden Bevölkerung während der Woche bei zwei bis drei eingependelt hatte. Die schnellste Methode, eine Wand hochzuziehen, geht so: Einer legt den Mörtel, der andere setzt die Steine, der dritte sorgt für ununterbrochenen Materialfluß. Die Mauer ging über die gesamte Breite des Hauses, nur unterbrochen durch eine Türöffnung. Nachdem die erste Lage gemauert war, fragte ich die Mutter, ob Sie die Rolle des Mörtellegers übernehmen wolle, wobei ich Sie aber gleich warnte, daß ich gerne mit vollem Tempo arbeiten wollte. Sie kicherte und sagte, das ginge in Ordnung. Also sagte ich unserem dritten Mann Bescheid, daß wir viel Mörtel brauchten, und die Mutter bat ich, den Mörtel so und so dick und recht gleichmäßig zu verteilen, und die ersten zwei Lagen seien zum Aufwärmen.

So lange brauchte es aber nicht. Schon nach einigen Metern waren wir ein eingespieltes Team, und die Arbeit lief von da an wie am Schnürchen. Wir arbeiteten mit voller Konzentration, gesprochen wurde nur, wenn es unbedingt nötig war. Am Abend war die Mauer fast geschafft – unser dritter Mann aber auch!

Die Arbeitsstunden auf dieser Baustelle wichen im übrigen etwas von der üblichen Norm ab. Arbeitsbeginn war selten vor 10 Uhr, die Mittagspause dementsprechend später, meist gegen 15 Uhr. An Tagen mit Darshan hörten wir gegen 18 Uhr auf, an den anderen Tagen ging es bis 20 Uhr und später. Dann kam der Kuchen...

Das abendliche Kuchenritual bildete immer den Höhepunkt des Tages. Es entstand aus dem Wunsch der weiblichen Devotees, auch einen Beitrag zum Gelingen des Hauses zu leisten. Mangels direkter Mitarbeitsmöglichkeiten wählten sie den indirekten Weg durch die Versorgung der Baustelle mit Kuchen oder Gebäck. Sehr oft auch war Adilakshmi die Bäckerin, so daß das soziale Ereignis des Tages immer stattfand. Bei gutem Wetter saßen wir hinter dem Haus auf Holzbalken oder im Gras, ansonsten im Haus auf Zementsäcken und Steinen. Die Mutter schnitt den Kuchen und gab jedem ein Stück auf, während Adilakshmi den heißen, indischen Tee in Becher goß. Viel geredet wurde auch hier nicht, manchmal ging es um die Planung der nächsten Arbeiten oder um Materialbestellung. Ab und zu wurden philosophische und spirituelle Themen angeschnitten, wobei sich die Mutter aber meist nur recht kurz äußerte. Umso denkwürdiger die seltenen Abende, an denen wir Ihr nach Herzenslust Fragen stellen konnten!

Die Mutter selbst nahm immer nur ein kleines Stück Kuchen und etwas Tee zu sich und achtete dann darauf, daß keiner hungrig blieb. Ich scheine jeden Abend sehr hungrig auf sie gewirkt zu haben, vielleicht auch, weil ich relativ groß und sehr schlank bin. Jedenfalls war Sie immer bemüht, mir schnell Nachschub zukommen zu lassen. Wenn das letzte Stück Kuchen vergeben war, schaute Sie mich fragend an, und wenn Sie eine Notwendigkeit sah, schob Sie mir das ganze Kuchenblech mit den Krümeln zu! Ich fühlte mich geatzt wie ein kleiner Vogel! Und die liebevolle Behandlung schlug gut an: Nach neun Monaten hatte ich mehr als zehn Pfund zugelegt. Drei Jahre später, als ich mein eigenes Haus baute, war ich nach neun Monaten zehn Pfund losgeworden – wahrscheinlich mangels abendlichem Kuchenritual. Bei diesem Hausbau hat die Mutter ganz offensichtlich im Hintergrund die Fäden gezogen, sonst wäre nicht alles so absolut problemlos über die Bühne gegangen.

Im Zusammenhang mit Nahrung fällt mir noch eine ganz spezielle Situation ein, in der die Mutter eine überwältigend trockene Art von Humor an den Tag legte. Wir waren dabei, die Doppelglasscheiben in die Fensterrahmen einzusetzen. Das letzte, sehr große Fenster bereitete uns einige Probleme. Wegen des enormen Gewichtes fiel es schwer, die Scheiben millimetergenau einzupassen. Nach mehreren Anläufen war es endlich gelungen, und derjenige, der bei dieser Prozedur die Oberaufsicht geführt hatte, begann jetzt, die Klemmleisten zu setzen. Alles schien gut zu gehen, doch dann, beim letzten Hammerschlag, sprang die Glasscheibe. Wir standen alle vor Schreck wie versteinert da. Das war ein ganz schön teurer Hammerschlag gewesen! Da drang in die gefrorene Stille hinein plötzlich ein diabolisches kleines Kichern, und auf den Unglücksraben deutend sagte die Mutter mit todernstem Ausdruck: „No food tomorrow!“ („Morgen gibt's nichts zu essen!“) Damit war der Bann gebrochen! Ich weiß aber bis heute nicht, ob Sie die Drohung wahrgemacht hat.

Die Mutter verhält sich auch im Privatleben ziemlich schweigsam und nach innen gekehrt. Eine dichte Aura von Ruhe umgibt Sie, und Ihre Reaktionen auf äußere Ereignisse sind im allgemeinen sehr bedacht, oft kaum wahrnehmbar. Manche von uns versuchten Sie aus Ihrer Reserve zu locken, denn ein freudiges Lachen der Mutter zu hören, ist wirklich jede Mühe wert. Ich erinnere mich an zwei Gelegenheiten, bei denen sich mein Einsatz voll lohnte.

Einmal hatte die Mutter ihre Treppenleiter direkt in der Türöffnung zum Treppenhaus aufgebaut und stand oben auf der Plattform, sozusagen in höhere Arbeiten vertieft. Wir quetschten uns alle vorsichtig an der Leiter vorbei, aber schließlich mußten einige sperrige Gegenstände zur Fortsetzung der Arbeiten dringend durch eben diese Tür getragen werden. Also fragte ich die Mutter, ob wir Ihren Arbeitsplatz etwas verlegen könnten. Sie nickte und schickte sich an, herabzusteigen, als ich mich plötzlich sagen hörte: „Nein, nein, halte Dich nur fest, ich hebe Dich mit der Leiter schnell zur Seite!“ Neben mir zog einer heftig die Luft ein. Ich weiß nicht, ob vor Schreck, weil er die Mutter schon abstürzen sah, oder ob ihn mein despektierliches Angebot schockierte. Jedenfalls im Nu hatte ich die Mutter samt Leiter ein wenig angehoben und nach zwei Seitwärtsschritten so sanft wie möglich wieder abgesetzt. Und offensichtlich hatte sie die kleine Luftreise genossen: Sie prustete amüsiert los und kicherte noch ein ganzes Weilchen vor sich hin.

Dann war da dieser fürchterlich heiße Sommertag, an dem wir in einer Extrapause hinter dem Haus im Schatten saßen, um uns bei einer Tasse Tee etwas zu erholen. Ich vermauerte an diesem Tag großformatige Ziegelsteine und trug zum Schutz meiner Arme ein langärmeliges Hemd und natürlich Arbeitshandschuhe. Ich war völlig überhitzt und brauchte ganz dringend eine Abkühlung. Eine kalte Dusche wäre jetzt sehr angenehm! Im nächsten Raum wußte ich einen Wasserschlauch. Also ging ich hinein und zog schon mein Hemd über den Kopf. Doch dann schienen mir die vielen Zementsäcke zu sehr gefährdet, und so warf ich kurzerhand den Schlauch durch die Fensteröffnung nach draußen. Ich öffnete den Wasserhahn, sauste nach draußen und ließ mir – vor einem entgeisterten Publikum – auch schon den Wasserstrahl über Kopf und Körper laufen. Tat das gut!!! Die Mutter explodierte förmlich vor Lachen. Auf mein Angebot, auch jemand anderem eine Dusche zu verpassen, wollte leider niemand eingehen.

Mir fallen noch andere Episoden ein, die erzählenswert wären. Aber ich glaube, das Wesentliche habe ich hier gesagt. Dieser Rückblick hat mir noch einmal sehr bewußt gemacht, was für eine wunderschöne und transformierende Zeit ich bei der Mutter verbringen durfte. Bis zur Geburt eines Menschen vergehen ca. neun Monate. So lange war ich bei der Mutter, und anschließend war ich ein anderer Mensch. Dafür meinen herzlichsten Dank, Ma!

14.

Ein Weiser stellte einmal die Frage: „Ist meine Rede aufbauend, oder hätte ich besser geschwiegen?“ Die alte Problematik des Redens...

Die Mutter lehrt uns im Schweigen. Lehrt? Es gibt keinen Lehrstoff, es gibt Darshan. Was ist Darshan? Ist es möglich, ihn zu beschreiben?

Thalheim, Deutschland 1994

Äußerlich könnte man von einer körperlosen Geburt in absoluter Zeitlosigkeit sprechen. Was ereignet sich, wenn.... wenn man auf einem nicht sonderlich bequemen Stuhl oder Kissen sitzt und zu meditieren versucht, natürlich jedesmal mit unterschiedlichem Erfolg. Irgendwann entschließt man sich, aufzustehen – um sich gleich wieder an einer anderen Stelle auf den Boden zu hocken. Doch dann ist Grund und Ziel und alles vergessen, auch der harte, kalte Fußboden. Kein Tun mehr, man ist nur noch Herzschlag. ES handelt. ES geleitet dich zum Wartestuhl, wo du ergeben wartest, bis du an der Reihe bist. Endlich, inmitten all der Beleuchtung, kniest du nieder vor der Mutter aller Mütter und findest dich in plötzlicher Dunkelheit. Zurück im Ursein? Aus Ihren Fingern, die deinen Kopf und deine Stirne berühren, fließen Ströme von Liebe und Mitgefühl bis in dein innerstes Sein und schalten Denken, Wollen, Vorsätze, Bitten und Gebete aus. ES hebt deinen Kopf, du versuchst zu erkennen, dein äußeres Auge begegnet einem Augenpaar. Sind das Augen? Oder ist es dein Selbst, das dich zu seinem Ursprung führt? In welcher Zeit? Sekunden oder Ewigkeiten? Schmerz entsteht, wenn sich die Lider dieser Augen voller Güte und Segnungen senken und du den Ort göttlichen Schutzes wieder verläßt. Du wankst auf deinen Platz zurück, über Beine, Arme, Leiber, Kleidungsstücke. Bist du noch der gleiche? Fraglos. Dieselben Arme, Füße, derselbe Kopf und Körper. Doch innerlich, innerlich ist nichts mehr am selben Platz. Ein Blick in die Unendlichkeit hat stattgefunden. Das ist Darshan.

Kein Zweifel, der Vorgang verliert durch Worte. Aber Adilakshmi bat mich, einen Beitrag für ihr Buch zu schreiben: „Du bist zu Hause, dann kannst du auch schreiben." Ihren Wunsch besser zu befolgen, war mir nicht möglich.

15.

Liebste Ma,

voller Glück und in dankbarer Ergebenheit erkenne ich, daß alle Schönheit, Zartheit und Zuneigung das Wesen Deines Seins bilden, daß was immer ich wahrnehme und erfahre letztlich seinen Ursprung in Deiner Gnade findet.

Das Wunder begann an einem Abend im Herbst 1984. In einem kleinen Raum Deines Hauses in der Langgasse in Thalheim wartete ich auf Dich. Mit höflicher Pünktlichkeit kamst Du um 19 Uhr, um uns mit Deinem Darshan zu beglücken. Ohne jedweden Widerstand verliebte ich mich tiefer und tiefer... ein Zustand wie im Schlaf, erquickend und wohltuend, jedoch erlebt bei voller Bewußtheit. Du warst so voller Schönheit, Frische und Zärtlichkeit. Frage mich niemand nach der Bedeutung von Mutters Darshan: Nichts weiß ich darüber! Das Geschehen ist so immens in jenen Augenblicken, in denen man die Knie beugt, wie von selbst, und Zartes fließt von Deinen Fingern, die sanft und manchmal auch fest den Kopf halten, und Dein göttlicher Blick trocknet alle Tränen des Daseins.

Wie ein kleines Kind rannte ich an diesem ersten Abend zu Dir, ein Kind, das seine Mutter für eine so lange Zeit vermißt hat. Unbegreifliches geschah: Rot-goldene Flammen blitzten aus Deinen göttlichen Augen und schüttelten meinen Körper; die Gesamtheit meines Bewußtseins wurde spiralförmig aus meinem Kopf gezogen. Es war ein unglaublicher Schock, aber in der wunderbarsten Weise. Die Tränen fanden kein Ende.

Voller Erwartung kam ich den nächsten Abend, um die Wiederholung dieser einzigartigen Erlebnisse zu erfahren oder vielleicht noch eine andere Überraschung – vergeblich. Mit der Spontaneität der Enttäuschten „griff" ich mir einen Deiner Devotees, um mich über die „Behandlung" zu beschweren. Darüber hinaus begriff ich jedoch, daß alle diese Erfahrungen göttliche Gaben sind. Sie haben nichts zu tun mit der eigenen Anstrengung, mit Bestrafung oder Belohnung. Danach gabst Du mir Gelegenheit, jeden Darshan zu erhalten, und sehr oft tauchtest Du mich in weißes oder goldenes Licht. Nachts wachte ich auf, Flammen schossen aus einem vulkanischen Meer und nahmen ihren Weg entlang der Wirbelsäule, um mich herum nichts als unzählige, tausende goldene Punkte.

Nun fing ich an, unachtsam zu sein, indem ich Deine Großzügigkeit vergaß. Mein Stolz wuchs und brachte Gedanken hervor wie: Es kann wohl nicht mehr lange dauern, bis ich das spirituelle Ziel erreicht habe. Doch Deine Arbeit – nicht mein abträgliches Tun – ging weiter, in Stille. So nahm ich (schmerzlich) die andere Seite der Münze wahr: Haß, Eifersucht, Stolz, Gier, Neid. Das Licht zeigte mir, was sich in den dunklen Ecken meines Bewußtseins verbirgt. Hier gibt es kein Davonlaufen. Licht und Dunkelheit wechselten wie Tag und Nacht, und das Ziel verschwand in weiter Ferne.

Zusammen mit einer Freundin hatten wir die Gnade, Dich immer wieder zu sehen. Für längere Zeit war jede Heimfahrt begleitet von einer Stimmung ekstatischer Trunkenheit.

Zu Weihnachten hatte ich den Wunsch, ein Geschenk für Dich zu haben. Während ich einkaufte, traf ich Dich, Adilakshmi und Badarinath, Adilakshmis Bruder. Ohne daß ein Wort fiel – ein flüchtiger Blick genügte, und ich war umhüllt von... laß es mich Ananda nennen.

Am Weihnachtsabend machtest Du mich erneut glücklich, indem Du mir erlaubtest, Dich in Deiner Wohnung zu besuchen. Nur Du und ich. Ich konnte nicht genug Englisch, um mich in Worte zu fassen, so blieb mir nichts übrig, als zu sehen. Da war nur Sehen, ein Gewahrsein. Die Nerven vibrierten, die Spannung erhöhte sich immens. Da war eine unermeßliche Kraft, ein Gefühl, daß mein ganzes Wesen zu explodieren drohte, so herrlich, daß ich es nicht fassen konnte, fliehen wollte.

Immer neu waren Deine Einfälle, mich glücklich zu machen. Vieles habe ich vergessen. Doch eines ist mir noch gegenwärtig, diese übermächtige Freude: in Deinem Haus übernachten zu dürfen. Von nun an hatte ich nur noch ein Verlangen – in Deiner Nähe zu sein. Diesen nie ausgesprochenen Wunsch erfülltest Du, und bald durfte ich jedes Wochenende kommen und bleiben.

Sehr oft waren wir Gäste in ausgelassenster Stimmung, wie Kinder. Eines Tages, nach dem Einkaufen, besuchten wir ein Cafe. Wir saßen auf der Terrasse. Die Luft vibrierte, und während ich zuhörte, schaute, wiederholte ich Deinen Namen: „Meera, Meera, Meera." Ohne Ablenkung wurde der Blick vom Himmel angezogen, und in seinem weiten Blau erschien in gigantischer Größe ein Fleck wie ein Pfauenauge, blau-golden und grün. Oft begleiteten mich sprühende Punkte und Striche, Tausende und Tausende, manchmal silbern und manchmal golden.

Trotz alledem, die Schatten meines Bewußtseins wollten sich nicht auflösen. Und von Höhen fiel ich in Tiefen. Ich weigerte mich, diese Schatten zu erkennen und mit ihnen zu arbeiten, und ich wurde ärgerlich auf Dich. Einige Male verließ ich Dich – äußerlich. Aber nichtsdestoweniger, Deine Liebe holte mich nach Hause.

Während des Darshans wirst Du oft größer und größer und die Entfernung weiter. In jenen Augenblicken erscheint Deine strahlende Schönheit als etwas, das nicht von dieser Welt ist. Man kann in diesen

Augenblicken nur weinen, wenn man berührt wird von dieser unbeschreiblichen Sanftheit und Wärme.

Wenn für mich Besuche anstehen und ich Dich über meine Vorhaben informiere, so hilft Dein Segen, daß alle diese Treffen einen erstaunlich harmonischen Verlauf nehmen.

Bewundernswert ist Dein Geschick in all den Angelegenheiten, mit denen Du Dich befaßt, Deine Sanftheit, die Fülle Deiner Gnade, Deine endlose Weite, Deine Stille und Deine niemals endende Liebe.

Gedanken, Gefühle, Stimmungen – sie wechseln ständig. Aber in diesem Augenblick liebe ich Dich mit ganzem Herzen. Mein Leben mit Dir ist Sonne, Wind und Sturm. Hoffentlich gibt es nie ein Ende.

16.

Bevor meine Frau und ich Mutter Meera kennenlernten, waren wir gewohnt, Meditationskurse zu besuchen, auf denen wir uns immer zu Hause fühlten. Auf dem letzten Kurs, der in Holland stattfand, hatte sich etwas verändert. Wir sprachen darüber, daß wir uns nicht mehr so wohl fühlten. Wir hatten das Gefühl, Fremde zu sein auf diesem Kurs. Einen Tag, bevor der Kurs endete, unterhielten sich zwei Kursteilnehmer neben uns über eine Weise, die in Deutschland lebt und deren Name „Mutter Meera“ ist. Als wir das hörten, versuchten wir sofort, die Adresse herauszufinden und zu hören, was diese Weise tut. Aber niemand konnte uns genau erklären, was beim Darshan passiert.

So hatten wir die Idee, direkt von Holland nach Deutschland zu fahren, um Darshan zu bekommen. Es dauerte einige Zeit, den Ort zu finden, in dem Mutter Meera lebt, doch wir kamen gerade noch zur rechten Zeit für den Darshan. Wir saßen mit etwa zwanzig anderen Devotees zusammen und warteten, was geschehen würde. Wir fühlten in dem Haus eine warme, stille und energievolle Atmosphäre.

Ich erinnere mich noch genau an meinen ersten Darshan an jenem Abend. Ich war nervös und fühlte, daß ich zur Ruhe kam, als die Mutter meinen Kopf in ihren Händen hielt. Als Sie in meine Augen sah, war mein erstes Gefühl: „Das ist es, was ich all die Jahre vermißt habe, ohne es zu wissen.“ Es war ein Gefühl, zu Hause zu sein. Für mich war es erstaunlich, daß ich mir all die Jahre dessen nicht bewußt gewesen war.

An diesem Abend fuhren wir nach Hause und beschlossen, öfter zum Darshan zu kommen. Die Eindrücke dieses Abends dauerten noch einige Tage an. Ich fühlte mich glücklicher und lebendiger während meiner täglichen Aktivitäten.

Von Zeit zu Zeit fuhren wir zum Darshan, und die Auswirkungen bauten sich auf. Ich fühlte, daß eine andere Qualität aufkam, die ich aus der Meditation nicht kannte. Früher lag das Hauptaugenmerk auf der Zeit der Meditation. Jetzt fühlte ich auch während der täglichen Aktivitäten mehr Glück und Energie.

Die Mutter lebte zu dieser Zeit noch nicht lange in Deutschland, und so war das Haus, in dem Sie wohnte, noch nicht vollkommen fertiggestellt, was uns freute, denn es gehört zu meinem Beruf, Häuser zu konstruieren. So war es natürlich, daß ich an den Wochenenden half, das Haus zu renovieren.

Ich war sehr glücklich darüber, daß ich mit der Mutter arbeiten konnte. Sehr oft war Sie anwesend und arbeitete ebenfalls. Die Mutter hat Ihre eigene Art zu arbeiten. Sie arbeitet in Stille, mit großer Konzentration und Präzision. Ich versuchte, daraus zu lernen, auch auf diese Weise zu arbeiten, und ich denke, daß ich heute in der täglichen Aktivität zu Haus mehr Frieden und Stille aufrechterhalte.

Eine der wichtigsten Veränderungen zu dieser Zeit war für mich, daß ich begann, mein Leben so zu akzeptieren, wie es ist, und es mir lieber wurde. Bevor ich Mutter Meera traf, lehnte ich viele Aktivitäten ab, weil sie meine Stille störten. Mit den Jahren veränderte sich dies, und ich begann jeden Morgen, den Tag zu lieben, wie er ist.

Durch die Darshans und die Zeit, die ich mit der Mutter verbrachte, lernte ich viel über mich selbst. Wenn ich mit der Mutter zusammen war, sah ich oft sehr klar meine guten und schlechten Seiten. Ich sah meine eigenen Reaktionen und Motivationen. Wenn es hart war, meine eigenen Fehler zu sehen, schien die Mutter das zu merken, und eine sanfte, warme Energie kam, die es leicht werden ließ.

Die Mutter ist für mich ein lebendes Beispiel, daß man ein ganz normales Leben mit all seinen Pflichten leben kann und trotzdem Stille, Liebe und Glücklichsein aufrechterhalten kann.

Ich habe niemals eine Person getroffen, die aufmerksamer zuhören kann als die Mutter, wenn ich Probleme hatte. Mutter hört dem zu, was man zu sagen hat, auf eine offene, stille und neutrale Weise, und die Antwort ist kurz, aber exakt. So oft sah ich, wieviel Liebe Sie jedem gibt, der zu Ihr kommt. Gleichgültig, wie die Umstände sind, die Mutter gibt jedem, was er oder sie benötigt, mit Liebe.

Für mich war es ein großer Eindruck zu sehen, daß Mutters Liebe eine Liebe ist, die nichts zurückerwartet. Niemals fühlte ich, daß diese Liebe von irgendwelchen Umständen abhing. Es ist keine klebrige Liebe. Ihre Liebe bindet nicht.

Eine weitere offensichtliche Qualität der Mutter ist es, mit anderen mitzufühlen. In meinem eigenen Leben spüre ich, daß dieses Mitgefühl in mir wächst. Die Energie und das Glück, die mehr und mehr zunehmen, versetzen mich in die Lage, freundlicher meiner Umgebung gegenüber zu sein, und ein wenig mehr zu sehen, was andere gerade benötigen.

Ich bin sehr dankbar, daß in meinem Leben ein Glücklichsein wächst, das nicht von irgendwelchen Umständen abhängig ist, ein Glück, das von innen kommt, ohne äußeren Grund.

Manchmal bitten mich Freunde, mit der Mutter über ihre Probleme zu sprechen, um Hilfe zu bekommen. In den meisten Fällen fühlen sie sofort Erleichterung zu der Zeit, in der ich die Mutter bitte. Auch in den Fällen, in denen die Person nicht weiß, daß ich die Mutter für sie bitte, erzählen sie mir später, daß ihre Probleme sich aufgelöst haben oder daß sie Erleichterung fühlen.

Mutter spricht nicht viel, Sie ist sehr still. Aber wenn Sie spricht, ist es im richtigen Moment und mit Worten, die Erkenntnis geben. In diesen Momenten habe ich den Eindruck, etwas zu sehen, zu verstehen, auf eine sehr einfache, klare Weise.

Oft bitte ich die Mutter um Hilfe, und meine Schwierigkeiten werden leichter und lösen sich oft auf. Ich glaube, daß die Mutter genau weiß, wenn eine Seele in einer schlechten Verfassung ist. Ein Beispiel: Als Mutter auf einer Amerikareise war, lag meine Mutter sehr krank im Hospital. Ich war niedergedrückt. Als ich vom Krankenhausbesuch nach Hause kam, hörte ich auf meinem Anrufbeantworter Mutters Stimme: „Wie geht es dir?" Das war alles. Als ich diese Worte hörte, verschwand sofort mein Leid, und die innere Spannung löste sich. Ich war so erleichtert, daß ich weinen mußte. Als die Mutter aus Amerika zurückgekehrt war, fragte ich sie nach dem Grund ihres Anrufs. Sie sagte: „Ich fühlte, daß du in einem schlechten Zustand warst."

Oft denke ich an die Mutter und bitte Sie innerlich um Hilfe. Meistens fühle ich dann Energie, Wärme und Leichtigkeit, die mit Zufriedenheit einhergeht. Meine Situationen sind dann nicht mehr länger drückend, und ihre Wichtigkeit nimmt ab. Andere Devotees haben die gleichen Erfahrungen mit den gleichen Auswirkungen. Ich glaube, daß jeder, der sich innerlich an die Mutter wendet und dies ernsthaft tut, Hilfe auf jeder Ebene erhält.

Vor einiger Zeit erzählte ich der Mutter, daß ich Ängste vor Krankheit, Verlusten usw. habe. Sie sagte nur ernst: „Ängste sind nicht gut." Nach einiger Zeit wurde mir bewußt, daß meine Angst ein gutes Stück weggegangen war. Es war so eine Erleichterung, daß ich mit Freude in Situationen gehen konnte, die früher Furcht hervorgerufen hatten.

Im Laufe der Jahre hat sich meine Sichtweise verändert. Ich habe begonnen, mehr in der Gegenwart zu leben. Die Vergangenheit ist entfernter. Auch die Zukunft ist nicht mehr so sehr von Interesse. Jetzt fühle ich mehr Freiheit in der Gegenwart.

17.

Anfang Januar 1986 lernte ich Mutter Meera kennen. Ich war 35 Jahre alt, und mein Leben hatte eine Menge schmerzvoller Erfahrungen. Beim ersten Darshan sah ich, daß es jedem erlaubt war, zu Ihr zu kommen, der Göttlichen Mutter. Keiner mußte dafür kämpfen, daß er Darshan bekommt, es war einfach leicht. Als ich an der Reihe war, war ich sehr beeindruckt. Ich fühlte die Kraft der göttlichen Liebe, und meine inneren Blockaden fielen von mir ab. Ich verstand meine Vergangenheit. Ich sah mein vergangenes Leben wie einen alten Film. Nun war ich leichter geworden und brauchte nicht mehr mit dem Schauspieler des Films zu leiden. In den folgenden Monaten stabilisierte sich immer mehr dieses Gefühl, daß ich endgültig zu Hause bin. Ich begann, mich sehr gut zu fühlen, sicher wie ein Kind im Hause der Mutter.

In dieser Zeit war meine tägliche Arbeitszeit sehr lang, bis zu 60 Stunden die Woche, aber ich konnte zum Darshan gehen oder an die Mutter denken und Erleichterung bekommen.

In vielen Krisen, wenn ich keinen Ausweg sah, bat ich die Mutter um Hilfe. Sobald Sie das Problem kannte, beseitigte eine tiefe Kraft die Dinge, die das Problem verursachten, und alles begann, sich zu ordnen, ohne irgendeine persönliche Anstrengung meinerseits.

Zu dieser Zeit verwandelten sich einige meiner Sorgen, wie meine drei Kinder, in Schätze. Mein tägliches Leben wurde leicht und erfreulich. Das Lachen der Göttlichen Mutter hat für mich magische Anziehungskraft. Jeder Darshan ist ein Erheben in göttliche Welten ohne Schmerz oder Leid, wie der Himmel auf Erden. Ich wünsche mir für mein Leben die Unterstützung der Göttlichen Mutter, und ich weiß, daß jeder meiner Wünsche von Ihr mit einem Lächeln beantwortet wird.

18.

Seit ungefähr einem Jahr nehme ich öfters am Darshan teil. Während des Darshans habe ich den großen Wunsch, die Liebe und Kraft der Mutter direkt zu spüren. Dabei gehen mir alle möglichen schönen und weniger schönen Gedanken durch den Kopf, oder ich versuche, den Blick der Mutter zu verstehen. So mit mir selber beschäftigt, spüre ich oft wenig.

Manchmal, in unerwarteten Momenten, erfahre ich das Geschenk Ihrer so tiefgreifenden Liebe. Diese Liebe durchdringt dann mein ganzes Wesen, sie läßt mich förmlich aufstrahlen. Diese Liebeserfahrung hat Wunden und Verletzungen meiner Kindheit geheilt, ein Prozeß, auf den ich staunend und dankbar zurückblicke. Oft schäme ich mich jetzt wegen meiner Vorwürfe, doch glücklicherweise haben wir in unserer Familie wieder zueinander gefunden.

Während eines sehr schwierigen und anstrengenden Examens habe ich die Mutter um Hilfe, Kraft und Führung gebeten. Im Nachhinein zählen diese zwei Examenstage mit zu den glücklichsten Tagen. Die begleitende Unterstützung der Mutter erleben zu dürfen ist einfach wunderbar.

Ich empfinde es als großes Geschenk, zur Mutter beten zu können, Sie um Liebe, Kraft, Unterstützung und Hilfe zu bitten. Dadurch fühle ich mich geborgen, zu Hause, egal wo ich bin. Es macht mich glücklich und erfüllt. Von ganzem Herzen danke ich dafür.

Madanapalle, Indien 1993

19.

Liebe Adilakshmi!

Hier einige Worte über Amma und Ihre Hilfe im täglichen Leben. Du sagst, wir sollen uns kurz fassen – genauso gut könntest du uns bitten, eine riesige Eiche wieder in die kleine Eichel hineinzustecken, aus der sie hervorgegangen ist. Keine Minute, in der wir nicht die Hilfe der Mutter erleben!

Wir brauchten einen Platz zum leben, ruhig und für uns, die wir kein Auto haben, geeignet. Die Mutter fand ihn für uns. In einem ruhigen Städtchen, auf dem Land, in einem friedlichen Tal. Es war nicht einmal eine Anzeige nötig; wir wurden hingeführt. Der ideale Platz.

Nachdem ich nun schon lange aus meinem Geburtsland weg bin, dachte ich, bei einem gewissen Alter gäbe es sicher keine Aussicht mehr auf Sozialleistungen. Die Mutter machte aber, daß ich mich eines Tages in einer Behörde aufhielt und, wie ich dachte, eine völlig aussichtslose Erkundigung anstellte. Sechs Monate später war alles abgeschlossen, und ich erhielt das für unmöglich Gehaltene.

Meine Tochter erwartete ihr erstes Kind. Sie war nicht mehr jung, und man hatte mir gesagt, man müsse sie medizinisch sehr sorgfältig beobachten. Ich schrieb der Mutter und bat um Hilfe. Ich fuhr zu der Geburt nach Indien und war die einzige Person, die bei ihr sein durfte. So konnte ich die göttliche Hilfe unmittelbar miterleben: eine glatte Geburt in einer ganz speziellen Umgebung, ohne jede Komplikation! Und obendrein das Geschenk eines süßen Mädchens. Meinen tiefsten Dank, Mutter Meera, für alles, was von Dir kommt!

Eine Zeitlang hatte ich mich mit dem Gedanken getragen, der Mutter ein paar Schmuckstücke zu schenken, die ich viele Jahre als Absicherung für die Zukunft betrachtet hatte. Aber es wurde mir allmählich klar, daß unsere einzige Absicherung das Göttliche ist. An meinem Geburtstag, einem herrlichen, warmen Tag, dem ersten seit Wochen (ein Geschenk von der Mutter?), bat ich Adilakshmi, das Geschenk – es waren Diamanten – der Mutter zu übergeben. Ein wunderbares Gefühl von Frieden und Glück durchströmte und umfloß mich. Wenig später, ich saß gerade auf einer Bank unweit von Mutters Haus, kam Adilakshmi mit strahlendem Lächeln auf mich zu. Sie sprach mich an und dankte mir für das Geschenk an die Mutter. Es war so ein herzliches Gespräch. Am folgenden Abend, als ich zum Darshan kam, war mein Erstaunen groß. Adilakshmi drückte mir etwas in die Hand: „Die Mutter sagt, Sie sollen sie haben, und Sie hat sie gesegnet." Es waren die Diamanten! Das war für mich so ein schönes Beispiel göttlicher Erwiderung – mach einen Schritt auf das Göttliche zu, und es kommt dir zehn Schritte entgegen!

Liebe Adilakshmi, ich muß aufhören... die Tränen lassen sich nicht halten. Wie gesegnet sind wir doch!

20.

Als wir das erste Mal zu Mutter Meera fuhren, hatten wir nur eine ziemlich grobe Beschreibung, wie man nach Thalheim kommt, nämlich einfach ein Stück Papier, auf dem DORNBURG/THALHEIM geschrieben stand. Wir hatten mit dem Zug Koblenz erreicht und waren dann Richtung Limburg weitergefahren. Aber um fünf Uhr nachmittags waren wir erst in Diez, wo es, wie wir wußten, eine Jugendherberge gibt. Wir beschlossen, dort zu bleiben und am nächsten Tag weiterzusehen. In Nassau fuhr der Zug wegen eines Defekts nicht weiter. Wir sprachen praktisch kein Deutsch, aber ein junger, englischsprechender Libanese, ein Flüchtling, der in Diez lebte, half uns. Er brachte uns bis zu der Jugendherberge, die, wie sich herausstellte, ein wunderschön restauriertes Schloß aus dem 11. Jahrhundert ist. Am nächsten Tag suchten wir beim Fremdenverkehrsamt dann Dornburg-Thalheim heraus, das wir über Limburg mit dem Bus erreichten. Aus dem Buch *Die Mutter* von Adilakshmi hatten wir die Telefonnummer der Mutter und riefen an, um zu fragen, was wir nun tun sollten. Dabei stellte sich heraus, daß wir praktisch von gegenüber dem Haus der Mutter anriefen. Einer Ihrer Devotees brachte uns dann netterweise in ein Quartier in Dorndorf. Erst später wurde uns klar, daß jeder einzelne Schritt und alle beteiligten Personen durch den Willen der Mutter gesteuert waren. Und dasselbe haben wir seitdem immer wieder erlebt.

Oft fehlt es mir an Glauben, so oft bekomme ich Angst und zweifle; und doch ist immer, ohne Ausnahme, die Mutter da und das Ergebnis ist da. Und das tritt jetzt in unserem Leben überall zutage. In unserer Arbeit und Freizeit, in unserer Lebensweise, in allem ist an der Basis als Antriebskraft die Hand der Mutter am Werk.

Im September 1988 mußte ich mich einer schweren Herzoperation unterziehen. Während der Genesungszeit sah ich ganz deutlich Paramahansa Yogananda zu mir herabsehen, der mit einem alten Mann mit langem, weißem Bart sprach. Knapp zwei Jahre später sah ich zum ersten Mal ein Bild von Sri Aurobindo und erkannte ihn als den alten Mann in meinem „Traum“ wieder. Im Dezember 1988 hatten wir dann den ersten Ruf, zum Darshan der Mutter zu kommen. Bei diesem Darshan wurde uns klar, daß es unser Guru Paramahansa Yogananda war, der uns zur Mutter geschickt hatte. Seither erfreue ich mich einer sehr guten Gesundheit. Alle Untersuchungen bestätigen, daß ich hundertprozentig fit bin.

Zum Darshan zu kommen bedeutete für uns eine zwölfstündige Reise – vier Zugfahrten und einmal mit dem Bus. Irgend etwas ließ mich den Fahrplan noch einmal genau studieren, und da merkte ich – die Mutter zeigte mir das ganz deutlich –, wie wir die Reise um über zwei Stunden hin und zurück abkürzen konnten. Außerdem sparten wir auch noch eine Menge Geld.

Einmal bei meiner Arbeit als Apotheker wurden jemandem die falschen Tabletten gegeben. Ich hatte keine Möglichkeit, die Patientin zu kontaktieren (hatte keinen Namen und nichts). Ich betete zur Mutter um Hilfe, weil es eine sehr gefährliche Situation war. Kaum fünf Minuten später kam die Patientin zurück und sagte, sie habe die Flasche mit den Tabletten fallengelassen und dabei sei der Deckel zerbrochen – ob ich ihn bitte ersetzen könne. Wir konnten auch die Tabletten ersetzen und so die Situation bereinigen.

Bei meiner Arbeit fällt es mir oft auf, daß „Dinge geschehen“, wie in einer Art „Strudel“ um mich herum, und ernste Gefahren, deren ich mir gar nicht bewußt war, auf geheimnisvolle Weise abgewendet werden. Ich weiß, daß die Mutter hier am Werk ist, und kenne nun dieses „Gefühl“, das sich einstellt.

Ich hatte mich um eine Stelle beworben, von der ich wußte, daß sie ausgeschrieben war. Dann erfuhr ich jedoch, daß dies nun nicht mehr der Fall sei. Da hatte ich aber schon viel Geld für Fahrten usw. investiert. Ich rief Adilakshmi an und bat sie, die Mutter um Hilfe zu bitten – daß Sie mich doch bitte an der Hand halten möge (denn ich bin doch nun einmal ihr Kind), wenn ich dort das nächste Mal anriefe. Ich rief also an, der Mann sagte, daß er mir leider nicht weiterhelfen könne – um im nächsten Moment, zu meinem höchsten Erstaunen (und seinem eigenen, glaube ich), eine Arbeit für mich neu zu schaffen. Außerdem regelte er alles noch so, daß ich das investierte Geld nicht verlor.

Wir waren auf der Heimreise nach den Darshans, hatten ganz knappe Anschlüsse und warteten in Koblenz auf unseren Zug, der um 9:53 Uhr auf Bahnsteig 5 abfahren sollte. Um 9:52 Uhr hatten meine Frau und ich beide das Gefühl, daß eine geheimnisvolle Kraft unseren Kopf zum Bahnsteig 4 drehte, wo wir unseren Zug abfahrtbereit stehen sahen. Der Schaffner hielt ihn für uns, während wir einstiegen. Ohne Ankündigung war er in letzter Minute aus technischen Gründen verlegt worden.

Im Herzen hören wir die Mutter immer zu uns sprechen. Es ist keine Stimme, keine Verständigung, die wir mit menschlichen Begriffen beschreiben könnten, sondern eine Gewißheit, eine Weisung, die manchmal auch erst nach einem Ereignis klar ist. Aber immer ist sie da. Wir sind uns bewußt, daß das, was die Mutter in *Answers* gesagt hat, wirklich eine Tatsache ist: „... und seid in jedem Augenblick darauf vorbereitet, Wunder zu erleben."

21.

Dies ist ein kleiner Ausschnitt meiner Erfahrungen und des Weges mit Amma Meera. Dies sind nur meine eigenen. Sie können für jemand anderen ganz verschieden sein. Jeder ist aufgerufen, seine eigenen Erfahrungen zu machen.

Mein Leben war seit Kind an mit einer Frage behaftet: Warum? Warum lebe ich? Worin liegt der Sinn dieses Lebens? Ich sah die Schwierigkeiten meiner Eltern und meiner Verwandten. Ich sah meine eigenen Probleme und hatte doch meine Idealvorstellungen. Keiner konnte mir auf diese Fragen antworten. Was macht man als Heranwachsender? Man lehnt sich auf, nimmt vielleicht Drogen oder sucht die Wahrheit bei einer dieser neuen Glaubensgemeinschaften. Ich probierte gleich zwei oder drei dieser Gemeinschaften, denn mir war eigentlich von Anfang an klar, daß mein Leben eine Bestimmung haben mußte, die etwas mit Gott zu tun hat. Diese moderne Idee, daß man geboren wird und dann irgendwann stirbt, und das war's dann, ging mir absolut nicht in den Kopf. Diese neuen Religionen haben denselben schlimmen Fehler wie die alten Religionen auch. Sie sind dogmatisch. Zum Teil noch viel extremer.

Als ich dann merkte, daß meine ganze Energie und mein Eifer nur ausgenutzt wurden, brach für mich eine Welt zusammen. An diesem Punkt trat Amma in mein Leben. Langjährige Freunde zeigten mir ein Bild von ihr und luden mich ein, sie zum Darshan zu besuchen. Ihr Bild zog mich sehr an, und so besuchte ich Sie bei der nächsten Gelegenheit. Ab da wurde Darshan für mich so etwas wie Sucht. Die Anfangszeit wirkte extrem positiv auf mich. Jedesmal nach dem Darshan war ich mit Freude und Energie bis zum Platzen gefüllt. So half mir Amma, mich von diesen neuen Religionen zu lösen.

Da Amma nicht spricht, gibt es bei Ihr auch keine dogmatischen Regeln. Dies war für mich in dieser Situation sehr wichtig. Es führte aber zu einem noch viel wichtigeren Effekt. Ich fing an, viel mehr auf die innere Stimme zu hören.

Nach und nach verschwand für mich dann der Drang, zum Darshan zu gehen. Zum Teil aus Bequemlichkeit, es kamen immer mehr Devotees. Ich fühlte aber hauptsächlich eine sehr starke Verbundenheit mit Amma, die ich durch Japa noch verstärken konnte. So wurde mein Leben ein Wechselspiel zwischen Verbundensein mit dem Höchsten (Gott, Paramatman, Quelle des Lebens) und alten Verhaltensmustern. Dieses Wechselspiel hält zur Stunde noch an und führt mich durch extreme Höhen und Tiefen meines Daseins. Mit anderen Worten, ich werde auch viel intensiver mit den Problemen und Schwierigkeiten meines Daseins konfrontiert.

Auf der anderen Seite wächst ein grenzenloses Vertrauen in Paramatman, immer mehr Frieden entsteht und ein Leben ohne Angst. Diese Seite wächst immer mehr und füllt hoffentlich bald mein ganzes Dasein.

Zwischen diesen Zeilen liegen viele Erfahrungen, gelesene Bücher und Zeit. Wissen aus Büchern ist für mich nur wahr, wenn es funktioniert. Aber ausprobieren macht Spaß.

Mutter sagte mir einmal, ich solle geduldig sein. Es war sehr schwer für mich, dies zu realisieren. Das Leben ist dabei die beste Schule.

Und vergeßt die Liebe nicht! Verbundensein heißt nichts anderes als grenzenlose Liebe.

22.

Mutter Meera und einige Ihrer Devotees begleiteten Adilakshmi, die nach Indien flog. Auf dem Flughafen mußte der mit ziemlich schwerem Gepäck beladene Karren eine Treppe höher befördert werden. Auf der Rolltreppe kam ein kritischer Moment, in dem ich den Gepäckwagen mit aller Kraft halten mußte. Sogleich war die Mutter zur Stelle und half mir, daß er nicht umkippte. Alles ging dann ganz reibungslos und leicht.

Immer, wenn schwierige oder gefährliche Umstände eintreten, ist die Mutter sofort da. Als die Devotees beim Bau des neuen Hauses mithalfen, machte die Mutter die gefährliche Arbeit. Sie hilft immer in schwierigen Situationen.

Bevor ich Mutter Meera begegnete, war ich in meiner Einstellung und meinem Urteil manchmal hart gegenüber jüngeren Leuten und all den anderen in meiner Umgebung, die normal waren. Auf sehr feine Weise ließ die Mutter mich erkennen, was an meinem Verhalten falsch war. In kleinen Schritten lernte ich von Ihr, mit Liebe und Geduld zu handeln, auch in Dingen, die mich selbst betrafen. So hat sich dank Ihrer Hilfe mein Verhalten geändert, und es ändert sich weiterhin, in mir bewußterer Weise. Die Mutter schenkt mir Freiheit und lehrt mich, auch die Freiheit der anderen zu achten.

Mehrere Jahre lang hatte ich innerlich Probleme aufgrund einer Beziehung mit einem verheirateten Mann. Ich wußte von Anfang an, daß er verheiratet war, und war auch überzeugt, daß er niemals seine Familie oder sein Geschäft aufgeben würde. Obwohl wir uns liebten, war ich nicht sicher, ob es richtig war. Das quälte mich eine lange Zeit, und ich wollte mit der Mutter darüber sprechen. Dann war Sie eines Tages plötzlich da, niemand sonst war anwesend – doch ich traute mich nicht. Aber einige Tage später hatte ich eine ähnliche Gelegenheit, und da fragte ich Sie dann, ob ich diese Beziehung fortsetzen solle. Sie antwortete mir, daß es nicht gut sei, daß dieser Mann und seine Familie eine Einheit bildeten. In diesem Moment war ich zwar traurig, aber ich fühlte mich auch unbeschreiblich frei, fühlte die unermeßliche Liebe der Mutter. In den folgenden Tagen, obwohl sie schwer für mich waren, gab mir die Mutter, was ich brauchte, um die ganze Sache zu überwinden. Mutter Meera lehrt mich, ihr zu vertrauen und das Göttliche zu lieben. Sie gibt uns im rechten Moment alles, was uns not tut, und ist immer da, wenn wir Sie brauchen.

Ich danke Mutter Meera, daß Sie bei uns auf der Erde ist. Ich wünsche mir, daß ich Sie, die Göttliche Mutter, so zu lieben lernen werde, wie sie es mag.

Mein Dank gilt auch Adilakshmi, die immer so hilfsbereit ist.

23.

Als ich die Armee verließ (für mich eine Zeit, in der ich nichts als Erniedrigungen und Spott kennenlernte), fand ich bei der Mutter eine andere Welt vor. Es war das erste Mal, daß ich mit Ihr arbeitete. Am deutlichsten erinnere ich mich an Ihre unauffällige Art, ihre Schlichtheit. Und Sie wußte alles, auf allen Ebenen. Es waren die ersten glücklichen Tage meines Lebens.

Bei den Bauarbeiten am Haus mußte mit dem großen Vorschlaghammer eine Stange in den Boden gehauen werden. Keiner wollte sie halten, weil ich den Hammer führte und sie mich noch nicht kannten. Es waren ungefähr acht Leute. Als ich sie bat, mir zu helfen, sagte einer, daß er sich nicht traue. Darauf sagte die Mutter, Sie habe großes Vertrauen zu mir, und Sie hielt dann die Stange, während ich zuschlug. Das stärkte mein Selbstvertrauen gewaltig. Das habe ich bis heute nicht vergessen.

Als wir das Dach fertig hatten, waren am Kamin noch ein paar Platten zu befestigen. Ich nahm sechs davon, durchdachte alles und setzte sie dann ganz hübsch zurecht. Dann bat ich die Mutter, es sich anzusehen. Sie räumte alles wieder weg. Ich war stumm und traurig. Während ich der Mutter zuschaute, kam eine Ruhe über mich, die mir sagte: Schau eben einfach zu, schließlich ist es ja Mutters Haus. Als die Mutter dann fertig war, hatte Sie nur fünf Platten gebraucht, und sie waren besser gesetzt als vorher. Danach sah mich die Mutter an, als hätten wir das gemeinsam gemacht. Im Lauf der Zeit wurde ich bei der Arbeit besser, auch meine innere Verfassung verbesserte sich.

Als ich nach einem einmonatigen Aufenthalt bei der Mutter wieder heimfuhr, hörte ich Radio. Alles drehte sich pausenlos um irgendeine Fußballmeisterschaft. Da wurde mir so bewußt, wie oft wir Menschen ganz belanglose Dinge wichtig nehmen.

Nun bin ich schon lange bei Mutter Meera. Ich spüre, daß ständig etwas in mir arbeitet. Manchmal fühle ich mich elend, aber wenn ich die Mutter dann innerlich anrufe, geht das weg wie Schnee in der Sonne. Und jedesmal wenn ich nach dem Darshan heimfahre, ist in mir eine ganz starke Liebe.

24.

Seit ich Mutter Meera kenne, verstehe ich etwas besser, was das Göttliche ist. Vorher war es etwas Abstrakteres. Durch die Mutter bekommt das Göttliche eine persönlichere, konkretere Dimension.

Ich erinnere mich an einen Tag, an dem die Mutter, Adilakshmi und Herbert aus Indien zurückkamen. Einige, die in Ihrem Haus in Thalheim wohnen, fuhren zum Flughafen, um Sie zu empfangen. Die Mutter und Adilakshmi kamen zuerst heraus; dann warteten wir noch auf Herbert. Als die Mutter still bei uns stand, fühlte ich eine so starke Kraft und Freude, wie ich sie noch nie erlebt hatte. Da denkt man, man hat etwas getan; man ist gekommen, hat Blumen mitgebracht – und dabei waren wir die Beschenkten. Gerne denke ich auch an die Tage zurück, an denen wir im neuen Haus arbeiteten. Wir waren nicht aufgefordert zu arbeiten, nein, wir konnten tun und lassen, was wir wollten. Die Mutter arbeitete mit uns, immer mit voller Konzentration. Dabei tat Sie alle nur denkbaren Dinge, vom Auffegen bis zum Kachelnschneiden. Im Sommer kam Sie manchmal und setzte sich in den Garten. Sie hörte uns zu, lachte und machte manchmal auch selber einen Scherz.

Wenn ich im Haus der Mutter bin und Fragen zu irgend etwas in meinem Leben habe, die ich der Mutter gerne stellen würde, habe ich öfter erlebt, daß sich bald danach eine Gelegenheit ergibt, Sie anzusprechen. Sie hört wirklich genau zu und ist bereit zu helfen, wenn man Sie um etwas bittet. Hoffentlich bin ich bewußt genug, recht zu verstehen, wieviel Glück ich habe, die Mutter zu kennen und in Ihrem Haus wohnen zu dürfen.

25.

Liebe Mutter!

Als ich das erste Mal zu Deinem Darshan kam, war mein Herz ziemlich unruhig! Nach einer Weile wurde es aber plötzlich in mir und um mich herum ganz still... Es war frisch und neu, und kam ganz unerwartet. Dann später auf dem Heimweg fragten mich die Leute, die auch an Deinem Darshan anwesend waren: „Wie fühlst du dich nach dem ersten Darshan von Mutter Meera?"

Ich erzählte ihnen von der wunderbaren, anhaltenden Ruhe, die plötzlich im Raum herrschte, so sanft und doch so stark. Sie schauten

Thalheim, Deutschland 1984

mich fragend an und wollten wissen, wie ich das denn meinte. Da begriff ich, daß Du mich beschenkt hattest, liebe Mutter.

Nun, inzwischen hast Du mich immer wieder so sehr beschenkt, allem voraus mit der anhaltenden Lebensfreude und mit dem festen Glauben, den ich in mir trage, daß sich alles Gute hier realisieren wird.

Ich danke Dir sehr dafür, liebe Mutter, auch für die wunderbare, unendliche Zuneigung, die Du uns allen zeigst.

26.

Es war im Sommer 1991 in Stockholm, Schweden. Ich war in den Urlaubsvorbereitungen. Meine Reise sollte mich zu einem russisch-orthodoxen Kloster im Osten Finnlands führen. Dort hatte ich schon oft im Sommer einige Tage verbracht und mich der wunderbaren Landschaft und der östlichen Gesänge erfreut. Auch den alten Phantasien über ein Yogi-Leben in den Höhlen des Himalaya konnte ich dort ganz gut nachhängen. Dann telefonierte ich mit einem guten Freund. Er erzählte mir, daß er und noch ein anderer Freund in Deutschland gewesen waren und eine wunderbare Heilige besucht hatten, von der sie tief beeindruckt waren. Natürlich interessierte mich das sofort. Mein Freund hatte ein Buch mit dem Titel *The Mother* mitgebracht. Er ließ sich überreden, es mir auszuleihen,und so konnte ich es mit auf meine Reise nehmen.

Nach zwölfstündiger Fährfahrt hinüber nach Finnland und darauffolgender achtstündiger Autofahrt war ich schließlich in meinem Zimmer in dem Kloster. „Super", dachte ich, „das nenne ich leben." Nachdem ich meine Sachen ausgepackt hatte, steckte ich ein Räucherstäbchen an, machte es mir bequem, schaute, daß Schokolade und Wasser griffbereit waren, und begann, in dem Buch zu lesen. Und es war, als ob sich mir eine andere Welt auftäte. Mal lachte ich vor Freude, mal liefen mir die Tränen herab. In meinen Jahren der Meditation hatte ich das meiste gelesen, was es so an spirituellen Bücher zu lesen gibt. Dies hier aber war ganz anders. Es war so konkret, so real. Und es handelte von jemandem, der jetzt lebte, sogar gar nicht sehr weit von mir entfernt. Während der letzten paar Jahre hatte ich das Gefühl gehabt, daß sich eine Veränderung anbahnte, etwas Neues. Aber ich wußte nicht im geringsten, was und wann es eintreten würde. Hier nun war etwas... Ich beschloß, daß auch ich sie besuchen würde.

* * *

Eine Woche vor meiner ersten Reise zur Mutter hatte ich im Schlaf das folgende Erlebnis: Ich war in einem Raum voller Leute, die alle auf den Darshan der Mutter warteten. Es war eine lange Schlange, aber schließlich war ich an der Reihe. Ich kniete vor Ihr nieder, und Sie legte die Hände an meinen Kopf. Ich hatte das Gefühl, daß Sie mit mir verschmolz; Sie war gleichsam in mir und begann, mit mir zu sprechen. Ich sagte, daß ich mit einem Freund das erste Mal hier sei. Sie stellte mir verschiedene Fragen, wie ich hieße, was ich arbeitete usw. Zu meinen Antworten lächelte und nickte Sie zustimmend, als wollte Sie anzeigen, daß alles in Ordnung war. Dann schaute Sie mir lange in die Augen. Die Vertrautheit mit Ihr, die ich in diesem Augenblick empfand, kann ich kaum beschreiben. Es war, als hätte ich Sie schon lange, lange gekannt, als hätte ich einen lange entbehrten, guten Freund wiedergefunden.

Dann gingen wir in einen anderen Raum. Wir waren dort allein, saßen auf dem Boden und unterhielten uns, als ein kleiner, stämmiger Mann hereinkam. Ich hatte keine Ahnung, wer er war. (Später, als ich schon einige Male bei der Mutter gewesen war, ging mir plötzlich auf, daß das Herr Reddy gewesen sein muß.) Die Mutter sagte etwas umwerfend Witziges zu ihm, so daß ich in Gelächter ausbrach. Ich kugelte mich förmlich auf dem Boden und schrie vor Lachen. Und dann öffnete ich langsam die Augen, ohne daß ein Bruch in meinem Bewußtsein stattfand. Ich lag im Bett auf dem Rücken, mein ganzes Sein vibrierte vor Freude und Glückseligkeit von dieser intensiven Erfahrung. „Wahnsinn...", dachte ich, „und ich bin Ihr noch nicht mal begegnet!"

* * *

Den Darshan der Mutter zu empfangen ist eine Erfahrung, die jeder Sucher zumindest ein Mal machen sollte. Ich war so erleichtert, als ich kam. Es gab keine Reden, keine Vorträge, keine neue Doktrin oder Philosophie. Nur das eine, das Wesentliche, gab es, genau das, was ich gewollt hatte: die direkte Einwirkung des Göttlichen. Und das Licht. Und die Stille. Die Mutter wurde einmal gefragt, warum Sie alles schweigend tue. „Reden könnt ihr überall kriegen", war Ihre Antwort. Mir gefiel hier alles, und so begann ich, regelmäßig zu kommen. Am Anfang versuchte ich immer, beim Darshan gute Gedanken zu haben. Das Ergebnis war, daß alle meine schlechten Eigenschaften und niedrigen Gedanken hervorkamen. Nach und nach lernte ich, nicht zu versuchen, etwas Besonderes zu sein. Einfach still zu sein und die Mutter sich des übrigen annehmen zu lassen.

* * *

Ab dem Frühjahr 1992 durfte ich dann in Mutters Haus in der Langgasse wohnen, wann immer ich nach Thalheim kam. Dadurch bekam ich Sie nach und nach mehr zu sehen, auch außerhalb des Darshans. Das eröffnete für mich eine neue Welt und auch neue Möglichkeiten. Ziemlich oft half ich bei den Bauarbeiten mit. Sooft ich im Haus der Mutter war und sich dazu die Gelegenheit bot, war es meine Lieblingsbeschäftigung, Sie einfach nur zu beobachten. Ich verfolgte hingerissen Ihr subtiles Minenspiel, wie Sie reagiert, wie Sie mit anderen umgeht. Sie ist die Macht, die das Universum geschaffen hat – und wie bescheiden ist Sie! Ein stiller Ausdruck dieser Ihrer unbeschreiblichen Bescheidenheit und Demut auf Ihrem Gesicht lehrt mich mehr als alle Bücher, die ich gelesen, alle Vorträge, die ich gehört habe. Lehren in der Stille findet hier in seiner absoluten Form statt. Manchmal muß ich in meinen Beobachtungsübungen wohl etwas extrem gewesen sein, denn ich erinnere mich, wie die Mutter einmal einem der älteren Devotees bedeutete, sich zwischen Sie und mich zu stellen, um mir die Sicht zu nehmen.

Noch etwas anderes habe ich beobachtet, nämlich, daß die Mutter allem, sei es belebt oder unbelebt, die gleiche unglaubliche Achtung entgegenbringt. Alles wird als Ausdruck des Göttlichen betrachtet. Alles, selbst Werkzeuge, behandelt Sie mit unendlicher, liebevoller Sorge. Einmal sah ich, wie einer Ihrer Devotees einen Hammer warf und er zu Boden fiel. „Das tun wir nicht", sagte die Mutter zu ihm.

* * *

Eine meiner schönsten Erinnerungen ist eine Begegnung mit der Mutter, als Sie im Herbst 1992 aus Indien zurück war. Als ich nach Thalheim kam, ging ich zu Ihrem Haus. Sie stand mit einigen Devotees auf dem Hof. Ich stellte mich dazu. Als Sie mich sah, wurde Sie still und schaute mir direkt in die Augen. Auch ich stand still da. Das dauerte eine lange, lange Weile. Alle spürten die intensive Atmosphäre und verstummten. Schließlich senkte Sie den Blick mit einem wunderbaren, etwas scheuen Lächeln auf dem Gesicht. Diesen Darshan, den Sie mir, einem Neuling, schenkte, werde ich nie vergessen.

* * *

Die Mutter hat mich den Wert von Japa gelehrt. Ich hatte vorher immer nur der Meditation Bedeutung beigemessen. Ich wußte wohl von Japa, fühlte mich aber nie davon angezogen. Als ich Mutters *Answers* gelesen hatte, begann ich mit ihrem göttlichen Namen Japa zu machen. Das hat all mein verstandesmäßiges Urteilen und Befinden darüber, was „spirituell" oder „unspirituell" sei, völlig aufgehoben und mein Leben zu einem integrierten Ganzen gemacht, das von Ihr erfüllt ist. Manchmal habe ich die Mutter auf subtile Weise überall, wo ich hinschaute, wahrgenommen; da sah dann die ganze physische Welt aus wie ein Schleier, durch den Sie hindurchschien, bzw. er war nur ein Ausdruck von Ihr. Alle Erlebnisse, die ich manchmal habe, kommen während des normalen Wachbewußtseins, nicht in einer Trance; deshalb sind sie so real. Der Schlüssel dazu ist Japa mit Mutters Namen. Es ist, wie wenn man einen Schokoladenriegel ißt: Man sagt den Namen der Mutter mit tiefer Liebe im Herzen und läßt sich dann von Ihrem süßen Geschmack erfüllen. Man verweilt noch ein bißchen bei ihm, läßt ihn nachklingen, und dann wiederholt man den Namen wieder – als ob man eine neues Stück von dem Riegel abbeißt. Kann man mehr wollen?

Im November 1992, nachdem ich begonnen hatte, Japa zu versuchen, schenkte mir die Mutter eine Erfahrung, die neu für mich war. Ich fühlte in meiner Brust eine Öffnung (wie man sie auf indischen Darstellungen oft sieht), und in dieser Öffnung konnte ich die Unendlichkeit fühlen und wahrnehmen. Wenn ich in diesen Raum in mir selbst eintrat, spürte ich dort den Ursprung der ganzen Schöpfung. Die Kraft, die aus dieser Öffnung in mein Alltagsleben floß, war überwältigend. Auch andere bemerkten das. Ich fuhr übers Wochenende nach Finnland. Dort aß ich mit einer Freundin in einem vegetarischen Restaurant zu Mittag. Als sie sich zu mir an den Tisch setzte, spürte sie sofort diese Erfahrung. Sie begann zu weinen und sagte: „Das ist so ein gutes Gefühl, hier drin zu sein." Und an meiner Arbeitsstelle, beim Mittagessen im Restaurant zum Beispiel, sah ich alle anderen Gäste als in mir selbst, und bedingungslose Liebe strömte durch mich zu jedem von ihnen. Eine Woche lang lebte ich mit dieser Erfahrung, dann ging sie weg.

* * *

Im August 1993 durfte ich mit der Mutter drei Wochen mit nach Indien. Oft half ich Herbert bei Bauarbeiten. Daneben hatte ich reichlich Gelegenheit, meiner Lieblingsbeschäftigung nachzugehen, also die Mutter zu beobachten und aus der Art, wie sie sich verhält, zu lernen.

Als wir in Ihrem Haus ankamen, begannen die Leute aus der Stadt auch schon, Sie aufzusuchen, um Ihren Segen zu erhalten. Es erstaunt mich immer aufs neue, mit welcher Bescheidenheit und Anmut Sie sie empfängt, wenn sie kommen und Ihre Füße berühren. Der ärmste Sadhu und der reichste Geschäftsmann werden alle mit der gleichen Liebe und Achtung empfangen. Manchmal war das Haus voller Leute, jeder erpicht darauf, Sie zu sehen. Wie würdevoll Sie war – wie eine Königin!

So in der physischen Nähe der Mutter zu sein, kann manchmal auch dem Ego zusetzen. Sie ist wie ein Chirurg, der mit Lasertechnik operiert, damit der Patient in kürzestmöglicher Zeit den Klauen des Egos entkommen kann. Einmal machte ich eine dumme Bemerkung. Auf den stummen Blick, den mir die Mutter zuwarf, hätte ich in den Boden versinken wollen. Dann, zwei Tage vor meiner geplanten Abfahrt, verletzte mich etwas, das die Mutter sagte, sehr. Alle meine ungöttlichen Eigenschaften meldeten sich, und ich fühlte mich schlicht miserabel. Mir reichte es für diesmal, und ich wünschte eigentlich den Abreisetag herbei. Auf dem Weg zum Flughafen fiel mir dann ein, daß die Mutter, als Sie sagte, ich könne nach Indien mitkommen, auch sagte, ich könne aber nur für drei Wochen kommen. Sie hatte also schon Monate vorher genau um meine Aufnahmefähigkeit gewußt. Sie gibt uns immer genau das Maß, das wir vertragen, nicht mehr und nicht weniger, während des Darshans ebenso wie außerhalb.

* * *

Als ich aus Indien zurück war, stolperte ich während eines Laufs, fiel mit vollem Tempo hin und schrammte mir das linke Knie auf. „Nicht der Rede wert", dachte ich. Ich humpelte nach Hause, wusch den Schmutz oberflächlich ab und vergaß die Angelegenheit. Eine Woche später bekam ich plötzlich furchtbare Schmerzen in diesem Knie. Es schwoll an, ich konnte nicht mehr laufen. Am nächsten Tag schleppte ich mich unter großen Schmerzen zum Arzt in ein Krankenhaus. Ich hatte eine schlimme Infektion an einer heiklen Stelle im Knie bekommen, die mein Knie für immer ruinieren konnte. Der Arzt verschrieb mir zwei verschiedene Arten von Penizillin in hoher Dosierung, die ich zehn Tage einnehmen sollte. Er sagte, es würde drei, vier Tage dauern, bevor sie Wirkung zeigen würden. Er wurde ganz blaß, als er hörte, daß ich in Indien gewesen war, aber ich konnte ihn beruhigen, weil ich mir die Verletzung ja hier in Schweden geholt hatte. Jedenfalls hatte ich schon früher einmal Penizillin genommen und wußte, wie es einen völlig benebelt; deshalb war mir unwohl bei dem Gedanken, es einzunehmen. Der Arzt sagte noch, ich solle morgen wiederkommen, weil er sehen wollte, ob man operieren müsse, um das Knie zu retten.

Nach einem gewissen Zögern nahm ich all meinen Mut zusammen und beschloß, die Mutter in Indien anzurufen und ihr von dem Vorfall zu berichten. Wie erleichtert war ich, als Adilakshmi mir sagte: „Ja, die Mutter wird dir helfen." Ich spürte sofort, daß alles in Ordnung sein würde. Trotzdem gab mein Verstand zu bedenken, daß es nicht schaden könne, auch das Penizillin zu nehmen, für alle Fälle. Schließlich ging es ja darum, mein Knie zu retten. Da fuhr Adilakshmi fort: „...und Mutter sagt, wenn du willst, kannst du auch das Penizillin nehmen."

Als ich am nächsten Morgen aufwachte, war der Schmerz weg, das Knie war nicht mehr geschwollen, und ich konnte problemlos laufen. Der Arzt im Krankenhaus war höchst erstaunt, wie sämtliche Symptome auf einmal verschwunden sein konnten. So weiß ich aus eigener Erfahrung – und dies ist nur ein Fall von vielen –, wie die Mutter uns auch auf dieser materiellen Ebene helfen kann. Sie sorgt für alle unsere Bedürfnisse, die inneren wie die äußeren.

* * *

Eines, was mir noch fehlt, ist Geduld. Für mich ist es das Schlimmste, in einer Schlange zu stehen, die sich nur langsam voranbewegt. Einmal hatte ich nachts noch ein anderes, ganz lebendiges Erlebnis. Die Mutter und ich unterhielten uns. Sie sagte mir, ich solle mit meinem spirituellen Leben mehr Geduld haben. Sie sagte, erst müsse das Fundament stabil und solide sein. Dann könne die Verwirklichung darauf errichtet werden. „Wie wahr...", sagte ich zu mir selbst, als ich die Augen aufschlug. Ich fühlte mich so gut und sicher und gab froh mein ganzes Leben in die Hände der Mutter.

* * *

Dies sind einige der Erlebnisse, die ich gehabt habe, seit ich der Mutter vor zweieinhalb Jahren begegnet bin. Sie und das Paramatman-Licht haben die Führung meines Lebens übernommen und es in einer Weise zum Erblühen gebracht, die ich mir nicht hätte träumen lassen. Die Mutter spricht nicht viel, sie handelt. Fast ist es so, als ob ich selbst gar nichts mehr täte. Manchmal kommt mir die Mutter vor wie eine große Woge, und ich bin der glückliche Surfer oben drauf, der von ihr geschwind dahingetragen wird. Jeder neue Tag ist wie ein neues Abenteuer – alles ist möglich. Bei der Mutter bin ich zu Hause.

27.

„Irgendwie" hat es sich so ergeben, daß ich seit Anfang April 94 in Thalheim wohne, in demselben Haus, in dem Mutter Meera viele Jahre zuvor begann, Darshan zu geben. Vom ersten Tag meines Hierseins an fühlte ich, besonders während des Meditationsprogramms, die ungewöhnlich starke spirituelle Kraft, die hier im Haus gegenwärtig ist und die alles übertrifft, was ich zuvor erfahren hatte, trotz vieler Jahre Meditation und zahlreichen, teilweise langfristigen Meditationskursen. Es dauerte eine ziemliche Zeit, bis ich mich einigermaßen an diese Kraft gewöhnt hatte; jedoch nimmt sie – oder besser der Bruchteil davon, den ich fähig bin wahrzunehmen – beständig zu. In etwas milderer Form, aber doch noch wesentlich stärker als es meiner bisherigen Erfahrung entspricht, begleitet mich diese Kraft auch während der Aktivität, und sie transformiert sich in regelrechten praktischen Nutzen. Manchmal während des Tages gibt es Phasen, in denen diese Kraft oder besser die abstrakte Gegenwart von Mutter Meera so intensiv und befriedigend ist wie in der Meditation.

Seit meines Hierseins hat sich eine neue Ebene der Erfahrung aufgetan, sowohl in der Aktivität als auch in der Meditation. Speziell die Meditation empfinde ich als tiefer, energiereicher und sehr viel erfüllender. Während des Meditierens ist die Aufmerksamkeit in natürlicher, d.h. anstrengungsloser Weise, mehr nach innen gerichtet als vorher, woraus dieser Zuwachs an innerem Frieden, Kraft und Erfüllung resultiert. Nach dem morgendlichen Meditations- und Yoga-Programm fühlt man sich so frisch und vital – wie neugeboren. Und schließlich, auf dem Weg zur Arbeit und von dort wieder nach Hause, trägt die Umgebung von Thalheim ihren eigenen Anteil zum persönlichen Wohlbefinden bei. Sie scheint die Anmut und die Reinheit von Mutter Meera widerzuspiegeln. Die ganze Atmosphäre über Thalheim und seinen benachbarten Landstrichen strahlt einen besonderen, subtilen Glanz von Klarheit, Reinheit und Schönheit aus. Dieser Anblick tut sehr gut und ist mir bisher nirgendwo in Deutschland aufgefallen. Die Menschen, die in dieser Gegend wohnen, müssen sehr gesegnet sein, auch wenn es ihnen nicht bewußt sein mag.

Während der kurzen Zeit des Darshans habe ich keine ungewöhnlichen Visionen oder spektakulären Erfahrungen, außer daß ich mich so unendlich gut fühle, wenn ich in die Augen von Mutter Meera blicke, in denen soviel Anmut, soviel Schönheit und solch eine Reinheit liegt, die so wach und klar und so wissend sind und die sowohl Mitgefühl als auch völlige Losgelöstheit davon ausdrücken. Das ist, als ob man etwas erhält, wonach man sich lange, lange Zeit gesehnt hat und das man nicht leicht beschreiben kann. Manchmal jedoch, wenn mein Verstand etwas ruhiger ist, d.h. wenn ich nicht versuche zu analysieren, was während des Darshans vor sich geht, habe ich ein subtiles Empfinden von Leichtigkeit und spiritueller Erheiterung. Aber in dem Augenblick, wo dieses Empfinden seinen Höhepunkt erreicht und man sich wünscht, daß es weiterhin aufrechterhalten bleibt, ist der Darshan auch schon vorüber.

Auch während der kurzen Zeit auf dem „Wartestuhl", in unmittelbarer Nähe von Mutter Meera, genieße ich eine intensive Welle von Wohlgefühl und Kraft (Bliss-Power), von der Sie umgeben ist, bzw. die von Ihr ausstrahlt. Und dann, wenn ich mich nach dem Darshan zum Meditieren hinsetze, gibt es ein wahres Aufbersten von diesem Wohlgefühl und dieser Kraft, die meinen Geist und Körper erfüllen. Und diese Erfahrung beginnt erneut, wenn ich mich zu Hause vor der Nachtruhe noch einmal zum Meditieren hinsetze, und stellt sich erneut am nächsten Morgen bei der Meditation ein.

Ein ganz praktischer Nutzen, den das Wohnen hier und damit das Eingebettetsein in den Segen von Mutter Meera mit sich bringt, ist die Verringerung der Schlafzeit. Dies kann nicht nur durch die relative Ruhe hier auf dem Land, abseits vom geschäftigen Stadtleben, erklärt werden, sondern ist spürbar zurückzuführen auf den hohen Grad an Ordnung und Harmonie, den Mutter Meera aussendet und mit dem Sie die ganze Gegend hier aufwertet.

Es kam auch wiederholt vor (öfter als es der „Zufall" erlaubt hätte), daß ich, z.B. auf dem Weg zur Arbeit, genau jene Stellen las, die ich für meine Arbeit an dem betreffenden Tag benötigte. Es gibt sogar eine ganze Reihe von ähnlichen, erstaunlichen Koinzidenzen, seitdem ich hier bin, was das Gefühl vermittelt, daß das Leben irgendwie geführt wird.

Die Bedeutung solch einer Aussage kann vielleicht am besten verstanden und gewertet werden, wenn ich kurz erwähne, daß es mein Job ist, in einer privaten Institution Nachhilfe in Mathematik und Physik zu geben, und daß ich mich, bevor ich hierher kam und diese Tätigkeit begann, seit mehr als einem Jahrzehnt nicht mehr mit Mathematik und Physik beschäftigt hatte – mit dem Resultat, daß meine diesbezüglichen Kenntnisse nahezu null waren und in manchen Fällen noch geringer als die meiner Schüler.

Zu meinem großen Erstaunen jedoch konnte ich innerhalb einer vergleichsweise kurzen Zeit eine ziemliche Portion an Kenntnissen wieder auffrischen. Darüberhinaus empfinde ich sogar wieder eine Faszination dafür, wie früher während der Studienzeit. Dies ist in sich selbst ein äußerst erstaunliches Ergebnis, denn meine Studienzeit liegt fast 15 Jahre zurück und ich war damals buchstäblich nicht mehr fähig, mich mit irgendwelchen Themen moderner Wissenschaft, speziell der Naturwissenschaften, zu beschäftigen. Es war keine Energie oder Kreativität, nicht einmal ein kleines bißchen, dafür übriggeblieben. Ich mochte noch nicht mal einen Blick in Physik- und Mathematikbücher werfen und war erst recht nicht in der Lage, sie zu studieren, obgleich diese beiden Bereiche damals den zentralen Kern meines Lebens ausgemacht hatten. Möglicherweise habe ich mich während der langen Studienjahre durch meinen Eifer überfordert. Auf der anderen Seite lag es wohl daran, daß Mutter Natur mich in eine völlig andere Phase des Daseins hineingebracht hatte, die vor ca. 17 Jahren mit meiner Einführung in das spirituelle Leben begann. Seitdem konnten in zunehmendem Maße nur noch spirituelle Themen mein Interesse wecken und Beachtung finden, alles andere war ausgeschlossen. Einige Jahre später wurde Spiritualität sogar zu meinem Beruf, mit dem ich meinen Lebensunterhalt verdiente. Das Pendel hatte sich ganz zum entgegengesetzten Ende bewegt, von einer nahezu völlig rationalen Weise des Denkens und der Lebensführung zur Spiritualität (jedenfalls wie ich sie damals verstand). Letztlich schließt Spiritualität natürlich nicht den objektiven Bereich des Lebens aus, sondern bereichert ihn sogar, da sie ja seine Grundlage darstellt. Obwohl mir das vom Verstand her schon sehr bald klar wurde, mußte ich wohl doch durch meine speziellen Erfahrungen, wie oben angedeutet, hindurchgehen, um diese Erkenntnisse auch praktisch zulassen, d.h. umsetzen zu können.

Jetzt, nach so vielen Jahren, in denen meine Lebensführung vorwiegend von der rechten (intuitiven) Gehirnseite bestimmt wurde, finde ich mich in der erstaunlichen Situation wieder, daß ich fähig bin, nun auch wieder die linke (analytische) Seite zu nutzen, diesmal zusammen mit der rechten. Mathematik und Physik faszinieren mich fast so wie damals, und ich kann diese Interessen und Fähigkeiten jetzt in sehr erfüllender Weise mit Spiritualität verbinden. In dieser Hinsicht sind die spirituellen und die praktischen Aspekte meines Lebens harmonisiert worden, so daß ich mich jetzt in einem Prozeß der Integration befinde. Die einzige Erklärung für mich, daß dieses geschehen konnte, ist Mutter Meeras organisierende Kraft, mit der Sie alles und jeden harmonisiert und an den richtigen Platz stellt, wie ein Gärtner, der ein Beet kultiviert.

Wie ich Mutter Meera kennenlernte

Das erste Mal hörte ich von Ihr 1983, als ich mich einer internationalen spirituellen Gruppe anschloß, die in Deutschland stationiert war. Bei einem der Gruppenmitglieder sah ich ein Schwarz-Weiß-Foto von Mutter Meera. Derjenige sagte mir, daß dies Mutter Meera sei, eine Heilige aus Indien, die in einem kleinen Dorf auf der anderen Seite des Rheins lebt. In dieser Zeit war ich aber nicht offen für andere spirituelle Richtungen, deshalb beschloß ich, das Ganze zu vergessen, obgleich ich hin und wieder von weiteren Gruppenmitgliedern von Mutter Meera hörte.

Drei Jahre später lud mich ein Gruppenmitglied abends zu einer Puja (zeremonielle Handlung zur Verehrung des Meisters oder auch einer Tradition von Meistern) ein. Auf dem Pujatisch befand sich auch ein Foto von Mutter Meera. Das Foto war wunderschön, außerordentlich anziehend. Es gab einem etwas – etwas sehr, sehr Kostbares. Viele weitere Fotos von Mother Meera waren in seinem ganzen Zimmer verteilt. Während der Puja fühlte ich mich sehr gut, unverkennbar mehr als zu anderen Gelegenheiten, auch danach noch, besonders aber am nächsten Morgen während des Meditationsprogramms. Ich fühlte mich geistig und körperlich extrem gut, außerordentlich „blissful", und dieses Wohlgefühl dauerte auch während des Tages fort.

Dieses Gruppenmitglied bot mir dann an, doch einmal zum Darshan-Abend bei Mutter Meera mitzukommen, und ich beschloß, das zu tun, denn die guten Erfahrungen während und nach der Puja waren für mich wie eine Einladung, zum Darshan zu kommen. Trotzdem dauerte es noch eine ziemliche Zeit, bis ich wirklich bereit war zu gehen, denn ich wollte einen Bruch mit der spirituellen Tradition, zu der ich gehörte, vermeiden. Irgendwann war es dann soweit, und in der Nacht nach dem ersten Darshan hatte ich einen Traum, der mich von meinem Zweifel befreite. Ich verstand, daß der Darshan nicht im Konflikt zu meiner Zugehörigkeit zu der Tradition stand und daß beide, die Tradition und Mutter Meera, in völliger Harmonie zusammenarbeiten, obgleich sie einen unterschiedlichen Ansatz, bzw. verschiedene

Thalheim, Deutschland 1984

Methoden und verschiedene Aufgabenbereiche haben, um die Menschheit von ihren Problemen zu befreien. Dieser Zweifel hat sich danach nicht wieder eingestellt, und insbesondere seit ich hier in Thalheim bin, ist mir klargeworden, daß ein Zweifel dieser Art nur aus einem begrenzten Verständnis des Lebens resultieren kann. Letztlich ist das Leben ein einziges, zusammenhängendes, zeitloses und alldurchdringendes Ganzes, so daß verschiedene Manifestationen dieser allem zugrundeliegenden abstrakten Realität nicht gegeneinander wirken, bzw. im Widerspruch zueinander stehen können, obgleich so etwas von der Ebene des Nicht-Erleuchteten aus betrachtet so erscheinen kann, und sei es auch nur, um einem Lernprozeß zu dienen.

Aber nun fühle ich mich gut hier, wo ich bin. Es gibt kein Gefühl, einen unangemessenen Schritt getan zu haben, auch kein Gefühl etwa von Schuld gegenüber meiner bisherigen spirituellen Richtung. Stattdessen habe ich die innere Gewißheit, daß Mutter Meera mich zur richtigen Zeit an den richtigen Platz gestellt hat. Ich fühle mich regelrecht befreit, von meiner eigenen Engstirnigkeit, die mich bisher das Leben aus einer recht einseitigen Perspektive heraus betrachten und auch führen lassen hat.

Eine hervorragende Belehrung

Gleich zu Anfang, als ich Mutter Meera kennen lernte, empfand ich eine sehr reine und tiefe, aber in gewisser Weise doch persönliche Liebe für Sie. Es war im Wesentlichen die Schönheit Ihrer physischen Erscheinung und die Reinheit, die Sie ausstrahlte, die mich so sehr zu Ihr hinzog.

Dann, während eines der ersten Darshans, erhielt ich von Ihr eine hervorragende Belehrung. Diese Belehrung war hervorragend hinsichtlich der Art und Weise wie sie vermittelt wurde, wegen ihres Inhalts und bezüglich ihrer Wirkung auf mich. Sie wurde mir mitgeteilt ohne Worte – ausschließlich durch die Kraft Ihrer Stille: „Ich bin nicht der Körper, sondern Reines Bewußtsein. Und selbst wenn Ich physisch bei dir wäre, hättest du Mich doch nicht erreicht. Deshalb bemühe dich, Mich als Reines Bewußtsein zu erkennen."

Seitdem bemühe ich mich ständig, ein mehr und mehr abstraktes Verständnis von dem zu bekommen, was Sie wirklich ist. Ich bin sehr dankbar für diese Lehre, an die ich mich selbst heute noch genau erinnere.

* * *

Dank für all das Gute, das uns die herzliche Großmut von Mutter Meera beschert – unabhängig davon, ob wir uns in ihrer Nähe befinden oder sonstwo –, gebührt auch Adilakshmi. Durch ihre reiche und reife Persönlichkeit und ihr sehr sympathisches und herzliches Lachen (Lächeln), das sie jedem Darshan-Besucher entgegenbringt, fühlt sich jeder sofort willkommen und heimisch. Adilakshmi zu sehen, besonders während solcher nicht sehr häufigen Gelegenheiten außerhalb des Darshans, ist tatsächlich wie ein Extra-Darshan. In diesem Zusammenhang möchte ich noch eine sehr angenehme Erfahrung hinzufügen:

Eines Morgens, während ich mit Yoga-Asanas beschäftigt war, kam Adilakshmi herüber und bat mich, eine Aufgabe zu übernehmen. Sie benötigte weniger als dreißig Sekunden, um mir die Sache zu erklären. Danach setzte ich meine Asanas fort und fühlte mich plötzlich, als ob ich Shaktipat (Übertragung von spiritueller Energie) bekommen hätte. Das Wohlgefühl in meinem Körper wurde sehr intensiv, als ob eine Portion der göttlichen Kraft, die Adilakshmi ständig von Mutter Meera erhält, bei sich trägt und ausstrahlt, auf mich übertragen worden war.

Zusammenfassend kann ich sagen, daß ich mich hier rundum gut fühle – als wenn man „zu Hause" ist. Das Geschenk, das man erhält, wenn man sich der Transformation öffnet, die Mutter Meera durch das Herabbringen des Paramatman-Lichtes bewerkstelligt, ist Freiheit und Frieden – wachsende innere Zufriedenheit, Erfüllung, Kraft und Freude.

28.

(Zehneinhalb Jahre alt:) Vor zwei Jahren durfte ich mit meinen Eltern und meinem Bruder im Haus der Mutter meine Ferien verbringen. Es war eine Zeit, die ich nie vergessen werde. Wir haben dort viel gespielt, und alles war wunderschön. Am schönsten war es immer, wenn mein Bruder und ich oben bei der Mutter sein konnten. Ich verstehe heute noch nicht, warum es dort immer so schön war. Wir haben dort nie viel gemacht, aber es wurde nie langweilig. Die Zeit verging immer wie im Fluge. Die Mutter war da, und es war schön.

Manchmal ist die Mutter auch mit uns spazierengegangen. Einmal sind wir erst zum Friedhof zu Herrn Reddys Samadhi gegangen. Dort hat die Mutter mit uns die Blumen gegossen. Anschließend sind wir dann zusammen mit der Mutter auf den Spielplatz gegangen. Das hat uns sehr viel Spaß gemacht.

Mutters Garten war für uns immer ganz toll. Besonders schön war es, wenn die Erdbeeren reif waren und wir sie zusammen mit der Mutter abgepflückt und gegessen haben.

Wenn wir die Mutter im Haus trafen, hatte Sie fast immer kleinere oder auch größere Überraschungen für uns. Es waren oft ganz leckere Süßigkeiten, oder einmal habe ich ein kleines Puppen-Teegeschirr bekommen, das war eine ganz besondere Überraschung. Ich spiele heute noch gerne damit. Einen ganz tollen Bastkoffer, den mir die Mutter geschenkt hat, nehme ich immer noch auf all meine Fahrten mit.

Aber mein schönstes Erlebnis muß ich auch noch erzählen. Eines Tages haben wir alle zusammen Adilakshmi zum Flughafen nach Frankfurt gebracht. Es hat alles sehr lange gedauert, denn das Flugzeug hatte Verspätung. Aber es war trotzdem sehr schön, denn wir saßen alle zusammen mit der Mutter in der Wartehalle und haben uns unterhalten. Als das Flugzeug dann abgeflogen war, durfte ich zusammen mit meinem Bruder im Auto mit der Mutter zurückfahren. Ich war inzwischen so müde geworden, daß mir die Augen zufielen. Da hat die Mutter meinen Kopf genommen, ihn auf Ihren Schoß gelegt, und ich konnte schlafen. Ich habe so schön geschlafen, daß ich das nie vergessen werde.

In Mutters Haus wohnen zu können ist wunderschön. Auch hilft mir die Mutter immer, wenn ich mal ein Problem habe. Obwohl ich sonst nicht viel Angst habe, habe ich in einer Situation einmal fürchterliche Angst bekommen. Ich habe der Mutter einen Brief geschrieben und Ihr alles erzählt. Sofort war alles wieder gut, und ich konnte meine Angst vergessen.

Immer wieder fahre ich gerne zur Mutter. Es ist dort wunderschön. Manchmal denke ich, daß mir die Autofahrt zu lang ist, weil ich nicht gerne lange Fahrten mache. Aber nach dem Darshan, wenn ich wieder zu Hause bin, weiß und fühle ich, daß es sich gelohnt hat. Nach dem Darshan fühle ich mich jedesmal so gut. Wenn ich vorher müde war, bin ich nach dem Darshan ganz wach und frisch. Ganz angenehm ist für mich die Ruhe, die ich nach dem Darshan fühle. Ja und dann fällt mir immer noch auf, daß ich die Landschaft, durch die wir fahren, auf der

Hinfahrt nach Thalheim gar nicht bemerke. Auf der Rückfahrt aber finde ich sie jedesmal wunderschön.

Ich bin der Mutter sehr dankbar, daß ich immer zum Darshan kommen darf.

29.

(Zwölfeinhalb Jahre alt:) Als unsere Familie vor zwei Jahren ihren Urlaub in Mutters Haus verbringen durfte, war dies für mich eine wunderschöne Erfahrung. Ich habe mich dort einfach unheimlich wohl gefühlt. Es war das erste Mal, daß es mir irgendwo besser gefiel als zu Hause. Es war für mich während der ganzen Ferienzeit mein „Zuhause". Immer wenn wir etwas unternommen haben und wieder in Mutters Haus zurückfuhren, dachte ich: „So, jetzt komme ich nach Hause." Eigentlich hatte ich nie Lust, von dort wegzufahren. Am schönsten war es immer, wenn die Mutter sich mit uns unterhalten oder etwas zusammen mit uns unternommen hat. Alles, was wir mit Ihr gemacht haben, war schön. Ob wir spazieren oder zu Herrn Reddys Samadhi gegangen sind, alles war schön.

Und die Mutter hatte immer Überraschungen für uns. Oft waren es Süßigkeiten, die sehr köstlich waren. Einmal hat die Mutter mir sogar einen richtig funktionierenden Bagger zum Spielen geschenkt. Darüber habe ich mich riesig gefreut, und ich habe ihn heute noch. Die Mutter hat uns auch oft köstliche Sachen aus ihrem Garten zum Kochen gebracht. Eigentlich mag ich nicht gerne Gemüse, aber ich weiß noch, daß die Bohnen aus Mutters Garten mir super geschmeckt haben.

Die Mutter hat mir auch erlaubt, Fotos von Ihr zu machen. Die sind alle wunderschön geworden, und ich bewahre sie in einem Extra-Album auf. Ja, und etwas konnte ich gar nicht verstehen. Ich bin eigentlich von Natur aus nicht sehr arbeitsfreudig. Aber manchmal hat mir die Mutter auch etwas zum Arbeiten gegeben, und was mußte ich feststellen? Selbst das machte Spaß!

Wenn ich an diesen Urlaub zurückdenke, so weiß ich einfach, daß es der schönste war, den ich bisher erlebt habe. Wir durften dann noch häufig am Wochenende bei der Mutter im Haus wohnen. Immer wieder habe ich mich darauf gefreut, und es waren unvergeßliche Erlebnisse. Auch hat mir die Mutter immer geholfen, wenn ich irgendwelche Schwierigkeiten hatte. Es gab eine Zeit, wo ich am Gymnasium einfach keine Lust mehr hatte zu lernen. Alles fiel mir schwer. Nachdem die Mutter davon wußte, wurde alles, wie durch ein Wunder, wieder leichter. Die Schule machte mir wieder Freude, und entsprechend wurden auch meine Zensuren wieder gut.

Als ich gerade zehn Jahre alt geworden war, fragte ich die Mutter, ob ich nun auch einmal zum Darshan kommen dürfte. Ich kann mich noch genau an meinen ersten Darshan erinnern. Das war vor fast drei Jahren. Ich war noch etwas unsicher, ob ich mich auf den Wartestuhl setzen sollte oder nicht. Ich setzte mich. Als ich nach meinem ersten Darshan wieder auf meinen Platz ging, waren alle Sorgen und Probleme weg. Das ist bis heute auch so geblieben.

Wenn ich beim Darshan bin, ist es dort sehr ruhig. Bei dieser Ruhe kann man über viele Dinge nachdenken. Nach jedem Darshan fühle ich mich besser. Wenn die lange Fahrt nicht wäre, würde ich am liebsten viermal in der Woche zum Darshan gehen. Jeden Montag freue ich mich auf Freitag, wenn wir zum Darshan fahren. Ich bin sehr froh darüber, daß die Mutter in Deutschland ist und ich zum Darshan kommen darf.

30.

Da ich nicht die Augen der Weisheit habe, kann ich nicht sehen, wer die Mutter ist oder was Sie ist. Doch habe ich in Ihr einen sanften Meister gefunden, der sich meiner annimmt und mich auf meinem Heimweg führt.

Bis hierher, zur Mutter, ist es für mich eine lange, oft mühselige Reise gewesen. Allerdings sind meine Kindheit und die reiche Tradition, in der ich aufwuchs, ohne daß mir das damals bewußt war, eine gute Vorbereitung auf diese Reise gewesen. Ich bin in der Gegend von Tiruchirappalli in Südindien groß geworden, die für ihre prächtigen Tempel und eine reiche, alte Kultur und Tradition berühmt ist. Meine Eltern waren glühende Verehrer der Göttlichen Mutter, was auf mich in meiner Kindheit natürlich auch abfärbte. Meine Großmutter väterlicherseits war eine wahre Enzyklopädie der hinduistischen Legenden, Folklore und Mythologie und versorgte mich zu jeder Mahlzeit mit hinreißenden Geschichten von den Göttern und Göttinnen. Von ihr lernte ich auch, was beten bedeutete: nämlich Schutz zu suchen zu den Füßen Gottes und an seinen Füßen festzuhalten. Damals wußte ich noch nicht, daß ich genau dies einmal mit Mutter Meera tun würde.

Die akademische Laufbahn brachte mich Anfang der siebziger Jahre dann in die USA, wo ich mich mit dem neuesten Stand von Wissenschaft und Technologie vertraut machen konnte. Auch die materielle Seite des Lebens mit ihren Freuden und Annehmlichkeiten lernte ich kennen, wobei mir jedoch sehr bald klar war, daß diese kein dauerhaftes Glück schenken können. In jener Zeit stellte ich die religiösen Konzepte in Frage, auch die Vorstellung von Gott und die Art und Weise, wie ich selbst Religion verstanden und praktiziert hatte.

Es war ein großes Glück, daß ich auf *The Gospel of Sri Ramakrishna* und die *Bhagavad Gita* stieß. Ramakrishna öffnete mir die Augen dafür, daß man Gott tatsächlich verwirklichen kann und daß dies sogar der vornehmliche Zweck des Lebens ist. Seine Hingabe an die Göttliche Mutter sprach mich tief an, da ich meine ganze Kindheit und Jugend zu ihr gebetet hatte, wenngleich nur um zeitliche Dinge, etwa daß ich eine Kinderkrankheit, wie die Pocken, los wurde oder gute Noten in der Schule bekam. Die *Bhagavad Gita* brachte mir den philosophischen Aspekt der Religion nahe. Viele ihrer Verse deckten sich mit meinen eigenen Beobachtungen und Lebenserfahrungen.

So wurde Gottverwirklichung bald zu einer Leidenschaft für mich. Ich las viel darüber und hatte auch das Glück, den Segen einer Reihe von Mahatmas zu erhalten, mit denen ich Verbindung hielt und die mich bei meinen spirituellen Übungen sehr inspirierten.

Vor ein paar Jahren las ich dann einen kurzen Bericht über Mutter Meera, eine in Deutschland lebende indische Heilige. Der Artikel berührte mich, in meinem Gedächtnis speicherte ich die Informationen. Aber gleich loszufahren und eine heilige Person zu besuchen, dafür war ich nicht der Typ. Wenn ich wirklich interessiert war, las ich gewöhnlich erst einmal einige Monate ein paar Bücher, und oft erst nach Jahren machte ich mich dann auf den Weg, wenn ich glaubte, daß ich von einem Besuch bei dieser oder jener heiligen Person geistig profitieren würde. Überdies war ich damals der Meinung, daß ein Mahatma, der etwas tauge, in Indien leben und einem Ashram vorstehen müsse.

Heute ist es mir allerdings ganz recht, daß Mutter Meera in Deutschland und nicht in Indien lebt. (In den USA wäre es natürlich noch besser.) Ein Flug nach Deutschland kostet nur die Hälfte von einem nach Indien. Da gibt es keine Meinungsverschiedenheit zwischen Rani, meiner Frau, und mir, wer die Mutter besuchen darf und wer nicht: Wir können Sie beide für den Preis eines Indienflugs besuchen.

Wenn wir zusammenrechnen, was all die Geschenke kosten, die wir vor einer Indienreise kaufen, plus alles, was wir aus Indien zurückbringen, kommt ungefähr soviel zusammen wie ein Mädchen in Indien als Mitgift bekommt.

Kurz mal für ein Wochenende nach Deutschland zu fliegen ist auch viel leichter zu arrangieren als eine Indienreise, für die ich mindestens einen Monat brauche, wenn ich es mir nicht mit meinen Eltern, Schwiegereltern, Verwandten und Freunden verderben will. In Anbetracht dessen, daß ich so gerne Mahatmas, Tempel und Ashrams aufsuche, reicht ein Monat kaum aus. Aus diesen Gründen also ist es mir recht, daß die Mutter in Deutschland und nicht in Indien lebt.

Im Frühsommer 93 fuhren Rani Ramachandran, meine Kinder Purna und Anand und ich nach Seattle, Washington. Auf dem Weg dorthin übernachteten wir bei einem Freund in Portland, Oregon. Bei ihm hing ein Bild von Mutter Meera. Als ich es sah, fühlte ich mich augenblicklich zu Ihr hingezogen. Ich erinnerte mich auch wieder an den Artikel. Der Freund zeigte mir das Buch *Antworten* von Mutter Meera. Beim Durchblättern fiel mein Blick auf Ihr Foto auf Seite 86. Ihre wunderschönen Augen fesselten mich. Sie erinnerten mich an die Augen von Bhagavan Sri Ramana Maharishi, der so ein Leuchtturm in meinem Leben gewesen war. Dieses Bild der Mutter übt auch heute noch einen ganz besonderen Reiz auf mich aus.

Bis zur Weiterfahrt nach Seattle am nächsten Morgen hatte ich *Antworten* ausgelesen. Ich fand, daß Mutter Meeras Antworten direkt und treffend waren; sie waren modern und verrieten viel Verständnis für die Schwierigkeit, im Leben in einer Familie die spirituellen Bestrebungen mit den weltlichen Pflichten in Einklang zu bringen.

Das Buch hatte es mir angetan. Ich bestellte *Antworten*, als wir wieder in San Jose waren. Mutter Meera ging mir nun nicht mehr aus dem Kopf und der Wunsch, Sie zu sehen, wuchs. Zuerst wollte ich Sie im August 1993 besuchen, aber das ließ sich nicht verwirklichen. Auch im Oktober klappte es nicht, ebensowenig im Dezember auf dem Weg nach Indien.

Rani besuchte die Mutter im Januar 1994, direkt nach meiner Rückkehr aus Indien. Während sie in Deutschland war, wachte ich einmal mitten in der Nacht auf und spürte ganz stark die Gegenwart der Mutter. Ich notierte mir die Zeit und schlief dann weiter. Am nächsten

Tag rief mich Rani aufgeregt an und erzählte, daß sie in Mutters Haus wohne und durch Adilakshmi zur Mutter Kontakt hatte. Ich fragte sie, um welche Zeit sie zur Mutter gegangen war – es war genau die Zeit, die ich aufgeschrieben hatte. Als ich dies später der Mutter erzählte, nickte sie, als wollte sie es bestätigen.

Rani kam sichtlich bewegt und verjüngt aus Deutschland zurück. Sie brachte ein Bild der Mutter aus Thalheim mit, das sie rahmte und auf den Altar in unserem Puja-Raum (Gebetsraum) stellte. Wir hatten die dritte Garage unseres Hauses in einen Gebetsraum umgewandelt, an dem man auf dem Weg zur Garage vorbeigeht. Oft öffnete ich die Tür, um das Bild der Mutter zu betrachten, oder setzte mich vor dem Altar nieder.

Ich mußte in dieser Zeit ziemlich viel autofahren; dabei kreisten meine Gedanken oft um die Mutter. Ich dachte an Sie beim Zubettgehen und wachte morgens mit Gedanken an Sie auf. Noch vor Ranis Rückkehr aus Deutschland hatte ich an die Mutter und Adilakshmi einige Zeilen gerichtet und für ihre Sorge um Rani gedankt. Das war der erste von zahlreichen Briefen, die ich der Mutter durch Adilakshmi schrieb. Zu Beginn tröpfelte es nur – etwa ein Brief pro Monat –, aber bald wurde daraus eine wahre Flut: fast einmal die Woche, manchmal noch öfter. Normalerweise war Briefe schreiben für mich etwa so aufregend gewesen wie Rechnungen begleichen oder ähnliches. Deshalb war ich jetzt selbst überrascht, wie spontan und häufig ich schrieb.

Im Sommer 94 wollte ich so gern das Buch *Die Mutter* von Adilakshmi haben. Von Meeramma Publications in New York wußte ich, daß es im Moment vergriffen war. So schrieb ich an Adilakshmi und fragte, ob ich eine Kopie von ihr borgen könne, die ich lesen und zurückschicken wollte. Mit meinem Brief kreuzte sich ihre Mitteilung, daß sie zwei Kopien des neu aufgelegten Buches an uns abgeschickt habe. Wir warteten ungeduldig und voller Spannung. Nach ein paar Wochen kam das Päckchen. Eines der Bücher war von der Mutter gesegnet und von Adilakshmi signiert.

Rani und ich waren uns einig, daß es am besten sein würde, gemeinsam im Oktober zu reisen. Wir wählten außerdem ein Wochenende, das mit Dasara (zehntägige Feiern zur Verehrung der Göttlichen Mutter und ihres Sieges über das Böse) und auch mit meinem Geburtstag zusammenfiel. Natürlich unterrichteten wir Adilakshmi von unseren

Herr Reddy Mutter Meera Adilakshmi Indien 1979

Plänen. Sie stimmte zu und lud uns zu unserer großen Freude ein, in Mutters Haus zu wohnen.

Ein paar Klippen waren noch zu umschiffen, was die Flugreservierungen betraf und die Versorgung der Kinder, die zu Hause blieben. Aufgeregte Telefonate, Stoßgebete zur Mutter... Schließlich waren alle Probleme gelöst, wir waren startklar.

Rani und ich flogen am Donnerstag, den 13. Oktober 1994 in San Francisco Richtung Frankfurt ab; wir erreichten Mutters Haus am Freitag Morgen. Ich freute mich sehr, Adilakshmi nun kennenzulernen. Sie zeigte uns unser Zimmer, dann ließ sie uns allein, damit wir ausruhen konnten.

Das Zimmer war in einem Nebenflügel von Mutters Haus. Dieses hat die Form eines L. Die Mutter wohnt im dritten Stock an der Grundlinie des L. Unser Zimmer war am langen Ende des L im zweiten Stock. Von dort gelangt man über einen Balkon in das Treppenhaus des Hauptgebäudes. So hat die Mutter die notwendige Privatsphäre. Die Gäste können kommen und gehen, wie sie mögen, ohne die Hausbewohner zu stören.

Um viertel nach sechs kam Adilakshmi und nahm uns mit in den Darshanraum. Sie wies uns einen Platz zu und ging dann, um die Devotees, die zum Darshan eintrafen, zu begrüßen. Wenn Mutter Meera die geistige Mutter all jener Sucher ist, die zu Ihrem Darshan kommen, so ist Adilakshmi die „Große Schwester" in Mutters Familie. Sie brachte jedem Besucher echtes Interesse entgegen und achtete darauf, daß er einen bequemen Sitzplatz fand. Das bedeutete oft, daß man vorn auf dem Boden, wo man die Mutter gut sehen kann, noch etwas mehr zusammenrückte.

Ab ungefähr 18 Uhr 30 trafen die Besucher ein. Der ganze Raum vibrierte: gegenseitige Begrüßungen, Plätze suchen, sich niederlassen. Eine Viertelstunde später aber breitete sich eine angenehme, sanfte Stille aus; man meditierte oder erwartete schweigend die Ankunft der Mutter. Genau um sieben Uhr betrat Sie den Raum. Rani und ich stellten mit Entzücken fest, daß Sie den Sari trug, den wir Ihr mitgebracht hatten. Es rührte uns, daß Sie ihn überhaupt tragen wollte – und dann auch noch gleich zu unserem ersten Darshan bei Ihr.

Der Darshan begann, und ich bemerkte, daß die Art, wie die Mutter Darshan gab, für jeden genau gleich war; trotzdem war es jedesmal etwas ganz Neues. Obwohl der gesamte Darshan sich über mehr als zwei Stunden erstreckte, wurde mir die Zeit nicht lang. Es erfüllte ein spürbarer Frieden den Raum. Ich hätte es gern gehabt, wenn der Darshan noch länger gedauert hätte.

Der Anblick der Devotees im Darshanraum bewegte mich, er machte mich auch etwas demütig. Die meisten waren aus dem Westen, in der westlichen Kultur aufgewachsen; die Begriffe Göttliche Mutter oder Selbstverwirklichung mußten für sie etwas ziemlich Fremdes gewesen sein. Und doch war ihre große Hingabe so deutlich zu spüren. Ich war beeindruckt von der Ehrerbietung und Demut, mit der sie sich der Mutter zum Empfangen ihres Darshans näherten, und auch davon, wie sie über zwei Stunden lang Stille und absolutes Schweigen bewahrten.

Nach dem Darshan verbrachten wir an diesem Abend, wie an jedem der folgenden, noch etwa eine Stunde mit Adilakshmi, die uns viele Erinnerungen und Erlebnisse erzählte – von ihrer Familie, vom Leben mit der Mutter, mit Herrn Reddy und den Devotees der Mutter. Der nächste Tag war der Tag von Vijayadasami, der letzte der zehn Tage der Verehrung der Göttlichen Mutter. Außerdem war es mein Geburtstag.

In jener Nacht waren wir zu aufgeregt, um schlafen zu können. Der Zeitunterschied zwischen Kalifornien und Frankfurt betrug acht Stunden. Die Zeitumstellung machte uns zu schaffen. In gewisser Weise war das aber auch ein Segen, denn so blieb ich den größten Teil der Nacht wach, dachte an die Mutter, erinnerte mich noch einmal an ihren Darshan, beschäftigte mich damit, was ich Ihr schreiben oder sagen könnte usw. Es war für mich eine wunderbare Form der Sadhana (geistige Übung).

Samstag war außergewöhnlich für uns. Es war Vijayadasami Tag, der letzte Tag unserer zehntägigen Anbetung der Göttlichen Mutter. Es war zudem mein Geburtstag. An diesem Tag gingen wir zu der Mutter. Sie trug einen grünen Sari und eine dazu passende türkisfarbene Strickweste. Wir verneigten uns und setzten uns mit Adilakshmi vor Ihr auf den Boden. Ich hatte eine lange Liste mit Bitten vorbereitet, die ich nun herzusagen begann. Nach einer Weile verwirrte es mich, daß ich einen Monolog hielt, während die Mutter die ganze Zeit schwieg und nur gelegentlich einmal nickte oder lächelte. Ich wartete auf Zuspruch oder Zustimmung, doch es kam nichts dergleichen. Erst nach einer Weile dann, als wir der Mutter zu persönlichen und spirituellen Dingen konkrete Fragen stellten und Sie um Hilfe baten, antwortete Sie uns im einzelnen. Es waren vernünftige, praktische Antworten. Rani nutzte auch die Gelegenheit, eine Schwierigkeit anzusprechen, mit der wir lange gekämpft hatten. Wir stimmten in den wichtigen geistigen und auch weltlichen Dingen immer überein, bis auf eine spirituelle Frage, die in unserer Ehe ein Problem darstellte, weil wir hierin ganz entgegengesetzter Auffassung waren. Die Mutter sagte uns, daß sich Leidenschaftslosigkeit (Vairagya) nicht erzwingen lasse, daß sie sich aber zur rechten Zeit einstelle. Es sei nötig, in dieser Welt zu leben und aktiv zu sein.

Wir hatten der Mutter ein kleines Geschenk – eine Garnitur aus indischem Goldschmuck – mitgebracht. Sie wollte, daß wir es mit Ihrem Segen wieder zurücknähmen. Erst auf einiges Drängen hin nahm Sie es schließlich doch an. Unsere Schecks, die wir ihr seit einiger Zeit als Gabe hatten zukommen lassen, gab Sie uns jedoch wieder zurück. Rani und ich, die wir ein Leben in der Welt führen, hatten es immer als unsere Verpflichtung angesehen, Heiligen zu dienen. Die Mutter meinte aber, daß wir Kinder hätten, die das Geld für ihre Ausbildung und anderes brauchten, und daß wir es deshalb behalten sollten. Hier half unsere ganze Überredungskunst nichts: Sie blieb dabei, und wir mußten, wenn auch widerstrebend, die Schecks wieder an uns nehmen.

Nach dem Darshan an diesem Abend fühlte ich einen starken Frieden, der den ganzen nächsten Tag anhielt. Gewöhnlich machte ich Japa (Wiederholen des göttlichen Namens), wann immer ich bemerkte, daß meine Gedanken herumwanderten. An diesem Tag war ich nicht dazu in der Lage, selbst wenn ich es wollte; trotzdem war mein Geist still. Der Darshan am dritten Abend war für mich wohl der allerschönste. Ich hatte das Glück, jedes Mal an der Rückwand zu sitzen, fast genau der Mutter gegenüber. Von dort konnte ich Ihre Augen sehen und den Charme und die Anmut Ihres Darshans, wenn Sie den Devotees in die Augen schaute, ganz tief in mich aufnehmen. An diesem Abend fesselte mich besonders die Art, wie Sie die Köpfe der Devotees in Ihren Händen hielt. Ich spürte in mir während des ganzen Darshans einen feinen Energiefluß.

Unser Besuch hatte auch seine schmerzlichen Momente. Am letzten Darshantag wurde mein Herz sehr schwer und traurig darüber, daß ich die physische Form der Mutter nun solange nicht mehr sehen würde, bis Sie es wieder einmal zuließe, und daß es galt, meine Sadhana nun mit der Energie und dem Glauben weiterzuführen, die Sie in mich hatte einfließen lassen. Es ist mir auch jetzt noch ein Kummer, daß ich Sie nicht oft sehen und Ihr nicht physisch dienen konnte.

Rani und ich stehen tief in Adilakshmis Schuld, durch die unsere Bindung an die Mutter so gestärkt wurde. Im Auftrag der Mutter war sie eine wundervolle Gastgeberin, immer aufmerksam darauf bedacht, daß unser Aufenthalt angenehm verlief. Sie besuchte uns oft in unserem Zimmer und schenkte uns sehr viel Freude, indem sie uns an ihren Erlebnissen teilhaben ließ. Am Tag vor unserer Abreise überreichte sie uns zwei große, von der Mutter gesegnete Schachteln Konfekt und ein Glas mit Marmelade, die die Mutter und sie von Erdbeeren aus Mutters Garten gemacht hatten. Diese Geschenke berührten uns zutiefst. Das Konfekt teilten wir daheim mit vielen unserer Freunde, die sich auch sehr freuten, diesen Prasad (Segen) der Mutter zu bekommen, obwohl sie selbst nicht zu ihren Devotees zählten. Adilakshmi sagte ich, daß ich auf meiner Reise nach Deutschland nicht nur eine geistige Mutter, sondern auch eine geistige „Große Schwester" gewonnen hatte. Sie selbst fand auch, daß ich sie an ihren verstorbenen Bruder erinnerte und ihm in manchen Zügen ähnlich war.

Die Mutter wie auch Adilakshmi zeigten auf vielerlei Weise, daß ihnen an unserem Wohlbefinden lag. Natürlich hatten wir mit Adilakshmi oft auch leichte Gespräche, es ging nicht immer nur um ernste, spirituelle Dinge. So sagte sie Rani, daß indische Männer ihre Frauen tief im Herzen sehr lieben, auch wenn sie das nach außen nicht so zeigen.

Auch jetzt zu Hause ist die Erinnerung an die Mutter noch sehr stark; ich habe sogar noch mehr das Gefühl, zu Ihr zu gehören. Gelegentlich stellt sich von allein dieses deutliche Gefühl des Friedens ein, das ich in Thalheim erlebte. Was das Leben auch bringen wird, ich weiß, daß ich mich um Beistand an die Mutter wenden kann; in Ihrer Obhut fühle ich mich geborgen. Ich bete, daß Sie mich in der Ausrichtung auf mein Ziel stärkt und den Weg dorthin führt. Mehr als alles andere wünsche ich mir, daß Sie diese Sehnsucht erfüllen möge (in den Worten von Sri Ramakrishna):

„O Mutter, laß mich verrückt sein vor Liebe zu Dir –
was sollen mir Beweise und Erklärungen?"

31.

Ich bin in einer orthodoxen Brahmanenfamilie geboren und in einer sehr spirituellen Stadt im Süden Indiens aufgewachsen. Ich erinnere mich noch daran, wie meine Mutter in den frühen Morgenstunden zum Japa aufstand und meine Brüder die Veden lernten, als ich klein war. Ehrlich gesagt sprach mich das alles nicht an und ich stritt öfter mit meinen Eltern, weil ich nicht gern an religiösen Verrichtungen teilnahm. Ich wuchs zu einem äußerst weltlichen Menschen heran, der sich für Religion und Spiritualität kaum interessierte. Durch den Besuch einer katholischen Schule wurde ich in meinen Ansichten über Spiritualität nur noch mehr verwirrt. Als ich Ram heiratete, war dies ein Wendepunkt in meinem Leben. Damals war mir das nicht bewußt, aber heute sehe ich es klar. Unsere Eltern arrangierten die Heirat, wir begegneten uns erst ein paar Tage vor der Eheschließung. Ram sprach ständig von Gott und Spiritualität, was ich nie verstand oder in der Tiefe erfassen konnte. Gleich nach unserer Heirat und in den darauffolgenden Jahren besuchten wir gemeinsam regelmäßig viele Heilige, von denen er mir oft Interessantes erzählte. So wuchs in mir ganz allmählich ein Interesse an diesen Dingen. Schließlich machte es mir sogar Spaß, mit ihm Heilige aufzusuchen. Beruflich und privat haben in meinem Leben Höhen und Tiefen abgewechselt, so daß ich auch dadurch gezwungen wurde, mich dem Göttlichen zuzuwenden. Die Mutter hat mich wohl darauf vorbereitet, Ihr zum rechten Zeitpunkt begegnen zu können.

Im Sommer 1993 besuchten wir unseren Freund in Portland, Oregon, der uns ein Bild von Mutter Meera und einen interessanten Artikel über Sie zeigte. Ram und ich fühlten uns beide sofort zu ihr hingezogen. Schließlich besorgten wir uns das Buch *Antworten,* in dem mich die Mutter durch Ihre klaren, überhaupt nicht abgehobenen Antworten auf komplizierte Fragen beeindruckte. Ram wollte Sie daraufhin gleich besuchen, aber ich mochte nicht, daß er ohne mich fährt. In den nächsten Monaten war ich in Alltagsgeschäfte verwickelt und dachte kaum an Mutter Meera. Um die Weihnachtszeit 1993 hatte ich eine Menge beruflicher Belastungen. Mein Wunsch, die Mutter zu besuchen, wurde stärker. Im Gegensatz zu mir hatte Ram nicht das geringste dagegen, daß ich allein nach Deutschland fahre. Zum Glück haben wir uns Pilgerreisen finanziell immer leisten können. Ram rief in Mutters Haus an und sagte Bernd, daß ich gerne nächste Woche kommen würde, da dies die einzige Zeit war, in der ich mich beruflich frei machen konnte. Leider war es nicht möglich, einen Besuch bei der Mutter zu reservieren. Ram und ich waren sehr enttäuscht, und ich bemühte mich, nicht mehr an diese Reise zu denken. Ich dachte mir, ich hatte in meinem Leben ja viele Heilige gesehen, vielleicht war es einfach nicht die richtige Zeit für einen Besuch bei der Mutter. Ram schlug vor, ich solle doch selbst noch einmal nach Deutschland telefonieren und mein Glück versuchen; danach ging er zur Arbeit. Zögernd, um etwa 8 Uhr morgens kalifornischer Zeit, machte ich den Anruf. Ich war überrascht, Adilakshmi am Apparat zu haben, und erklärte ihr meine Situation. Sie sagte, ich könne kommen, wann immer es für mich günstig sei. Mein Herz war voll Freude. So war es mir also doch bestimmt, die Mutter zu sehen. Ich schrieb ihr daraufhin sofort einen Brief und ging an die Reisevorbereitungen. Dabei kam mir schon noch der Gedanke in den Sinn, ob es sich wirklich lohnte, soviel Geld für die weite Reise auszugeben.

Vor meiner Abfahrt rief ich Adilakshmi noch einmal an und bestätigte mein Kommen. Ich fragte, was ich der Mutter mitbringen könne. Adilakshmi antwortete: „Sie bringen ein leeres Gefäß, und die Mutter wird es mit Liebe füllen." Welch wahre Aussage! Es war die Zeit von Pongal (Erntedankfest), und mein Bruder hatte mir einen wunderschönen Seidensari geschickt. Irgendwie hatte ich das Gefühl, ich sollte ihn der Mutter mitbringen, denn ich hatte sie auf Fotos in herrlichen Saris gesehen. Der erste Darshan-Tag hinterließ keinen besonderen Eindruck bei mir. Ich mußte mich erst an eine völlig neue Art des Darshan gewöhnen. Im Inneren aber spürte ich etwas bis dahin nicht Gekanntes.

Nach dem ersten Tag bat ich um ein Gespräch mit Adilakshmi. Sie lud mich sofort für den nächsten Morgen ein, zum Haus der Mutter zu kommen. Ich hatte eine lange Liste mit Fragen an die Mutter vorbereitet. Adilakshmi nahm sie geduldig auf und kam dann mit den Antworten der Mutter auf die meist sehr persönlichen Fragen zurück. Da schienen meine ganzen Probleme plötzlich so winzig, und ich hatte das Gefühl, daß ich leicht mit ihnen fertig werden würde. Die Mutter signierte auch ein Foto von sich für meinen achtjährigen Sohn, der sich so eines gewünscht hatte. Nach dem wunderschönen Gespräch mit der Mutter und Adilakshmi beschloß ich, mit dem Bus zu meinem Hotel zurückzufahren, obwohl ich eigentlich gar nicht wußte wie und auch keine Adresse hatte. Aber irgendwie spielte das in dem Moment keine Rolle. Es war sehr kaltes Wetter. Ich besuchte kurz noch das Samadhi von Herrn Reddy, als jemand vom Haus der Mutter kam und mich mit dem Auto zum Hotel zurückfuhr. Da erkannte ich, wie die Mutter selbst auf kleine Dinge achtet.

Von da an konnte ich nur noch an die Mutter und Ihre Güte denken und freute mich auf den Darshan am Abend. Ich war friedvoller und ruhiger. Die folgenden drei Tage weinte ich oft vor Freude. Ich durfte häufig bei der Mutter sein. Alle paar Stunden rief ich Ram in Kalifornien an, um ihm zu erzählen, wie glücklich ich war. Der letzte Darshantag war etwas ganz Besonderes für mich. Als ich zum Haus der Mutter kam, meinte Adilakshmi im Scherz, ich solle genügend Taschentücher bereithalten, um meine Tränen abzutrocknen. Als die Mutter mit dem Sari, den ich Ihr mitgebracht hatte, den Raum betrat, konnte ich meine Tränen nicht mehr zurückhalten. Sie sah blendend darin aus. Ihre Güte, den Sari zu tragen, ging mir so nah. Die Mutter steht darüber, Geschenke von anderen zu erwarten, dennoch nimmt Sie sie an, um uns eine Freude zu machen. Ich wußte nun, daß ich meine göttliche Mutter gefunden hatte.

Wieder in den USA, dachte ich ständig an die Mutter. Ich geriet nicht mehr so oft in Aufregung und kam mit den beruflichen Belastungen besser zurecht. In schwierigen Zeiten schaute ich zur Mutter und die Gedanken an sie trösteten mich. Immer wenn ich an die Mutter dachte, stiegen mir Tränen in die Augen. Ich wußte, daß ich mich mit jedem Problem an Sie wenden konnte. So wurde unsere Verbindung mit der Mutter immer tiefer. Für unseren nächsten Besuch lud Adilakshmi uns alle ein, im Haus der Mutter zu wohnen. In den folgenden Monaten hatte Ram Probleme mit seinem Magen und mußte operiert werden. Die Mutter sagte, Sie werde auf ihn achtgeben. Der Eingriff verlief sehr gut und Ram hat seitdem keine Beschwerden, obwohl vom medizinischen Standpunkt eine ziemlich hohe Rückfallgefahr besteht.

Im Oktober 1994 besuchten wir die Mutter noch einmal. Sie und Adilakshmi überschütteten uns mit Liebe. Wir waren ungefähr 40 Minuten bei der Mutter. Sie sprach wenig, sah uns aber voller Liebe und Zuneigung an. Auf spezielle Fragen gab Sie direkte und praktische Antworten. Obwohl ich überzeugt war, daß Sie meine Göttliche Mutter ist, hatte ich doch noch oft gezweifelt. Als ich dies vorbrachte, tröstete Sie mich. Es sei durchaus normal, Zweifel zu haben; in gewisser Weise habe es auch sein Gutes zur Stärkung unseres Vertrauens.

An einem Tag bot ich an, für die Mutter zu kochen, was Sie auch sehr huldvoll annahm. Ich war glücklich darüber und bereitete eine Mahlzeit zu. Nachdem die Mutter gegessen hatte, brachte uns Adilakshmi das Übriggebliebene als Prasad. Sie sagte, daß mein Sambar (ein südindisches Gericht aus Gemüse und Hülsenfrüchten, gewöhnlich mit Reis) der Mutter gut geschmeckt habe. Die Mutter gab uns ein Glas Erdbeermarmelade mit nach Hause. Unsere Kinder, die sonst keine Marmelade mögen und nie welche essen, schwärmen davon und wünschen, das Glas würde nie leer werden.

An unserem Abreisetag waren wir lange mit Adilakshmi zusammen. Wir begleiteten sie zu Herrn Reddys Samadhi, das wir ihr richten halfen, und stellten Blumen hin. Ich betete zur Mutter, Sie möchte mir eine so tiefe Hingabe schenken, wie Herr Reddy sie hatte. Mein Verhältnis zu Mutter Meera ist wirklich wie das zu einer Mutter. Ich bitte Sie um ziemlich alles, Kleines und Großes, geistige wie weltliche Dinge. Wie eine echte Mutter hört Sie immer geduldig zu. Wenn ich auf Schwierigkeiten stoße oder mich Unruhe befällt, lese ich in *Die Mutter* und *Antworten* , und das gibt mir Trost und Frieden.

Ich bin kein weiser Mensch. Ich mache in meinem Leben eine Menge falsch. Manchmal vergeude ich auch kostbare Zeit mit unnützen Dingen. Daß ich der Mutter begegnen durfte, ist ein solches Glück. Ich weiß, daß Sie mich auf dem rechten Weg leiten wird und daß ich mich in allen Lebenslagen immer um Beistand und Führung an Sie wenden kann.

„O Mutter, da ich nicht wußte, wie man Dich zu verehren hat, und auch aufgrund meiner Trägheit, hat mir die Kraft gefehlt zu tun, was ich hätte tun sollen. Daher, o Mutter, Huldvolle, aller Wesen Befreierin, verzeih mir die Fehler der Versäumnis, die ich begangen habe. Denn ein schlechtes Kind mag wohl manchmal geboren werden, niemals aber gibt es eine schlechte Mutter."[1] Dies ist mein ständiges Gebet an Mutter Meera.

32.

(Elf Jahre alt:) Ich habe zwei ganz besondere göttliche Mütter. Beide sind Inbegriffe der Liebe. Sie sind die allerhöchsten Wesen auf der Welt.

Aber ich will nur über die eine sprechen: die Göttliche Mutter, der ich noch nie begegnet bin – Mutter Meera. Durch meine Mama habe ich von Ihr gehört. Es hat alles angefangen, als unsere Freunde in Oregon

[1] Aus Sri Shankaras „Hymne an die Göttliche Mutter um Vergebung", Altarblumen , Advaita Ashrama 1968.

Thalheim, Deutschland 1984

vielen langen Jahren eine erhabene Mutter auf dieser Erde gefunden habe, die nicht zürnt und straft, sondern die mich mit bedingungsloser Sympathie und Liebe annimmt. Lob und Dank dafür, Lob und Dank. Hoffentlich werde ich noch so weit erwachsen, endlich Ihr wirklich eigenes Kind zu werden.

Geschenk der Mutter

Komm zu mir als mein Patenkind!
Ich bin deine unsterbliche Mutter,
als sterbliches Wesen nur verkleidet.
Deine Schmerzen zu heilen, bin ich hier,
und deinen Hoffnungen Mut zu geben.
Dich froh zu machen, bin ich hier,
mit bedingungsloser Liebe.

Was du auch getan hast oder tun wirst,
was an Geheimem dich auch belastet,
ich heiße dich willkommen, wie du bist.
Ich predige und belehre nicht.
Ich schenke jedem frei mein Mitgefühl.
Ein erhabenes Licht biete ich dir an,
um das Licht, das in dir selbst ist, zu befreien.

Dieses mächtige Licht kann alle,
die im Dunkel sind, befreien.
Es ist immer da. Bitte darum,
zu jeder Zeit, an jedem Ort.
Übergib ihm deine Kümmernisse,
nimm seinen Glanz in dich auf,
laß es dein Leben umgestalten.

Alles liegt an deinem Streben,
deinem Vertrauen auf das Göttliche.
Ich bin auf der Erde,
um deine Tage mit Freude zu segnen.
Strebe deiner unvermeidlichen Seligkeit
entgegen, und alle Gnade wird auf dir sein.
Dies ist mein heiliges Versprechen.

34.

Als wir 1980 in Sri Lanka lebten, wurde ich eines Morgens vor dem Morgengrauen geweckt. Ich richtete mich auf und sah durch den Schleier des Mückennetzes hindurch eine Frau am Fußende meines Bettes stehen. Ich erkannte Jenny wieder, die mir in früher Kindheit Kindermädchen und Ersatzmutter gewesen war. Sie trug einen kunstvollen Kopfschmuck. Schweigend segnete sie mich, lächelte wohlwollend und verschwand. Ein paar Wochen später bekam ich einen Brief von meiner Schwester, in dem sie schrieb, daß Jenny (die auch sie aufgezogen hatte) gestorben sei.

Im Frühjahr 1985 verbrachten ein paar Freunde und ich einen Tag an einem abgelegenen Strand im nördlichen Kalifornien. Ich war gerade allein etwas die Gegend erkunden, als ich mich plötzlich von einer großen Kraft zu einer ein paar hundert Meter entfernt sitzenden Gestalt gezogen fühlte. Als ich auf sie zuging, sah ich einen wunderschönen Schal um ihren Kopf gewunden. Ich setzte mich direkt vor sie in den Sand. Sie legte mir die Hände auf Stirn und Schläfen und segnete mich still. Ich wußte, daß ich mich in der Gegenwart der Göttlichen Mutter befand. Nachdem ich den restlichen Tag in Schweigen verbracht hatte, sprach ich am Abend mit meinem Freund darüber, wie er mir als Göttliche Mutter erschienen war. Er war sich voll bewußt gewesen, daß er mit der Mutter, die mir durch ihn Ihren Segen gab, einsgeworden war.

Diese zwei stillen Begegnungen sollten mich auf das elementare Erlebnis des Darshans von Mutter Meera – zum ersten Mal im Herbst 1991 – vorbereiten. Bevor ich mich zu der Pilgerfahrt nach Thalheim entschloß, hatte ich einen Traum gehabt, in dem mir die Mutter erschien und mich in Ihr Haus einlud. Ich machte Pläne für eine frühestmögliche Reise.

Als ich am Abend meines ersten Darshans auf dem Wartestuhl saß, wollte mir das Herz vor wilder Erregung aus der Brust springen. Aber als Sie meinen Kopf hielt, wurde ich sofort ruhig und sah, wie ein warmes, goldenes Licht meine geschlossenen Augen ausfüllte und in Wellen süßer mütterlicher Liebe durch meinen Körper floß. Als ich zum ersten Mal in Ihre Augen schaute, schienen sie spielerisch in den meinen zu tanzen. Die folgenden Tage und Nächte waren voller Freude und Wunder. Meine Träume waren lebendiger, farbiger und tiefer als je zuvor. Die Darshans unterschieden sich sehr voneinander. Ich trat in die

Ewigkeit ein und verging in der Unermeßlichkeit Ihres Seins. Am letzten Abend spürte ich ein besonderes Pulsieren in meinem dritten Auge. Diese seltsame, aber erregende Empfindung hielt mehrere Tage an.

Seit dieser ersten Begegnung mit der Mutter bin ich mehrmals nach Thalheim gereist. Wenn ich wieder zu Hause bin, fühle ich mich in den täglichen Herausforderungen und Aktivitäten jedes Mal noch stärker mit dem Göttlichen verbunden. Auf der physische Ebene hat es ein Unbehagen gegeben, im wesentlichen einen ziemlich starken Druck in der Stirn von Zeit zu Zeit. Aber so ein Unbehagen ist wohl nicht unnatürlich, da ja meine ganze innere Architektur erneuert wird; denn genau so empfinde ich es, seit Ihre Hände zum ersten Mal meinen Kopf gehalten haben.

Beim letzten Besuch wohnten James Broughton und ich in Mutters Haus. Welche Ehre, Ihr so nahe sein, Sie im Garten sehen zu dürfen. Wie Sie mit einem Lächeln emporschaute, ist ein Bild, das sich mir für immer eingeprägt hat. Ich bin Künstler, und es ist für mich jetzt das Allerschönste, Bilder von Ihr zu machen. Bilder von Ihr zu verteilen ist zu einer herrlichen Marotte geworden. Vor kurzem habe ich Ihr mit Worten sagen können, was ich vorher nur in der Stille empfand. Ich liebe Dich, Mutter.

35.

Mutter Meera, die Ur-Mutter-Energie

Das Höchste und Reinste zu lieben und zu verehren, entspringt einer Kraft, die ihre Erfüllung in jedem einzelnen von uns sucht. Diese Kraft drückt sich auf verschiedene Weise aus. Einige erkennen das Höchste in dem unschuldigen Blick eines Kindes. Andere werden des Höchsten gewahr, indem sie einen Klang hören, zum Beispiel den einer Violine. Wieder andere fühlen dieses Höchste durch die Verehrung der Wahrheit.

Jeder mag sein eigenes Konzept von der Wahrheit haben, aber für mich liegt die Wahrheit nicht im gesprochenen Wort, sondern ich fühle sie. Ich fühle sie jedesmal, wenn ich innerlichen Auftrieb bekomme. Die Intensität solcher Momente der Wahrheit variieren von spiritueller Ekstase, Klarheit und Offenbarung bis hin zu der Erregung von Mitleid, Pathos, Mitgefühl und sogar Schmerz. In mir ist eine Unruhe, die mich

Hilfe bitten.„ Ich war überwältigt und fragte: „Sollen sie Japa mit dem Mantra OM NAMO BHAGAVATE MATA MEERA machen?“ – „Nein“, antwortete Adilakshmi, „das ist nicht notwendig; es genügt zu sagen: *Mutter Meera, hilf uns bitte.*“

Nach diesem Telefongespräch war ich glücklich und innerlich beruhigt. Ich rief meinen Sohn an und fragte ihn, ob ich sie am nächsten Tag besuchen könnte – es war sein Geburtstag. Ich kam dort an mit einem kleinen Photo von Mutter Meera und mit einem Exemplar des Buches *Antworten*. Ich erzählte ihnen von dem Telefongespräch und gab ihnen das Photo mit den Worten: Zündet ein Räucherstäbchen vor dem Photo der Mutter an und bittet um Hilfe, dann werdet ihr ein Kind haben, denn die Mutter hat euch gesegnet.

Der Blick meiner Schwiegertochter war enthusiastisch, sie sagte, daß sie das Photo einrahmen werde und daß sie beide die Mutter bitten würden, sie mit einem Kind zu segnen. Ich denke, es wird niemand überrascht sein zu hören, daß mich mein Sohn einen Monat später darüber informierte, daß seine Frau schwanger sei.

Die ewige, unendliche Weisheit der Mutter beeindruckte mich. Ihre Hilfe war, nachdem ich meine Bitte geäußert hatte, schon unterwegs, aber die Teilnahme meines Sohnes und meiner Schwiegertochter war notwendig, wenn ihr Wunsch, mit einem Kind gesegnet zu werden, Erfüllung finden sollte. Meine Bitte allein war nicht genug. Obgleich mein Vertrauen in die Mutter als Mittel diente, die Bitte zu formulieren, war es mir dennoch nicht erlaubt, mich in ihr Leben einzuschalten, auch wenn ich wußte, daß sie ein Kind haben wollten. Sie selbst mußten sich bemühen, darum zu bitten. Als sie auf das Photo der Mutter reagierten, fühlte ich, daß der Schutz der Mutter sie bereits umgab.

Ich fuhr fort, die Mutter um alles zu bitten, wie ein Kind. Für mich selbst bat ich um Reinheit des Herzens, um täglich mit Hingabe und Demut beten zu können, weil ich früher schon spirituellen Stolz entwickelt hatte, der mich oft die Wahrheit nicht hatte sehen lassen. Intellektuell wußte ich so viel, aber mein Wissen blendete mein Herz. Ich konnte jede nur denkbare Erklärung geben und hatte eine Lösung für jedes Problem, aber von welchem Nutzen war das, wenn ich meine eigenen Probleme nicht lösen konnte?

Die Antwort erhielt ich auf Seite 104, wo die Mutter über spirituelle Erfahrung spricht: *„Solange Stolz und Eitelkeit bestehen, seid ihr noch nicht*

Montreal, Kanada 1979

Auf Seite 19 beschreibt Mutter Meera Paramatman: *„Paramatman ist unendliches Licht und der Ursprung von allem – des Seins, des Wissens, der Glückseligkeit, des Friedens, eines jeden Atman, einer jeden Seele."*

Auf die Frage, ob es einen Unterschied zwischen Paramatman und Seinem Licht gibt, antwortet Mutter Meera: *„In gewisser Weise ja. Paramatman ist überall, in der gesamten Schöpfung – Erde, Wasser, Feuer, Licht, Weltraum, Tiere – zu jeder Zeit. Aber das Licht können wir nur manchmal sehen. Das Licht hat die Eigenschaft von Liebe, Gnade, Macht, Seligkeit, Jnana (Wissen). Ohne es kann nichts existieren."* Es wird uns immer klarer, daß Erleuchtung durch jenes Licht kommt, das im menschlichen Wesen als Liebe, Gnade, Kraft, Glückseligkeit und Weisheit erstrahlt.

Ich, die ich zum Darshan und Pranam gegangen bin, weiß, daß die Gefühle mit jedem Darshan variieren. Aber einer Sache bin ich mir bewußt: Ich fühle, daß in mir ein Prozeß in Gang gesetzt worden ist, dessen Auswirkungen sich durch mein ganzes weiteres Leben ziehen werden. Diese Wirkungen beeinflussen den inneren Kern meiner Persönlichkeit oder schütteln ihn sogar durch. Klarheit, Mitgefühl, Streben und Hingabe sind die Höhen, die ich erfahre, aber zur gleichen Zeit werden meine menschlichen Schwächen in unangenehmer Weise aufgewühlt. Ich bin nahezu gezwungen, mit Demut den nicht sehr schönen Seiten meiner Natur ins Auge zu schauen, die mich oft mit anhaltender Hartnäckigkeit in einen Egotrip stoßen.

Dieses Ego erfüllt mich manchmal mit Gefühlen der Selbstgerechtigkeit und des Selbstmitleids, was mich leicht dazu führt, andere zu tadeln. Auch veranlaßt es mich, mich zu verteidigen und mich selbst zu rechtfertigen, indem ich mich anderen überlegen fühle. Mit anderen Worten, das Ego ist überall, in mir und um mich herum, spricht und handelt durch mich in subtiler und doch abscheulicher Weise. Das Ego ist so verschlagen, daß es mich manchmal davon überzeugt sein läßt, daß mein Gegenüber ein überwältigendes Ego hat, und dies genau dann, wenn mein eigenes Ego seine Trumpfkarte ausspielt, um die Kontrolle zu erlangen!

Diese Egospiele gehen seit Jahren vonstatten, aber seit ich die Mutter getroffen habe, scheine ich den Segen göttlicher Gnade erhalten zu haben, daß ich dabei lachen kann. Dieses Versteckspielen macht Spaß, denn anstatt andere zu drangsalieren und zu beschuldigen, packe ich mein Ego, und wenn ich es packe, gewinne ich. Aber wenn es mich packt, verliere ich das Spiel.

Auf Seite 125 stellt ein Schüler die folgende Frage an Mutter Meera: „Muß sich der Abbau des Egos immer wie ein Sterben anfühlen?" Die Mutter antwortet: *„Um die Verwirklichung zu erreichen, ist ein Sterben des alten Selbst, des Egos, notwendig. Aber warum darüber trauern? Was hat dir das Ego gegeben, daß du es so lieben solltest? Das Göttliche Selbst wird dir alle Dinge geben und dazu noch Glückseligkeit. Betrachte es nicht so, als würde irgend etwas aufgegeben. Sieh es als ein Wachsen, als ein stetes Stärker-, Liebevoller- und Vollkommener-Werden. Was du dann gestern wolltest, wirst du heute nicht mehr wollen, und was du heute erstrebst, wirst du morgen als nicht mehr nützlich erkennen. Disziplin und Beherrschung sind nötig, aber nicht um eines Sterbens willen, sondern im Namen der Liebe und des wahren Lebens. Manchmal muß ein Baum beschnitten werden, damit er gerade wird und wächst."*

Wenn das alte Selbst durch das Göttliche transformiert worden ist, wird es neu geboren, wodurch das Göttliche Selbst Geburt annimmt. In diesem Wachstum und dem Formen des göttlichen Selbst spielt die Göttliche Mutter für mich eine gestaltende Kraft, durch die mein Fortschritt beschleunigt und mein Willen gestärkt wird. Indem ich mich in die Sorge und Obhut der Mutter begebe, fühle ich mich fähig, einen konstanten inneren Kontakt mit der Mutter aufrecht zu erhalten, der mit jedem Tag wächst.

Nach einer Lebenszeit von mehr als einem halben Jahrhundert und nach dem intellektuellen Genuß der Schriften großer Philosophen, von jugendlichem Alter an, dämmerte mir die simple Tatsache, daß, wenn dieses Wissen von irgendeinem Nutzen für mich sein soll, es in mir als lebendiger, pulsierender Frieden erfahren werden muß. Ich weiß von so vielen Menschen, die traurig und unerfüllt zu Grabe getragen wurden, weil sie nicht fähig waren, ihr Wissen in eine harmonische Lebensweise zu transformieren. Warum sollte ich so dumm sein und denselben Fehler begehen? Es ist weitaus besser, Wärme und Glück auszustrahlen, als Trübsal um sich zu verbreiten!

Um es anders auszudrücken, könnte ich sagen, daß die göttlichen Qualitäten latent in mir vorhanden sind, aber damit sich latente Energie manifestieren kann, ist elektrischer Strom notwendig. Da dieser Strom manchmal fehlt, schließe ich mich, bildlich gesprochen, an die Mutter an, und sofort geht das Licht an. Wenn der elektrische Strom zu fließen beginnt, fühle ich mich aufgeladen, und ich bin dann fähig, mein eigenes Licht zu verstärken. Wenn ich abschalte, speichert mein Bewußtsein wie ein Computer das Licht und die Weisheit der Mutter. Schalte ich wieder ein, ist die Verbindung wiederhergestellt, und mein Bewußtsein wird durch die von der Mutter ausstrahlende Energie mit neuer Kraft aufgeladen.

Ich denke, daß die Menschen sich immer bewußter werden, daß Kinder schädigende oder aufbauende Informationen durch von ihren Eltern ausstrahenden Gefühle erhalten. Diese Informationen können sehr wohl verantwortlich dafür sein, daß Menschenfreunde oder Egoisten heranwachsen. Durch meinen Kontakt mit der Mutter bin ich mir dessen bewußt, daß sich der Prozeß spiritueller Alchimie in mir beschleunigt hat. Ich kann Situationen innerhalb von Sekunden erfassen, so daß ich mich nicht so ungeschickt verhalte, daß Beziehungen Schaden nehmen. Es erfordert die Fähigkeit, Liebe wirken zu lassen, und das, denke ich, ist mein dringendstes Bedürfnis in dieser Inkarnation. Durch die Mutter bin ich fähig, den Schutt zu beseitigen, der sich durch die Spannungen und karmischen Anhäufungen der Vergangenheit aufgetürmt hat.

Im Kapitel über spirituelle Erfahrungen sagt die Mutter auf Seite 101: *„Wie außergewöhnlich deine Erfahrungen auch gewesen sind, denke daran, es gibt immer weiterführende, größere Erfahrungen. Der Verstand ist endlich, das Bewußtsein jedoch unendlich. Die Umwandlung kennt keine Grenzen. Die Umwandlung, die ich bewirke, findet in Gottes Macht und Wesen statt und ist daher naturgemäß grenzenlos."*

Ich glaube nicht, daß ich sterben muß, bevor ich das Wunder des Lichtes erfahre. Ich weiß, daß es für mich möglich ist, in diesem Körper und in diesem Leben. Ich weiß im tiefsten Innern meiner Seele, daß das Schicksal eines Menschen viel, viel großartiger ist, als uns glauben gemacht wurde. Ich weiß auch, daß dieses großartige Schicksal nicht nur wenigen ausgewählten Seelen vorgezeichnet ist. Es ist das Erbe der ganzen menschlichen Rasse, und der Umwandlungsprozeß wird definitiv durch die hehre Heiligkeit beschleunigt, welche durch die liebliche Gegenwart von Mutter Meera auf diese Erde ausgegossen wird.

Mutter Meera, der gütige Avatar

Als ich im Januar in Indien war, beschlossen meine Schwester und ich, für ein paar Tage nach Jaipur zu fahren. Als wir abends am Amer Fort vorbeifuhren, war es wunderschön beleuchtet und sah betörend und majestätisch aus. Uns wurde klar, daß es beleuchtet wurde, weil es der 26. Januar war, Indiens Tag der Republik. Als wir in Jaipur ankamen, erwähnten wir dies unseren Gastgebern gegenüber, und sie schlugen vor, daß wir zum Fort zurückkehren sollten, um an der Arati teilzunehmen, die dort am Abend stattfand. Nach einer Tasse Tee zwängten wir uns alle in den Wagen und fuhren zum Fort. Jetzt, im Vollmond, der es mit seinem Licht überflutete, sah es noch großartiger aus, wie ein verwunschenes Schloß, in dem die Götter und Göttinnen in glückseliger Freude wohnen.

Als wir an dem der Mutter Kali geweihten Tempel ankamen, sahen wir Menschen aus dem Tempel kommen und waren enttäuscht, weil wir dachten, wir seien zu spät für die Arati. Nachdem wir den Tempel betreten hatten, wurde uns jedoch gesagt, daß um 20 Uhr noch eine Arati stattfinden würde. Es machte uns nichts aus zu warten, und so saßen wir auf den kalten Marmorbänken und verbrachten plaudernd die Zeit. Eine halbe Stunde später erklang die Tempelglocke. Wir sprangen auf und gingen ins Tempelinnere. Dabei bemerkten wir, daß es außer uns niemand sonst gab. Es war, als ob die Mutter uns eine besondere Audienz gewährte.

Die Arati ist das abendliche Gebetsritual, zu welchem auf einem Tablett befindliche Kerzen angezündet werden. Das Tablett wird dann mit einer rhythmischen, kreisförmigen Bewegung vor dem Bild oder der Statue der Gottheit dargebracht. An diesem Abend war der Tempel mit Kraft gesättigt, die Atmosphäre energetisch aufgeladen. Der Vorhang vor der Statue der Mutter Kali war zurückgezogen. Während der Arati betete ich mit zusammengelegten Handflächen und bat die Mutter, mich das Licht und die Kraft in meinem Herzen fühlen zu lassen. Ich bat auch darum, mich in dieser Inkarnation der Göttlichen Mutter mehr zu nähern.

Mutter Meeras elterliche Liebe

Einige von uns stellen, wenn sie älter sind, fest, daß die Beziehung zu unserer Mutter oder unserem Vater schwierig oder kompliziert war. Wir leiden, weil wir nicht wissen, wie das Problem zu analysieren ist.

Unsere Treue und unser Respekt für die Eltern hindern uns, unsere Wunden ehrlich einzugestehen. Tatsachen ins Auge zu blicken, führt manchmal zur Desillusionierung. Wir vermeiden es, das Kind beim Namen zu nennen, denn wenn wir das täten, würden einige unserer Kindheitsträume zerstört.

Seitdem ich Mutter Meera traf, habe ich damit aufgehört, über alle die Beziehungen zu weinen und zu klagen, die sich nicht so erwiesen, wie ich es erwartete. Immer wenn mir keine Liebe oder kein Verständnis entgegen gebracht wird, wende ich mich der Göttlichen Mutter zu. Wenn ich traurig oder allein bin, spreche ich in Gedanken zur Mutter. Ich erzähle Ihr von meinem Schmerz genauso, wie ich es liebevollen Eltern gegenüber tun würde. Jedesmal, wenn ich dies getan habe, fühlte ich mich innerhalb von Stunden wie eingehüllt in den Schutz verständnisvoller Eltern. Ich fühlte Wellen bedingungsloser Liebe in mich einströmen und es gab keine Forderungen, keine Kritik oder Verurteilung. Ich fühle mich geliebt und umsorgt so wie ich bin, nackt, mit all meinen Unzulänglichkeiten.

Einmal, als ich diese Wellen der Liebe fühlte, die durch mich hindurchflossen, weinte ich unablässig. Ich nahm Mutters Buch *Antworten* und drückte es an meine Brust. Nach einiger Zeit, als mein Schluchzen nachließ, öffnete ich es aufs Geratewohl und las das Kapitel über Liebe und Hingabe auf Seite 114. Die Mutter sagt dort: *„Herr Reddy hat oft gesagt, wie merkwürdig es sei, daß Männer den Verlust von Geld oder einer Frau beweinten, aber nie auch nur eine einzige schlaflose Nacht im Gebet für Gott verbrächten. Auch Ramakrishna sagte das. Seht, wie er nach der Göttlichen Mutter weinte und betete! Es ist etwas Großes, nach Gott zu weinen. Wie oft weinen die Menschen nach irgendwelchen Liebhabern, von denen sie bald verlassen werden. Aber Gott erinnert sich an jedes kleine Gebet, jede Träne. Eine Träne ist eine Tür, durch die ich kommen kann. Wie kann ich in ein Herz gelangen, das sich nicht nach mir sehnt?"*

Als ich dies las, wußte ich, daß meine Tränen die Tür waren, durch welche die Mutter mir diese Wellen der Liebe und des Schutzes sendete. In diesem Augenblick wurde die Göttliche Mutter zu meiner Mutter und zu meinem Vater, denn ich fühlte die schützende elterliche Liebe, die zu mir floß und mich tröstete.

Mein Ehemann hat keine „spirituellen Neigungen" im Sinne der traditionellen Bedeutung dieses Ausdrucks. Er ist ein Mensch der Tat. Aber ich denke, daß das, was er tut, spirituell ist, da er hierdurch ständig seinen Mitmenschen hilft. Obgleich er extrem aktiv ist, gibt es einen stillen Ort in seinem Bewußtsein, an dem er fähig ist, die spirituelle Kraft der Mutter wahrzunehmen. Einmal, als ich müde und erschöpft war, sah er mich weinen. Er sah mich zärtlich an, und während er meine Tränen abwischte, sagte er: „Weine nicht, denke stattdessen an Mutter Meera, und du wirst glücklich sein."

Eines Tages war ich intensiv mit einem komplizierten Problem beschäftigt, das viele meiner Beziehungen betraf. Ich wußte nicht, wie ich um Hilfe bitten sollte, weil viele Seiten nötig gewesen wären, der Mutter das ganze Problem zu erklären. Es wäre nahezu erforderlich gewesen, die ganze Familienchronik zu erzählen, da die ganze Angelegenheit so komplex war. Ich dachte, daß es besser wäre, Adilakshmi anzurufen und sie zu fragen, ob sie die Mutter bitten könne, allen zu helfen, die von diesem Problem berührt waren. Als ich anrief, war das Telefon besetzt. Gewöhnlich ist das für mich ein Zeichen, daß ich warten soll. Das gestörte Gefühl in mir bestätigte, daß ich ruhig sein und nicht überstürzt über die Angelegenheit sprechen sollte. So unterließ ich es, zu telefonieren, und ging in die Küche.

Am Tag zuvor hatten mein Mann und ich Eimer voll Blaubeeren im Wald gepflückt, und so begann ich, sie zum Tiefkühlen vorzubereiten. Während ich die Blätter herauszupfte, wurde ich still und sehr friedvoll, und das gestörte Gefühl war plötzlich verschwunden. In solchen Augenblicken kann ich fast die Gegenwart eines Engels fühlen, da der Kontrast zwischen der inneren Unruhe und dem Frieden danach sehr ausgeprägt ist. In einem Geistesblitz wußte ich auf einmal, wie ich meiner Familie in ihrem gegenwärtigen Problem helfen konnte. Ich sah, welchen Weg ich einzuschlagen hatte, wen ich kontaktieren sollte und wie ich ihre Probleme lösen konnte. Es war wieder die innere Telefonverbindung mit der Mutter hergestellt und ich konnte klare und präzise Antworten auf meine Frage erhalten. Wieder einmal hatte sich die Mutter wie weise und gütige Eltern gezeigt, da ich innerhalb von Minuten definitiv wußte, was zu tun war.

An dem Tag dachte ich sehr viel über Karma nach. Wir alle sind mit unserer Familie karmisch verbunden, denn ihre Freuden und Sorgen haben eine Wirkung auf uns, da wir traurig werden, wenn sie leiden, und glücklich werden, wenn sie es sind. Karma ist das Gesetz von Ursache und Wirkung oder einfacher ausgedrückt, wir ernten, was wir säen. Selbst wenn wir manchmal glauben, von Leiden und Unglück verfolgt zu werden, daß der Schmerz, den wir ertragen müssen, ungerechtfertigt sei, sind wir gezwungen, unser Schicksal anzunehmen. Dies deshalb, weil unsere vergangenen Taten, vergangenen Gedanken und Gefühle aus diesem oder vorherigen Leben alle einen Reinigungsprozeß durchlaufen. Durch diesen Prozeß haben wir Gelegenheit, den Schutt unserer gemeinen und bösen Taten wegzuräumen und weiterzugehen. Karma bedeutet nicht Bestrafung, sondern eine Chance, durch die wir uns ändern und wandeln können.

Wenn ich mich der Mutter überantworte, dann ergebe ich mich der Schönheit, Lieblichkeit und unergründlichen Weisheit liebender und allwissender Eltern. Auf Seite 138 lautet die Frage: „Wie ist ein verwirklichter Mensch?“ Die Mutter antwortet: *„Er ist im Frieden – wie ein Kind auf dem Schoß der Mutter, wissend, daß es in jedem Augenblick von der Gnade und dem Licht der Göttlichen Mutter getragen wird.“*

So möchte ich gern leben – getröstet durch die Gnade und das Licht der Göttlichen Mutter und beschützt durch den Himmlischen Vater. Ich sehe diese Eltern vor meinen Augen, wenn ich die zarte Liebe von Mutter Meera betrachte, die ich von ganzem Herzen in mir bewahre.

Mutter Meera

Ein Versuch, das Unbeschreibliche zu beschreiben

Der Körper von Mutter Meera ist Verwandlung
Das Dasein von Mutter Meera ist Frieden
Die Schritte von Mutter Meera sind Demut
Die Handlung von Mutter Meera ist Erbarmen
Die Wirkung von Mutter Meera ist Tugend
Die Stimme von Mutter Meera ist OM
Die Sprache von Mutter Meera ist Stille
Die Lehre von Mutter Meera ist Freiheit
Die Erkenntnis von Mutter Meera ist Weisheit
Das Hören von Mutter Meera ist die Erfüllung unserer Wünsche
Das Denken von Mutter Meera ist die einzige Religion
Das Fühlen von Mutter Meera ist ein grenzenloses Hervorströmen aus ihr selbst
Das Anschauen von Mutter Meera ist Wiedergeburt
Das Berühren von Mutter Meera ist der Traum der Zärtlichkeit
Die Liebe von Mutter Meera ist Yoga
Die Gegenwart von Mutter Meera ist Samadhi
Die Gnade von Mutter Meera ist Wunschlosigkeit
Das Leben von Mutter Meera ist andauerndes Opfer
Das Sein von Mutter Meera ist Wahrheit
Die Heimstatt von Mutter Meera ist das Herz aller Wesen

19. August 1987
Ein Devotee

Indien 1979

Sie kommt
Im reinen Austausch...
Die Bäume halten Ihre Stimme
Für einen Augenblick
Purpurne Wange
Silberlächeln

Schnee

Ich erwache
Unter der Frische Ihres Fußes
Auf meinem Nacken

Und feiere die Nacht
Mit allen Saiten Ihres Herzens.

Ein Devotee

Mutter Meera

... leibliche Einkehr des göttlichen Bewußtseins auf Erden.

Wir wissen, daß Gott die Liebe ist.
In Mutter Meera begegnet uns die persongewordene Liebe.
Ihre Hände berühren uns, Ihre Augen sprechen ein zärtliches Willkommen.

Der Himmel empfängt uns, wenn wir in diese Augen schauen,
er blüht uns entgegen wie ein Rosengarten,
nimmt uns auf,
nimmt uns in sein Herz.

Im göttlichen Herzen werden wir neu geboren.
Im Herzen der göttlichen Gegenwart ist alles Schwere gelöst, alle Sehnsucht gestillt.

Jubel klingt in unserer Seele. Wir sind heimgekommen.

Es ist die Heimkehr der Seele ins Licht.

Ein Devotee

Nachwort

Die Mutter möchte keinen Kult begründen. Sie beabsichtigt auch nicht, eine Reihe von Ashrams zu gründen. Sie hat keinerlei Interesse, das Zentrum irgendeiner Religion zu sein. Ihr Werk gilt nicht einer kleinen Schar Eingeweihter, nicht einem besonders ausgesuchten Kreis „hochentwickelter" Seelen, sondern der ganzen Welt. Jede eitle Einbildung des Auserwähltseins auf Seiten Ihrer Devotees ist Ihr unlieb, und Sie wird solche Erscheinungen bei der ersten Gelegenheit unterbinden – jedes Gefühl, in spiritueller Hinsicht etwas Besonderes zu sein, jedes Gefühl, welches es auch sei, das uns davon abhält, an Ihrem Werk mitzuarbeiten, d. h. uns dem Licht zu öffnen, das Sie herabruft, und uns mit Herz, Geist und Seele ganz dem Göttlichen zu übergeben. Ihr Anspruch ist vollkommen in seiner Einfachheit. Mit oder ohne Anhängerschaft wird Ihr Werk vollbracht werden. Es ist nicht die Mutter, die uns in irgendeiner Weise braucht, sondern wir brauchen Sie.

Die Mutter sagt: „Wenn du kannst, so bete zum Höchsten direkt." Sie legt es jedem nahe, Paramatman, das höchste göttliche Wesen, ohne Vermittler anzusprechen. „Das ist am Besten. Wenn du einen Vermittler brauchst, so bete zu Ihm durch eine Inkarnation." Die Mutter beansprucht keinen Vorrang: „Alle Inkarnationen gleichen sich." Sie erscheinen verschieden, weil sie im Geschehen in der Welt unterschiedliche Aufgaben zu erfüllen haben. Ihrem Wesen nach aber sind sie eins. Die Mutter ist in allen göttlichen Gestalten, und alle göttlichen Gestalten sind in ihr. Viele Ihrer Devotees haben Sie als Durga, Kali, Lakshmi, als Krishna und Sri Aurobindo und als Jungfrau Maria gesehen. Die Mutter möchte nicht, daß man seine Religion wechselt. Sie ist an „Konvertierung" nicht interessiert; für Sie hat so etwas keine Bedeutung. An welche Inkarnation des Göttlichen man auch glaubt, zu Ihm oder zu Ihr sollte man mit ganzem Herzen und ganzer Seele beten. Alle Gebete, die aufrichtig zum Göttlichen gesandt werden, erreichen die Mutter. Jeder aufrichtige Ruf der Seele wird von Ihr gehört und beantwortet. Jedes reine Sich-dem-Göttlichen-Öffnen ist ein Sich-Öffnen zu Ihr und Ihrem Licht. Das Werk der Mutter ist für die ganze Welt, für alle Glaubensrichtungen, alle Kasten und alle Hautfarben. Sie ist unser aller Mutter, und in Ihrer Liebe sollen wir in Frieden und Liebe leben.

Möge die Umwandlung der Erde vollbracht werden.
Möge Ihr Werk geschehen.

Mutter

Ein Adlerjunges kommt aus seinem Nest,
schaut hierhin, dorthin – überall
sucht es nach seiner Mutter. Doch die ist nirgendwo.
Da faßt es den Entschluß: Ich ruhe nicht,
bis ich die liebevolle Mutter finde!

Zum strahlend hellen Himmel steigt es auf,
es fragt die Sonne, die dort glänzt,
ob nicht die süße Mutter sie gesehen.
Die sagt – sein Klageruf macht sie betrübt – :
„Hier ist Sie nicht."

Da schießt es zur smaragdenen Erde nieder.
Es fragt das gleißend gold'ne Meer:
„Die mitleidsvolle Mutter mein, sahst du sie wohl?"
Mit seinem langen, tiefen Atem
voller Kummer spricht es: „Nein."

Der Morgen ging, der Abend bricht herein,
das Adlerjunge trauert um die liebe Mutter.
Es sieht die Sterne funkeln und den Silbermond.
Dann eilt es heim, doch mit gebrochenem Herzen.

Im bitt'ren Schluchzen rollen Tränen
wie Perlen einer aufgesprungenen Kette.
„Mutter, Du allerliebste Mutter,
gütige Mutter! Zeig mir Dein
wunderbares Antlitz! Kein Leben ist mir
ohne Dich. Komm bald, komme,
mich zu umarmen!"

Still hört es eine Stimme.
Es schaut rechts, links, oben, unten...
doch findet es nicht eine Seele,
verblüfft, woher der Ton erklang.

Mit einem Mal schaut es nach innen –
Im goldenen Gemach erblickt es dort
die mächtige Mutter auf dem Thron.
Ihr leuchtendes Antlitz gibt das Licht.
Ihr strahlendes Lächeln heilt das Leid.
Ihre großen, glänzenden Augen sichern Entzücken.

Ihre Schönheit verzaubert.
Ihre Nähe treibt alle Dunkelheit fort
und breitet überallhin Licht.
Vor Ihren Lotusfüßen geb' ich mich auf:
In Stille, demütig, stumm
gehe ich ein in Ihre erhabene Liebe.

Adilakshmi

Namen und Begriffe

Sri Aurobindo: Bedeutendster indischer Yogi und Philosoph der Neuzeit. Verbrachte den größten Teil seiner dem Yoga gewidmeten Lebenszeit in Pondicherry, im französischsprachigen Indien. Er verfaßte mehrere metaphysische Meisterwerke, das bedeutendste unter dem Titel *Das Göttliche Leben*. Sri Aurobindo war auch ein hervorragender Dichter. Er schrieb das epische Gedicht *Savitri*. Sri Aurobindos Yoga, der Indiens traditionellen Yogaformen verpflichtet ist, überschreitet deren Begrenzungen. Er ist ein Integraler Yoga, der als solcher das Leben nicht als Illusion leugnet oder flieht, sondern die vollständige und radikale Umwandlung des Lebens auf der Erde anstrebt. Sri Aurobindos Aufgabe war es, das supramentale Licht, das die Umwandlung des Lebens in das göttliche Leben ermöglichen soll, in das Erdbewußtsein herabzurufen, die Menschheit auf dieses Licht hinzuweisen und dazu zu bringen, sich ihm zu öffnen.

Sweet Mother: Sri Aurobindos Shakti oder göttliche Partnerin bei dem Werk der Transformation. Sie war Französin und lebte in Pondicherry, wo sie den Ashram gründete. Sie wird von ihren Devotees als Inkarnation der Göttlichen Mutter verehrt. Es war Sweet Mothers Aufgabe, das supramentale Licht ins Erdbewußtsein herabzubringen. Das tat sie im Jahre 1956, wodurch die Transformation zu einer Gewißheit geworden ist. 95jährig verließ sie 1973 ihren Körper.

Adishakti: die Ur-Shakti, die Höchste Mutter.

AUM: das Absolute; andere Schreibweise für OM.

Avadhuta: verwirklichte Seele; eine Person, die die Identität mit dem Höchsten verwirklicht hat.

Brahma: der Schöpfer.

Darshan: Selbstoffenbarung der Gottheit gegenüber demjenigen, der sie verehrt.

Devaloka: Welt der Götter und Göttinnen.

Devotee: (engl.) Anhänger, Verehrer einer heiligen Person oder Gottheit.

Dreizack: Waffe der Götter oder Göttinnen.

Durga: der besiegende und beschützende Aspekt der Göttlichen Mutter.

Elefant: Reittier der Göttin Lakshmi; auch ein Symbol der durch Weisheit erleuchteten Kraft oder der Macht, Hindernisse zu beseitigen.

Ganapati: die Kraft, die durch die Macht des Wissens Hindernisse beseitigt.

Götter und Göttinnen: die vom Göttlichen hervorgebrachten Persönlichkeiten bzw. Kräfte.

Ishwara: der Herr; auch ein Name für Shiva.
Kali: die Mutter der Kraft und Stärke.
Karthikeya: Gott des Sieges.
Kuh: Symbol des Lichtes oder Bewußtseins oder der reinigenden Kraft; das weiße Licht oder spirituelles Bewußtsein.
Lakshmi: Göttin der höchsten Liebe und Wonne.
Löwe: Symbol für Mut und Kraft.
Loka: Welt.
Lotus: Symbol der göttlichen Gegenwart.
Maha: groß.
Maheshwari: Göttin des höchsten Wissens.
Milch: Symbol für das Fließen des höheren Bewußtseins.
Nagendra: König der Schlangen; die Schlange ist ein Symbol der Kraft oder Energie.
Nirguna Parabrahman: Reines Bewußtsein ohne Attribute.
Nirvana: der befreite Zustand eines Wesens.
Overmind: Bewußtseinsebene über dem individuellen und universalen Geist.
Paramatman: das Höchste Selbst; das Absolute; das höchste göttliche Wesen.
Parvati: Gemahlin Shivas.
Puja: Zeremonielle Handlung zur Verehrung des Meisters oder einer Gottheit.
Rama: göttliche Inkarnation.
Rishi: vedischer Seher.
Sadhana: spirituelle Praxis und Selbstdisziplin.
Samadhi: Schrein, Grabstätte eines Heiligen.
Saraswati: Göttin der Gelehrsamkeit und Vollkommenheit.
Shakti: Kraft, Energie.
Shaktipat: Übertragung spiritueller Energie (Shakti) vom Meister zum Schüler; spirituelles Erwachen durch Göttliche Gnade.
Siddhi: Frucht des Sadhana.
Shiva: anderer Name für Ishwara.
Stier: Reittier des Gottes Shiva.
Streitwagen: Fahrzeug Krishnas.
Supramentales: Bewußtseinsebene über dem Overmind.
Tapasya: Ausübung des Yoga.
Tiger: Reittier Durgas.
Vishnu: der Erhalter; der Herr des Schutzes.
Yamaloka: Welt, in der der Gott des Todes lebt.
Yamaraj: Gott des Todes.
Yoga: Vereinigung mit dem Göttlichen.

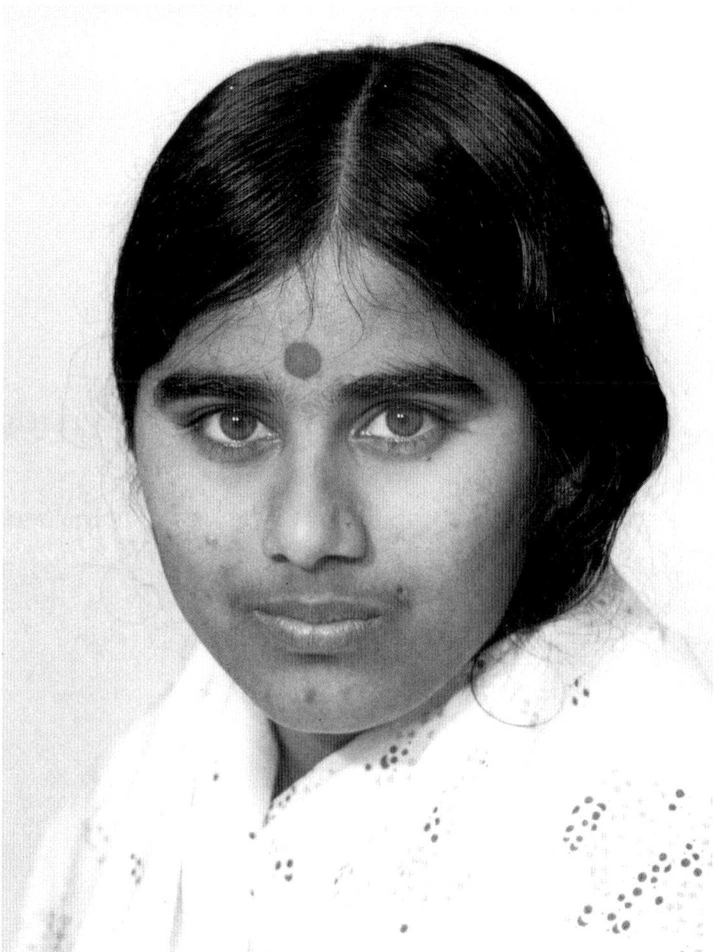

Essen, Deutschland 1981

Darshan Information

Mutter Meera gibt jeden Freitag, Samstag, Sonntag und Montag um 19.00 Uhr Darshan. Da der Darshanraum nur eine begrenzte Besucherzahl aufnehmen kann, werden die Interessenten gebeten, mehrere Wochen vorher anzurufen, um einen Platz zu reservieren. Anmeldungen sind nur telefonisch möglich: Mo, Di, Mi, Do, Fr und Sa von 10.00 bis 17.00 Uhr. Briefe an die Mutter sollten in Deutsch oder Englisch abgefaßt sein.

Darshan-Reservierungen: Tel. 06436-91050, 91051, 2305

Fax: 06436-2361, 06432-508853

Darshananschrift:
Schloß Schaumburg, 65558 Balduinstein, Deutschland

Mutter Meeras Postanschrift:
Oberdorf 4a, 65599 Dornburg-Thalheim, Deutschland

Über diese Anschrift sind folgende Bücher erhältlich:

Antworten Teil I, von Mutter Meera, in Deutsch, Englisch, Französisch, Holländisch und Tschechisch.
Antworten Teil II, von Mutter Meera, in Deutsch, Englisch, Französisch und Tschechisch.
Die Mutter, von Adilakshmi, in Deutsch, Englisch, Französisch und Holländisch.
Bringing down the Light (Das Herabbringen des Lichts), Bildband mit Aquarellen von Mutter Meera.

Photos von Mutter Meera, im Format 10x15 cm, 15x20 cm und 20x30 cm sind ebenfalls erhältlich.

Wegweiser

Mutter Meeras Haus befindet sich an der Schaumburg, bei Balduinstein, 10 km südwestlich der Stadt Limburg, die sich zwischen Frankfurt und Köln befindet. Nachdem Sie Ihren Darshantermin telefonisch gemacht haben, sorgen Sie bitte für Ihre eigene Hotelbuchung. Kommen Sie in normaler Kleidung und mit gewaschenem Haar und seien Sie an Mutter Meeras Haus um 18.15 Uhr. Es ist nicht vorteilhaft früher zu kommen. Gehen Sie nicht zu den Häusern des Dorfes um nach Unterkunft oder Informationen zu fragen. Kindern ist es nicht gestattet zu kommen; sie erhalten Mutters Segen durch ihre Eltern. Man sollte fähig sein, drei Stunden lang ruhig zu sitzen.

Anreise per Zug vom Frankfurter Flughafen: Fahrkarten nach Limburg/Balduinstein sind erhältlich im Reisezentrum unterhalb des Flughafen-Terminals 1 B. 1) Flughafen–Frankfurt Hauptbahnhof: S-Bahn 2) Frankfurt Hauptbahnhof–Limburg: Direktverbindung oder mit bequemer Umsteigemöglichkeit in Niedernhausen 3) Limburg–Balduinstein: Zug von Limburg nach Koblenz.

Es gibt keine Busse oder Züge zur Schaumburg. Es ist möglich, von Balduinstein nach Schaumburg zu laufen, es dauert aber 30 Minuten, bergauf.

Anreise per Auto: Vom Flughafen Frankfurt benötigt man etwa eine Stunde zur Schaumburg. Fahren Sie die Autobahn A3 nach Wiesbaden/Köln, Ausfahrt Limburg Süd oder Nord.

Von Frankfurt Stadtmitte: Fahren Sie die A66 Richtung Wiesbaden, dann die A3 nach Köln, 80 km bis Limburg.

Von Köln: Autobahn A3 Richtung Frankfurt, 100 km bis Limburg.

Von Limburg aus die B54 nach Diez/Bad Schwalbach, Ausfahrt von der B54 Richtung Katzenelnbogen/Birlenbach. Hinter Birlenbach rechts nach Schaumburg/Balduinstein abbiegen.

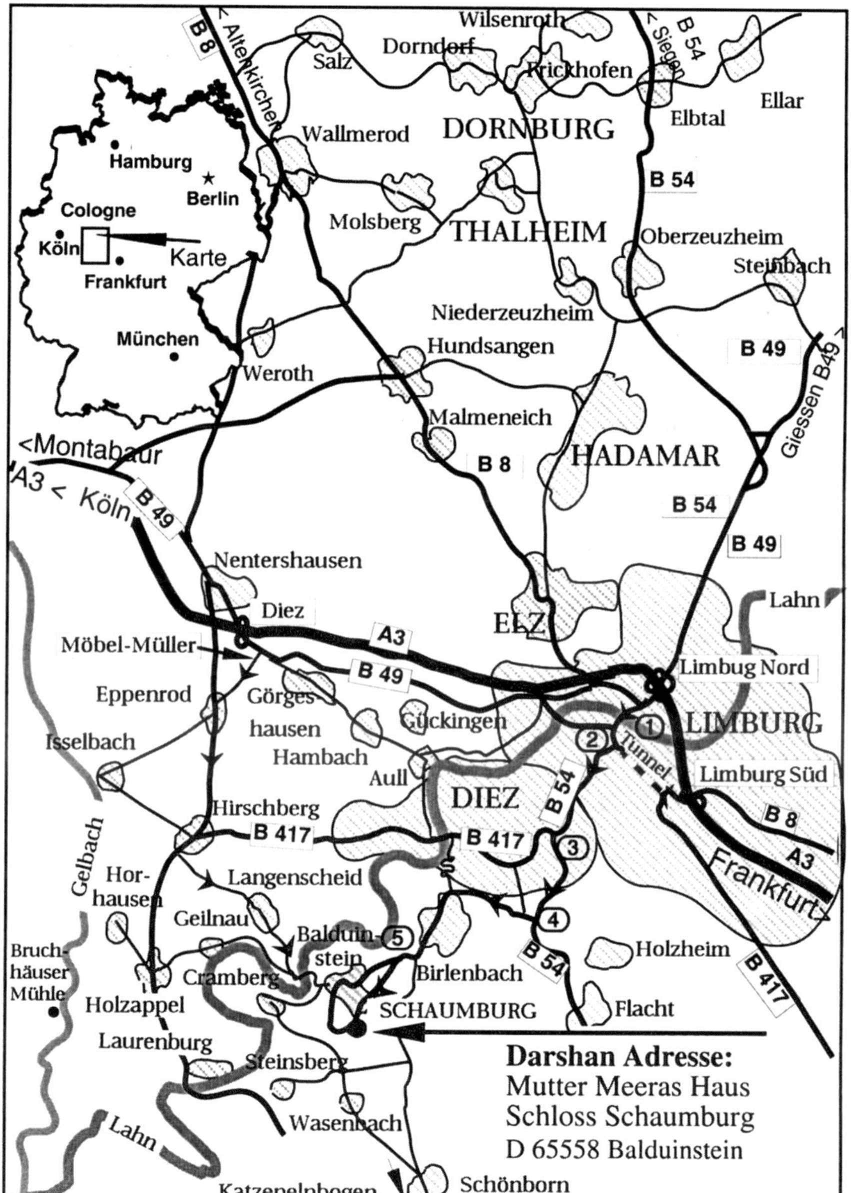

Darshan Adresse:
Mutter Meeras Haus
Schloss Schaumburg
D 65558 Balduinstein